Rita Süssmuth

Migration und Integration:

Testfall für unsere Gesellschaft

Deutscher Taschenbuch Verlag

Der Inhalt dieses Buches wurde auf einem nach den
Richtlinien des Forest Stewardship Council zertifizierten
Papier der Papierfabrik Munkedal gedruckt.

Originalausgabe
November 2006
Deutscher Taschenbuch Verlag GmbH & Co. KG,
München
www.dtv.de
© 2006 Deutscher Taschenbuch Verlag GmbH & Co. KG, München
Das Werk wurde vermittelt durch die Literarische Agentur
Thomas Schlück GmbH, 30827 Garbsen.
Der ›Brief an einen jungen Immigranten‹ wurde von Bettina Lemke
ins Deutsche übersetzt.
Alle Rechte vorbehalten. Das Werk, einschließlich aller seiner Teile,
ist urheberrechtlich geschützt. Jede Verwendung außerhalb der engen
Grenzen des Urheberrechtsgesetzes ist ohne Zustimmung des Verlages
unzulässig und strafbar. Dies gilt insbesondere für Vervielfältigungen,
Übersetzungen, Mikroverfilmungen und die Einspeicherung und
Verarbeitung in elektronischen Systemen.
Umschlagkonzept: Balk & Brumshagen
Satz: Greiner & Reichel, Köln
Gesetzt aus der Minion 10,2/12,5˙
Druck und Bindung: Kösel, Krugzell
Gedruckt auf säurefreiem, chlorfrei gebleichtem Papier
Printed in Germany
ISBN-13: 978-3-423-24583-8
ISBN-10: 3-423-24583-2

Inhalt

Einführung:
Migration – Testfall für Zukunftsfähigkeit 7

I. Migration und Integration – eine weltweite
und nationale Herausforderung 13

II. Migration – Der unterschiedliche Blick aufeinander
1. Brief an einen jungen Immigranten 24
2. Gegenseitige Wahrnehmung und Erwartungen 41
3. Überwindung der Fremdheit durch wechselseitige
   Annäherung 50

III. Weltweite Migration
1. Den Blick öffnen für Veränderungen 54
2. Die Arbeit der Global Commission 65
3. Handlungsprinzipien und Empfehlungen 73

IV. Paradigmenwechsel in Deutschland?
1. Der Start in einen Paradigmenwechsel:
   Forschung und Politik – zwei Welten? 87
2. Vom Konsens zum polarisierenden Dissens 93
3. Stationen und Eckpunkte des
   Zuwanderungsgesetzes 96
4. Der abgebrochene Paradigmenwechsel 102

V. Braucht Deutschland Zuwanderung?
Konsens und Kontroversen
1. Gesteuerte Zuwanderung 112
2. Engpässe auf dem Arbeitsmarkt 118

3. Der deutsche und der europäische Arbeitsmarkt 127
4. Öffnung ohne Risiko –
   Zukunftshandeln auf später verschieben 130

VI. Schlüsselthema Integration
1. Was meint Integration? 138
2. Politische und gesellschaftliche
   Rahmenbedingungen 139
3. Integration kann gelingen –
   der Beitrag der Zivilgesellschaft 156
4. Integration in Europa und weltweit 166

VII. Miteinander der Kulturen statt Kampf der Kulturen
1. Vielfalt – eine soziale und kulturelle Realität 176
2. Vielfalt in muslimischen Kulturen 180
3. Sozial-kulturelle Konflikte 184
4. Interkulturelles Lernen und Identitätsfindung
   im Globalisierungsprozess 190

VIII. Für eine demokratische Leitkultur
   des Zusammenlebens
1. Multikulturalität – eine gesellschaftliche Tatsache 202
2. Vielfalt – Offenheit – Zusammenhalt:
   Die Forderung nach einer deutschen Leitkultur 204
3. Vielfalt in Einheit: Wertekonsens und Pluralität 209

Ausblick: Eine neue Epoche der Migrationspolitik 215

Abkürzungsverzeichnis 223
Literatur 224
Anmerkungen 234

Einführung:
Migration – Testfall für Zukunftsfähigkeit

Migration und Integration sind Themen von großer sozialer Sprengkraft. Sie sind Grund für heftigste Auseinandersetzungen zwischen jenen, die ihr Land für Migranten öffnen möchten, und Verfechtern einer strikten Begrenzung und Steuerung der Zuwanderung. Das Themenfeld ist ins Zentrum der Aufmerksamkeit der internationalen Staatengemeinschaft gerückt. Es steht auch auf der politischen Agenda der Europäischen Union weit oben.

Die Konflikte zwischen Gewinnern und Verlierern der Globalisierung verschärfen sich. Armutsflüchtlinge aus Afrika oder Lateinamerika versuchen, unter Einsatz ihres Lebens nach Europa oder zu anderen Kontinenten mit besseren Lebensbedingungen zu kommen. Junge Menschen ohne Schul- und Berufsabschluss rebellieren gegen ihre soziale Randstellung und Ausgrenzung. Migranten gelten als Konkurrenten auf dem Arbeitsmarkt. Je fremder die Kulturen der Einwanderer für die Aufnahmegesellschaft sind und je stärker sie sich dort verankern, desto ausgeprägter sind Bedrohungsängste, Vorbehalte und Ablehnung.

Seit den Terroranschlägen von hochradikalisierten muslimischen Fundamentalisten werden Migranten als ein Sicherheitsproblem gesehen. Das hat nicht nur in den USA, sondern auch in vielen anderen Ländern restriktivere Verfahren für Neuzuwanderer zur Folge. In einer Reihe von EU-Mitgliedstaaten sind die Einwanderungsbedingungen verschärft worden, um Zuwanderung von Armutsflüchtlingen zu verhindern, um den Gefahren sozialer Instabilität in den Aufnahmeländern vorzubeugen und Belastungen durch Sozialkosten abzuwenden. Ungelöst ist das Problem der illegal Eingereisten.

Integration ist zu einem Schlüsselthema geworden. Vorrangig geht es um Integration in die Bereiche Bildung und Arbeit. Aber im Unterschied zu den Zeiten der Anwerbung der Gastarbeiter mit temporärem Aufenthaltsrecht spielen heute kulturelle und religiöse Spannungen und Konflikte eine dominante Rolle. Das betrifft nicht nur Länder mit einem hohen muslimischen Anteil wie beispielsweise Frankreich und Deutschland, sondern auch Länder wie Dänemark und die Niederlande. An der Frage, ob es in Deutschland und Europa gelingt, mit kultureller Vielfalt kreativ und friedlich umzugehen, entscheidet sich unsere Zukunftsfähigkeit.

Die Aufnahmegesellschaften fürchten um ihren politischen und sozialen Zusammenhalt, um den »Verlust« der eigenen Kultur. Sie erwarten von den Zuwanderern die Übernahme ihrer Werteordnung und die Identifikation mit ihren Lebensweisen. Oft ist Assimilation gemeint, wenn von Integration die Rede ist.

In den vergangenen Jahrzehnten hat eine starke Einwanderung nach Europa stattgefunden. Europa ist mit heute 56 Millionen Migrantinnen und Migranten der größte Einwanderungskontinent nach den USA. Migrant ist, wer länger als ein Jahr außerhalb seines Herkunftslandes lebt.[1] Es ist schwieriger geworden, als Migrant ein Aufenthaltsrecht in Europa zu erhalten. Der Umgang mit dem weltweiten Phänomen Migration verläuft in Europa zwischen Vermeidung und Öffnung, zwischen Ablehnung und Akzeptanz unter bestimmten Bedingungen.

Die Bundesrepublik hat seit dem Ende des Zweiten Weltkriegs nicht nur 12 Millionen deutsche Flüchtlinge und Vertriebene, sondern auch zwischen vier und fünf Millionen deutsche Aussiedler und Spätaussiedler aufgenommen und integriert.[2] Seit Beginn der 60er Jahre sind Migranten als Arbeitskräfte angeworben worden, aber auch viele Flüchtlinge ins Land gekommen. Deutschland ist ein Einwanderungsland, auch wenn die Politik dieser Realität lange widersprochen hat. Mit der These vom Rotationsland Deutschland wurde auch gegen die Integration argumentiert. Die deutsche Politik hat sich bis heute nicht dazu durchringen können, ein schlüssiges, widerspruchsfreies Migrations- und Integrationskonzept auf der Grundlage eines möglichst breiten Konsenses zwischen den Parteien und in der Gesellschaft öffentlich zu vertreten.

Unser Land hat in den zurückliegenden Jahrzehnten immer wieder eine hohe Aufnahmekapazität und Integrationskraft unter Beweis gestellt. Dabei hat es gewiss auch krisenhafte Situationen mit erhöhter Ausländerfeindlichkeit gegeben. Angesichts der hohen Ansprüche an Bildung, Ausbildung und den Umgang mit kultureller und ethnischer Vielfalt sind jedoch neues Denken und kreative Lösungen für die Integration erforderlich. Diese brauchen wir für unser Zusammenleben und unsere Zukunftsentwicklung, denn je mehr Einwanderer von der Integration ausgeschlossen sind, desto größer ist die Gefahr der gesellschaftlichen Spaltung und der damit verbundenen sozialen und politischen Instabilität. Deutschland konzentriert sich gegenwärtig auf die nachholende Integration der zweiten und dritten Migrantengeneration und hält bei der Zuwanderung an einem restriktiven Kurs fest.

Doch es ist eine Wende im Denken zu beobachten. Öffentliche Erklärungen wie »Lasst uns die Integration zur Erfolgsgeschichte machen« oder »Migranten sind ein Gewinn für unser Land« sind neu.[3] Die zu meisternde Herausforderung ist ein Testfall für unsere Zukunftsfähigkeit. Abschottung durch Anforderungen, die kaum ein Migrant erfüllen kann, Vorrang der Rückkehr vor Verbleib auch bei langjährigem Aufenthalt im Aufnahmeland, keine Legalisierung von irregulären Zuwanderern, Arbeitsverbote und Aufhebung der Sozialhilfe oder Umwandlung in Sachleistungen sind die bekannten Reaktionen vieler Staaten. Sie verschärfen die Gettoisierung und polarisieren, sie lösen die Probleme nicht, sondern vermitteln allenfalls der Bevölkerung das trügerische Gefühl, Migranten würden durch eine solche Politik abgeschreckt und nicht mehr kommen. Solche Maßnahmen haben vordergründig Erfolg, lösen aber weder die Zuwanderungs- noch die Integrationsprobleme.

Die legale Zuwanderung nimmt ab, die irreguläre Zuwanderung steigt.[4] Sie wird für Deutschland auf eine Million, weltweit auf 15 bis 30 Millionen geschätzt.

Ohne kontrollierte Öffnung für legale Zuwanderung werden die Konflikte wachsen, nicht abnehmen. Die Beziehungen zwischen den reichen und den armen Staaten werden von weniger Bereitschaft zur Kooperation bestimmt sein und zu mehr Konfrontation und Feindseligkeit führen. Daher brauchen wir eine Politik, die für Aufnahme- und Herkunftsländer eine Win-Win-Situation, das heißt Vorteile für alle, schafft. Eine Weltbevölkerung von heute 6,9 Milliarden Menschen, die nach wissenschaftlichen Prognosen in den nächsten Jahrzehnten um weitere 3 Milliarden wachsen wird, löst einen erhöhten Migrationsdruck aus.[5]

Der Millenniumskampf gegen Armut ist *eine* Antwort. Eine andere ist die Verknüpfung von Migrations- und Entwicklungspolitik. Einzubeziehen ist auch die demografische Entwicklung. Alternde Bevölkerungen mit stark abnehmenden Geburtenraten brauchen eine begrenzte Zahl von Zuwanderern, um die mit diesem Wandel verbundenen Probleme beherrschbarer zu machen. Die Europäische Kommission führt uns mit ihren Daten vor Augen, dass sich das Arbeitskräftepotenzial in den EU-Staaten aufgrund der demografischen Entwicklung bis 2030 um 20 Millionen Menschen verringert.[6] Das hat Konsequenzen für die Steuerung der Zuwanderung, die aber in Deutschland auf die Zeit nach 2015 vertagt werden soll.

Globalisierung mit ihren grenzüberschreitenden Prozessen und weltweiten Vernetzungen hat entscheidenden Einfluss auf Mobilität und Migration. Sie wird anhalten und die Belegschaften der Wirtschaftsunternehmen werden sich zunehmend multiethnisch und multikulturell zusammensetzen. Diversität ist eine menschliche Ressource, ein Humanpotenzial, das eine größere Rolle in international operierenden Firmen spielt. Deutschland muss sich auf diese multiethnischen Entwicklungen des Arbeitsmarktes einstellen, wenn es sich nicht isolieren will.

Die Frage, wer und wie viele Zuwanderer mit welchen Kompetenzen kommen sollen, das entscheiden die Staaten in eigener Souveränität. Doch vermehrt setzt sich die Erkenntnis durch, dass kein Staat für sich allein diesen Bereich zu regeln vermag. Zu groß sind die Verflechtungen und Abhängigkeiten der Staaten untereinander. Notwendig sind transnationale Regelungen mit transparenten Kriterien und klaren Abgrenzungen zwischen nationalen und transnationalen Zuständigkeiten. Die Mitgliedsstaaten der EU haben sich Ende der 90er Jahre in Tampere nach langen Diskussionen darauf geeinigt, diesen zentralen Politikbereich zu einem Teil der europäischen Gesetzgebung zu übertragen.

Die Frage ist stets, ob bei mehr Vergemeinschaftung den unterschiedlichen Interessen der Mitgliedsstaaten hinreichend Rechnung getragen wird. Außerhalb der EU, in den so genannten Drittstaaten, wird Europa eher als eine Festung wahrgenommen, die die Zuwanderung begrenzt und die Auswahl der Migranten ausschließlich an den ökonomischen Interessen der Mitgliedsländer ausrichtet. Neue Ansätze zum Umgang mit Armutsmigranten und illegalen Grenzübertritten sind Teil des in Planung befindlichen Arbeitsprogrammes der Europäischen Kommission. Die Probleme sind hochkomplex und mit den bisherigen Mustern der Politik nicht mehr zu lösen. Grenzzäune gegen unerwünschte Migranten mögen eine kurzfristige Notmaßnahme sein, eine Lösung sind sie nicht.

Migranten sind nicht nur ein Problem, sondern auch Teil der Problemlösung. Sie leisten ihren menschlichen Beitrag in Herkunfts- und Aufnahmeländern. Sie beteiligen sich intensiv an der Integration und bringen ihre Vorstellungen zur Migrations- und Integrationspolitik auf nationaler und internationaler Ebene ein. Zwar ist die zukünftige Entwicklung der Migration nur bedingt vorauszusagen. Aber die mit ihr verbundenen Chancen und Herausforderungen sind bekannt. Trotz unsicherer und lückenhafter Datenlage zeigen die Berichte von Expertenkommissionen, dass es nicht an Erkenntnissen, sondern an politischer Umsetzung fehlt. Es mangelt auch an der öffentlichen Vermittlung des verfügbaren Wissens. Die Bürgerinnen und Bürger eines Landes brauchen die öffentliche Debatte mit divergierenden Standpunkten. Das setzt Menschen mit Zukunftsverantwortung und Führungskraft voraus.

Migration und die mit ihr verbundene kulturelle Vielfalt sind Herausforderungen, die wir positiv annehmen, aber auch verweigern können. Weit mehr als eine Gefahr sind sie eine Chance, die menschliche Zivilisation voranzubringen. Diese Auseinandersetzung zwingt uns auch zu klären, wo wir selbst stehen, was uns wichtig ist, wie wir in Zukunft leben wollen. Dazu gehört es, in Erfahrung zu bringen, wie viel wechselseitiges Verstehen und Miteinander möglich sind und wo wir auf Grenzen stoßen. Viele dieser Grenzen sind von uns selbst errichtet. Sie können aufgehoben werden und uns neue Handlungsspielräume eröffnen.

Globalisierung und weltweite Migration sind heute eine Realität, auf die viele Gesellschaften nicht vorbereitet sind. Integration verläuft nirgendwo konfliktfrei, ohne Benachteiligungen und Ausgrenzungen. Doch Länder wie Kanada zeigen der Welt, dass Multikulturalität gelebt werden kann. Migranten werden dort als Gewinn und Multikulturalität als Quelle wechselseitiger Bereicherung wahrgenommen. Das ist auch in Deutschland möglich und erreichbar.[7]

I. Migration und Integration – eine weltweite und nationale Herausforderung

Wir leben in einem Zeitalter weltweiter Migration. Sie ist Teil der Globalisierung mit ihren Licht- und Schattenseiten. Nahezu alle Staaten der Welt sind davon betroffen. Circa 200 Millionen Migranten sind nach Angaben der Vereinten Nationen unterwegs, davon knapp die Hälfte Frauen. Seit 1980 hat sich die Gesamtzahl verdoppelt. Rund 60 Prozent der weltweiten Migranten sind in den reicheren Regionen der Welt zu finden, 40 Prozent in den Entwicklungsländern. Die jüngsten Zahlen im Migrationsbericht der UN zeigen, dass im Jahr 2005 34 Prozent aller Migranten nach Europa, 23 Prozent nach Nordamerika und 28 Prozent nach Asien gingen.[8] Mit den Menschen wandern ihre Hoffnungen und Ängste, ihre kulturellen Werte und Normen, ihr menschliches Potenzial. Viele würden ihr Land nicht verlassen, wenn sie nicht lebensgefährdende Armut dazu zwänge. Es fehlt an Arbeit, vor allem in den armen Ländern mit hohen Geburtenraten. Die Internationale Arbeitsorganisation (ILO) nennt für das Jahr 2004 etwa 185 Millionen Menschen weltweit, die arbeitslos sind.[9]

Die Migrationsmuster haben sich erheblich verändert. Die klassischen Formen der Ein- und Auswanderung werden zunehmend ergänzt von der temporären Wanderung, sei es in Form der Pendelmigration zwischen einem oder mehreren Ländern oder der zirkulären Migration. Letzteres bedeutet: Menschen durchwandern mehrere Länder mit jeweils temporären Aufenthalten, bevor sie sich für ein Land als dauerhaftem Aufenthaltsort entscheiden oder in ihr Heimatland zurückkehren.[10] Somit sind fast alle Länder der Welt heute zugleich Aufnahme-, Entsende- und Transitländer. Das erfordert neue Antworten der Politik in Bezug auf Aufenthaltsstatus und Integration der Migranten.

Migration ist ein Teil der Globalisierung, die durch die weltweite Information, die Kommunikation und die schnelle Überwindung weit entlegener Räume verstärkt ermöglicht wird.

Globalisierung geht einher mit erwünschter und nicht erwünschter weltweiter Wanderung. Verlierer und Gewinner der Globalisierung sind beide unterwegs. Nach wie vor dominiert die erzwungene, nicht die freiwillige Migration. Armut, Naturkatastrophen, Gewalt und Krieg, politische und religiöse Verfolgung zwingen Menschen dazu, ihre Heimatländer zu verlassen. Je existenziell gefährdender die Lebenssituation, desto stärker ist der Druck auf Menschen, in den Nachbarregionen oder in den entwickelten Ländern eine Überlebenschance zu suchen. Je ärmer, desto geringer ist die Möglichkeit, der Armut zu entkommen. Jene, die wegwandern können und in einem anderen Land Arbeit finden, sorgen für eigenes Überleben und das ihrer Familien im Herkunftsland und tragen außerdem zum Wohlstand der Aufnahmeländer bei. Sie leisten maßgebliche Entwicklungshilfe. Allein die registrierten Banküberweisungen liegen nach Berechnungen der OECD und der Weltbank 2005 bei annähernd 232 Milliarden Dollar und damit fast bei dem Dreifachen der internationalen staatlichen Entwicklungshilfe von 79 Milliarden in 2004.[11]

Was das allein für die Entwicklung der ärmeren Länder bedeutet, war uns bisher öffentlich nicht bewusst. Das primäre Anliegen war es, durch Entwicklungshilfe erzwungene Migration zu verringern, wenn möglich zu stoppen, und die Abwanderung menschlicher Ressourcen zu verhindern. Der so genannte »Brain drain«, die Abwanderung von hoch Ausgebildeten und von Fachkräften, sollte um jeden Preis vermieden werden. Heute gewinnt die Beziehung zwischen den Menschen der Herkunfts- und der Aufnahmeländer eine neue Bedeutung für die Politik. Die zentrale Frage lautet: Wie schaffen wir es, eine Win-Win-Situation für Migranten und Einheimische, für Entsender- und Aufnahmeländer herzustellen? Wie kann es gelingen, die ungleichen Entwicklungschancen in den verschiedenen Regionen der Welt zu verringern, die Kluft zwischen Arm und Reich abzubauen?

Weltweit sind wir konfrontiert mit Armuts-, Umwelt-, Energie- und Wirtschaftsfragen, mit Korruption, Menschenhandel, Gewalt und Terror – Probleme, die wir nur gemeinsam lösen können. Wir brauchen mehr Kooperation und Koordination, europäisch und international. Gewiss sind die Bedingungen und Interessenlagen in den einzelnen Staaten und Regionen der Welt höchst unterschiedlich. Dazu zählen die Bevölkerungsentwicklung, vor allem das quantitative Verhältnis von Jung und Alt, die unterschiedlichen Entwicklungs- und Bildungsmöglichkeiten, die Förderung und Nutzung des menschlichen Potenzials, die Wissenschafts- und Wirtschaftsentwicklung, Gesundheit und Umwelt. Kurz gesagt: Entscheidend ist die Frage, ob es uns gelingt, menschenwürdige Verhältnisse weltweit zu schaffen und die Menschenrechte im Geist der UN-Menschenrechtscharta von 1946 zur Grundlage unseres Handelns zu machen.

Das wird uns in dem Maße gelingen, wie wir uns international auf verbindliche Werte und Normen einigen können und diese auch einhalten.

Das, was weit von uns entfernt in Asien, Afrika oder im Nahen Osten geschieht, hat weltweite Auswirkungen auf die Staatengemeinschaft, seien es nun wirtschaftliche oder politische Entwicklungen, gewalttätige, kriegerische, terroristische Auseinandersetzungen oder sich beschleunigende Wissenschafts- und Technikentwicklungen unter extrem verschärften Wettbewerbsbedingungen. Wir leben in einer Welt, die wie nie zuvor vernetzt ist. Die Fragen von Krieg und Frieden, Energie und Umwelt, Wirtschaft und Arbeit, Gesundheit und sozialer Sicherung lassen sich nicht mehr ausschließlich auf der Ebene des Nationalstaats lösen. Wir befinden uns längst in einem Verbundsystem mit nationalen und staatenübergreifenden europäischen und internationalen Interessen.

Dazu gehört auch die weltweite Migration. Sie ist mehr als ein Tatbestand. Sie ist ein Testfall für die Zukunftsfähigkeit einer jeden Nation. Dieser Testfall bezieht sich auf unseren Umgang mit Migration, deren Wahrnehmung und Bewertung und auf die Gestaltung sowohl der Zuwanderung als auch der Integration. Dazu gehört der Prozess der wechselseitigen Öffnung und Annäherung, des gegenseitigen Lernens und der gemeinsamen Bearbeitung von Problemen und Konflikten. Es geht um interkulturelles Lernen, um gegenseitiges Vertrauen, um Wertschätzung und Zugehörigkeit. Menschen brauchen Akzeptanz und Wertschätzung sowie die Erfahrung wachsender Beteiligung. Das Ziel heißt Miteinander statt Neben- oder Gegeneinander der Kulturen. Das bedeutet Teilhabe statt Ausgrenzung, mehr Erfahrungen in der Mehrheitsgesellschaft als abseits von ihr, keine Selbstabgrenzung von Seiten der Zugewanderten, keine Ausgrenzung durch die Einheimischen. Es ist der Weg vom geduldeten Nebeneinander zum aktiven Miteinander.

Von diesen Zielen und den dazu erforderlichen Einstellungen und Fähigkeiten sind wir, auch in Europa und Deutschland, noch weit entfernt. Weltweite Migration wird primär als Bedrohung, nicht als Chance, als Belastung, nicht als Bereicherung, als kulturelle Gefahr, nicht als Erweiterung erlebt. Die Debatte in Deutschland, aber auch in Frankreich oder den Niederlanden wird weit mehr vom Kampf als vom Miteinander der Kulturen geprägt. Bereits heute setzen sich mehr Staaten, als öffentlich bewusst ist, aus einer Vielfalt von Ethnien zusammen, friedlich wie auch konfliktreich. Der Testfall Migration, d. h. die Steuerung und Gestaltung der Zuwanderung und Integration, ist eine Frage der Zukunftsfähigkeit Deutschlands im europäischen und internationalen Kontext.

Was sind die Gründe dafür, dass heute der Themenkomplex Migration und Integration national, europäisch wie international eine so intensive Beachtung und Erörterung findet?

Die Begründungen gehen in zwei Richtungen: die wachsende neue Kluft zwischen armen und reichen Ländern einerseits und Migration als Teil der Globalisierung andererseits. Bislang sind es trotz der hohen Zahl von circa 200 Millionen Migranten nur drei Prozent der Weltbevölkerung.[12] 90 Prozent der Flüchtlinge verbleiben heimatnah. Migranten kommen aus den entferntesten Regionen der Welt. Das gilt auch für die 6,7 Millionen Migranten in Deutschland.[13] Sie kommen aus unterschiedlichen Kulturen und Religionen, leben überwiegend in Großstädten, wo es zu Konzentration und Verdichtung kommt und parallel zu Sprachenvielfalt, heterogenen Lebensauffassungen sowie Lebensstilen. Das jeweils Eigene und Fremde begegnen sich. Das löst Ängste, Gefühle der Bedrohung und der Abwehr aus. Es wird erwartet, dass die Menschen, die zuwandern, sich so verhalten wie die Einheimischen, sich anpassen, ihr Anderssein aufgeben oder zumindest nicht öffentlich sichtbar machen.

Auf politischer Ebene geht es primär um Fragen der kontrollierten Steuerung der Zuwanderung, der Entscheidung, wer und wie viele aus welchen Kulturen kommen sollen. Die Aufnahmeländer der Industrienationen wissen sehr wohl um ihre humanitären Verpflichtungen. Aber sie brauchen auch Arbeitskräfte in verschiedenen Wirtschaftssektoren. Trotz hoher Arbeitslosigkeit fehlen Hochqualifizierte wie Fachkräfte. Es sind nicht nur demografische Gründe, die eine Öffnung unserer Länder für Zuwanderung erfordern. Es sind auch wissenschaftlich-technische Entwicklungs- und Innovationsgründe und wirtschaftliche Notwendigkeiten. Forschung und Innovation verlangen eine weltoffene Zusammenarbeit. Eine Exportnation wie Deutschland kann ihre Produkte nicht weltweit absetzen wollen ohne Arbeitsplätze in anderen Ländern zu schaffen und sich für Arbeitskräfte aus diesen Ländern zu öffnen.

Lange Zeit wurde der Zusammenhang von Migration und Entwicklung, der Beitrag der Migranten für die Industrieländer einerseits und die Herkunftsländer andererseits kaum beachtet. Diasporagemeinden in Deutschland haben nicht nur einen hohen Stellenwert für Handel und Investition zwischen Deutschland und den jeweiligen Entwicklungsländern, sondern sie reduzieren die Armut ihrer Familien, verbessern Voraussetzungen für Bildung und Gesundheit, ermöglichen Kleinunternehmertum, erhöhen die soziale Sicherheit und reduzieren damit Spannungen und armutsbedingte gewalttätige Auseinandersetzungen. Die Frage lautet längst nicht mehr, wie vermeiden wir Migration, sondern wie nutzen wir sie für Herkunfts- und Aufnahmeländer.

Da wir in einer Epoche leben, in der die Gegensätze hart aufeinandertreffen, zwischen Globalisierung und Internationalisierung einerseits, Rückzug auf das Nationale und Festhalten am Überkommenen andererseits, besteht die zentrale Herausforderung, der Testfall für Deutschland und andere Nationen, darin, Gegensätze zu überwinden. Es gilt, die Menschen erfahren zu lassen, dass wir mitten in der Globalisierung – der Internationalisierung der Forschung und Wirtschaft – leben, verbunden mit Zugewinnen und Verlusten, mit Lernanforderungen und erhöhten Anstrengungen.

Dabei erfahren die Menschen auch, wie sehr sich die Gesellschaft in Gewinner und Verlierer spaltet, wie unsicher ihre Lage geworden ist, wie ohnmächtig sie bisweilen den eingetretenen Veränderungen gegenüberstehen. Sie sehen oft die Auswege, die Perspektiven nicht mehr. Das führt zu Reaktionen wie Apathie und Aggression, Abwehr alles Fremden und Fixierung auf das national Vertraute als Inbegriff des Wertvollen.

Die Globalisierung wird sich nach allem, was wir wissen, fortsetzen und nicht aufhalten lassen. Sie wird begrenzt gesteuert und kontrolliert sein, aber zu unserem Lebensalltag gehören. Das bedeutet, dass vor allem in unseren Großstädten ein hoher Anteil an Migranten leben wird. Das ist weltweit so. Wie wir miteinander leben, wird darüber entscheiden, wie entwicklungsfähig wir sind, inwieweit wir in der Lage sind, uns wechselseitig für das Fremde mit seiner Andersartigkeit, mit seiner Bereicherung und seinen Konflikten zu öffnen.

Kann es uns gelingen, unsere negativen ethnischen und kulturellen Bilder von Migranten durch die Öffnung des Blicks für ihre besonderen Fähigkeiten und Leistungen zu korrigieren? Lassen sich Benachteiligungen und Ausgrenzungen in den zentralen Bereichen Bildung und Arbeit überwinden?

Die Internationalisierung betrifft nicht nur Wissenschaft und Wirtschaft, sondern in gleicher Weise auch die Bildung. Separieren wir uns von weltweiten Entwicklungen, so hat das Konsequenzen für die Rolle und den Stellenwert unseres Landes im internationalen Vergleich. Zu den Kernkompetenzen der allgemeinen Bildung gehören nicht nur Fremdsprachen, sondern Kenntnisse von anderen Kulturen, deren Geschichte, deren Wertauffassungen und Lebensweisen. Dazu zählt auch der Umgang mit Migranten. Wer sie abwehrt und schlecht behandelt, ihre Leistungen nicht anerkennt, hat ein negatives Image im internationalen Ranking mit nachhaltigen Auswirkungen auf die wirtschaftlichen und politischen Beziehungen. Kooperation wird dann mit den Ländern gepflegt, die sich gegenüber Migranten offen und wertschätzend verhalten. Forschung und Wirtschaft haben sich längst auf die Globalisierung eingestellt und gestalten sie mit. In Deutschland hat die Politik es versäumt, unsere Bildungsziele und Inhalte frühzeitig darauf umzustellen.

Migration ist kein Sonderfall der Moderne. Sie gehört zur Menschheitsgeschichte. Sie war zu allen Zeiten mit hohen Risiken, extremen physischen, psychischen und geistigen Herausforderungen, Konflikten und Lebensgefahren verbunden. Aber sowohl geschichtlich als auch aktuell betrachtet, haben sich viele Migrantinnen und Migranten als dynamische, unternehmerische, veränderungs- und risikobereite Menschen erwiesen und entscheidende Beiträge zur menschlichen Entwicklung in Wissenschaft, Kultur, Wirtschaft und Sozialem geleistet.

Migranten sind heute in aller Welt. Allein in Deutschland leben circa 15 Millionen Ausländer und Deutsche mit Migrationshintergrund:[14] Vertriebene, Aussiedler und Spätaussiedler, politische Flüchtlinge, Bürgerkriegsflüchtlinge und jüdische Kontingentflüchtlinge. Der Anteil der Migranten ohne deutschen Pass liegt nach dem Mikrozensus 2005 bei 6,7 Millionen. Hinzu kommen jährlich 300–400 Tausend temporäre Arbeitskräfte.[15] Deutschland hat nach dem Zweiten Weltkrieg Millionen Vertriebene und Flüchtlinge aufgenommen und integriert. Allerdings waren es lange Zeit vornehmlich Deutsche oder Deutschstämmige. Aber auch die Integration von Migranten und Migrantinnen anderer Nationalitäten gelang, solange Arbeitsplätze verfügbar waren. Problem- und konfliktfrei verliefen diese Prozesse nicht. Zuwanderer wurden weder unmittelbar nach dem Krieg noch in Zeiten dringenden Arbeitskräftebedarfs mit offenen Armen aufgenommen. Sie mussten sich ihren Platz in der Gesellschaft hart erarbeiten. Die entscheidenden Integrationsleistungen wurden in der Vergangenheit wie heute von den Migranten und Migrantinnen selbst und von der Zivilgesellschaft erbracht. Gemeint sind: Nachbarschaft, Vereine, Kirchen, Gewerkschaften, vor allem die Betriebe.

Auf die Situation dauerhaften und alltäglichen Zusammenlebens mit Zugewanderten aus den verschiedensten Regionen der Welt sind wir in Deutschland dennoch unzulänglich vorbereitet. In unseren Großstädten gehören die Migrantinnen und Migranten seit Jahrzehnten zum Stadtbild. Sie sind in Deutschland angekommen, aber sehr häufig »Fremde« geblieben. Die zentrale politische Botschaft an die Bevölkerung lautete zu lange: »Deutschland ist kein Einwanderungsland, sondern ein Rotationsland.« Das beinhaltete, dass Migranten sich zeitlich befristet im Land aufhalten und danach in ihr Heimatland zurückkehren. So war auch die am häufigsten an eingebürgerte und nicht eingebürgerte Migranten gestellte Frage: »Aus welchem Land kommen Sie, und wann gehen Sie in Ihre Heimat zurück?«

Viele leben hier in der zweiten und dritten Generation. Ihre Integrationschancen haben sich vor allem in den bildungsfernen sozialen Gruppierungen nicht verbessert, sondern verschlechtert. Das hat vielfältige Gründe und ist eingehender in den nachfolgenden Kapiteln zu erörtern. Aber es hat entscheidend mit unserer Anwerbepolitik seit dem Jahr 1955 bis zum Anwerbestopp 1973 zu tun. Wir haben überwiegend ungelernte Arbeitskräfte mit geringer Schulbildung und ohne Berufsausbildung angeworben. Und bei den Flüchtlingen haben wir die im Herkunftsland erworbenen Qualifikationen nicht anerkannt. Wir haben heute kein quantitatives Zuwanderungsproblem, denn es kommen zurzeit nur wenige Zuwanderer. Uns holen vielmehr die Versäumnisse und Fehler der Vergangenheit ein: Steuerungsfehler, bewusst unterlassene Integrationspolitik, zu geringe Beachtung und Beobachtung politischer Radikalisierung einer Minderheit, die sich nicht integrieren will.

Es ist uns nicht gelungen, die Bildungs- und Ausbildungschancen der Zugewanderten durchgängig zu erhöhen. Davon wird im Zusammenhang mit Integration die Rede sein. Die von der OECD veröffentlichten PISA-Studien[16] führen uns vor Augen, dass Deutschland zu den Ländern zählt, in denen soziale Herkunft in besonders krasser Form über die Bildungschancen der nachwachsenden Generation entscheidet. 20 Prozent und mehr verlassen die Schule ohne Abschluss, ihr Anteil unter den Arbeitslosen ist doppelt so hoch wie der Anteil der arbeitslosen Einheimischen.

Wir haben die Realitäten allzu lange verdrängt oder geleugnet, teilweise auch tabuisiert. Das gilt nicht nur für die Migration, sondern ebenso für andere zentrale Bereiche wie zukunftsgefährdende Defizite in unserem Bildungswesen, einschneidende Auswirkungen unserer geburtenarmen und alternden Bevölkerung, bis hin zu der allzu lange vernachlässigten Auseinandersetzung mit Fragen der Globalisierung für unsere wirtschaftliche, technische, soziale und kulturelle Entwicklung. Globalisierung ermöglicht und beschleunigt Migration, hat Konsequenzen für die Mobilität, aber auch für die intensiven Kontakte zwischen Aufenthalts- und Heimatland. Es hilft nicht, den Blick vor der Realität zu verschließen aus Sorge, die Menschen seien mit der Wahrheit über ihre Lebenslage und notwendige Veränderungen überfordert.

In Deutschland haben wir es im Bereich der Migration nicht nur mit fehlender Information, sondern vor allem mit Desinformation und Falschinformation zu tun. Das betrifft unser Wissen über die weltweiten Wanderungsbewegungen, vor allem aber unsere Kenntnisse über die Zuwanderung nach Deutschland. Allzu häufig wird mit Angst auslösenden Zuwanderungszahlen operiert, die mit der amtlichen Statistik wenig zu tun haben.

Nach wie vor sind viele der Auffassung, dass jährlich hunderttausende Neuzuwanderer nach Deutschland kommen, dass insbesondere Angehörige muslimischen Glaubens viele Kinder haben und schon in Kürze die Migranten die Mehrheitsbevölkerung bilden könnten. Die Zahlen der amtlichen Statistik sprechen eine andere Sprache. Derzeit wandern mehr Deutsche aus als ein[17] und wir haben eine stark abnehmende ausländische Zuwanderung. Die Geburtenraten der muslimischen Frauen nähern sich immer mehr denen der deutschen Frauen an.[18]

Der Anteil der Bevölkerung mit Migrationshintergrund in unseren Großstädten wird zunehmen und 30 bis 40 Prozent ausmachen.[19] Das ist eine realistische Annahme. Aber die Tatsache, dass mehr Menschen mit Migrationshintergrund bei uns leben werden, ist nicht gleichzusetzen mit Überfremdung, Bedrohung oder gar Verlust der eigenen Kultur. Entscheidend ist, auf welcher Grundlage bei aller Vielfalt und Unterschiedlichkeit wir unser Zusammenleben regeln, welche Werte und Normen für alle verbindlich sind und welche Spielräume für Pluralität zum Beispiel in Glaubensfragen und Lebensstilen bestehen. Es geht um die Notwendigkeit und Anerkennung einer gemeinsamen demokratischen Leitkultur.

Viel wird davon abhängen, ob wir die Zuwanderung auch als einen Testfall für unsere eigene Weiterentwicklung und Zukunftsfähigkeit erkennen und verstehen. Dabei werden wir mit Fragen unseres individuellen und kollektiven Selbstverständnisses konfrontiert, mit unserer eignen Identität, unserer Offenheit und Neugier gegenüber Andersartigkeit und Differenz, unserer Bereitschaft, voneinander und miteinander zu lernen. Ohne wechselseitige Öffnung und Kontaktaufnahme kommt es zu Abgrenzung und Ausgrenzung, nicht zu den notwendigen interkulturellen Lernprozessen mit Migranten. Wo sich Parallelgesellschaften in Ansätzen oder bereits sehr ausgeprägt entwickelt haben, gilt es genauer hinzuschauen und zu prüfen, ob sie eine Folge vielfach erfahrener Ausgrenzung oder einer bewussten Entscheidung gegen Kultur und Lebensformen des Aufnahmelandes sind. Da kommt es auf den differenzierenden Blick an, auf die Fähigkeit zur Unterscheidung, jedoch auch auf den Willen und die Phantasie, Ausgrenzung und Desintegration zu überwinden.

Daher muss mehr von den gelungenen Projekten des Zusammenlebens die Rede sein. Sie machen deutlich, dass Integration möglich ist und gelingen kann. Das erfordert Anstrengungen von beiden Seiten. Unser Land verfügt über erfolgreiche Initiativen und Projekte der Zivilgesellschaft, bei denen Einheimische und Migranten Integration praktizieren. Die Projekte reichen von sozialen Kontakten und Hilfen im Alltag, von der Bildung über Ausbildung und Beruf bis hin zu gemeinsamer Freizeitgestaltung, kultureller und politischer Arbeit. Sie sind eine Fundgrube für bundesweite Initiativen und Umsetzung. Sie lassen den Reichtum menschlicher Fähigkeiten und Gestaltungskraft erkennen und setzen Zeichen für Vielfalt und Zusammenhalt in demokratischen Gesellschaften. Zu viel dieses menschlichen Potenzials haben wir allzu lange brachliegen lassen, es weder genutzt noch wertgeschätzt. Es gilt, diese Menschen mit ihren vielfältigen Fähigkeiten, Ideen und Kompetenzen zu entdecken und zu fördern, und zwar alle, die in unserem Land leben. Je mehr wir die Menschen herausfordern, sie beteiligen und mit ihnen gestalten, uns weiterentwickeln in wechselseitigem Respekt und Wertschätzung, unter Verzicht auf Arroganz und Überheblichkeit, desto konstruktiver gehen wir mit Spannungen und Konflikten um.

Damit beantworten wir die zukunftsentscheidende Frage, ob wir in Deutschland fähig und bereit sind, mit Menschen unterschiedlicher Kulturen, Ethnien, Weltanschauungen und Religionen friedlich, konstruktiv und kreativ zusammenzuleben.

II. Migration –
Der unterschiedliche Blick aufeinander

1. Brief an einen jungen Immigranten

Wer sein Land verlässt oder verlassen muss, hat keinen Anspruch auf Aufnahme in einem anderen Land. Das ist die souveräne Entscheidung des einzelnen Staates und von Staat zu Staat unterschiedlich geregelt. Migranten werden streng kategorisiert und auf diese Weise hierarchisiert: Vertriebene und Flüchtlinge, politisch, weltanschaulich oder religiös Verfolgte, Arbeitsmigranten und Armutsflüchtlinge, Migranten im Rahmen des Familiennachzugs. Sie haben einen unterschiedlichen Status und ungleiche Rechte, sie haben unterschiedliches Ansehen und erfahren ungleiche Wertschätzung je nach Ethnie und Kultur. Schließlich wird unterschieden zwischen Angehörigen der EU und so genannten Drittstaatlern, das heißt Personen aus Ländern außerhalb der EU. Die bekannte Aussage »Wir haben Arbeitskräfte gerufen und gekommen sind Menschen«, wirft ein Schlaglicht auf die Blickverengung, die Reduktion auf das Funktionale, die Ausblendung des Humanen. Wenn von Migration und Integration gesprochen wird, so geht es primär um wirtschaftliche, demografische und soziale Fragen. Es geht um Kosten und Nutzen, um Aufnahme- und Integrationskapazität, um zumutbare Belastungen der Mehrheitsgesellschaft durch Fremde.

Was Menschen erleben und durchleben, die nicht nur körperliche, sondern vor allem unheilbare psychische Zerstörungen erlitten haben und durch brutale Gewalt, Morderfahrung und Vergewaltigung in der eigenen Familie traumatisiert wurden, das bleibt bei politischen Entscheidungen oft unberücksichtigt. Beispielhaft dafür steht der lang anhaltende Widerstand gegen die politische

Anerkennung der Opfer von massenhaften Vergewaltigungen. Gleiches gilt für die Schutzbedürftigkeit von Traumatisierten. Die Einwände haben stets einen ähnlichen Tenor. Es heißt, solche humanitären Regelungen würden eine Sogwirkung ausüben und die Flüchtlingszahlen erhöhen. Ohne engagierte Menschenrechtsgruppen, ohne hartnäckigen Einsatz der Kirchen gäbe es hier keine Fortschritte. Daher ist es so wichtig, dass die Zu- und Eingewanderten sich mit ihrer Stimme selbst Gehör verschaffen.

Das geschieht verstärkt in Autobiografien, in kultur- und politikkritischen Texten, in Theaterstücken, Fernsehreportagen und Filmen. Dabei stehen nicht Klage oder Anklage im Mittelpunkt, sondern positive und schmerzliche Erfahrungen, beeindruckende Eigenanstrengungen, sich im Aufnahmeland zu »akklimatisieren«, dort seinen Beitrag zu leisten und zu zeigen, wie stark Migrantinnen und Migranten sein können. Nichts ist authentischer als die Eigenaussagen und Reflexionen von Migranten. Sie wenden sich mit ihren Botschaften nicht nur an andere Migranten – wie auch der folgende Brief an einen jungen Immigranten –, sondern an eine breite Öffentlichkeit. Auf diese Weise könnte und sollte es gelingen, Menschen ohne Migrationserfahrungen vertrauter zu machen mit der psychischen und gesellschaftlichen Lage von Migranten. Es soll nahe gebracht werden, wie »sich ein Immigrant fühlen kann, wenn er sich in einem Land befindet, das nicht sein eigenes ist, mitten unter Menschen, die seine Sprache nicht sprechen«.[20]

Alain Stanké – sein wahrer Name in seinem kanadischen Pass ist nach wie vor Aloyzas-Vytas Stankevicius – ist litauischer Herkunft und in Kanada als Publizist, Schriftsteller und Verleger bekannt und anerkannt. Der nachfolgend abgedruckte Brief war der Hauptbestandteil eines Vortrags auf einer Konferenz zu Integration und zum Schulbesuch junger Immigranten in Montreal 2004. Darin kommt zur Sprache, was bei aller Fremdheit und Entwurzelung kulturell und individuell unverzichtbar ist, wenn das Zusammenleben von Menschen mit unterschiedlichen Sprachen und Kulturen gelingen soll.

Es handelt sich aus Stankés Sicht um einen wechselseitigen Annäherungsprozess, um Akklimatisierung, nicht um »unterwür-
fige« Integration. Dieser Prozess ist verbunden mit bedrückenden
Erfahrungen, mit Versagen, Niederlagen sowie Ausgrenzungen,
und erfordert Opfer, Mut und Entschlossenheit. Jede Niederlage
gilt es in einen Erfolg zu verwandeln, um den anderen zu zeigen,
dass man besser ist. Den Migranten werden – wie übrigens allen
Menschen – Etiketten angehängt. Das ist eine Realität, aber entscheidend ist Stankés Aufforderung »Achte vor allem darauf, *du
selbst* zu sein!« Jeder Mensch, gleich welcher kulturellen Herkunft,
ist etwas Besonderes, und von daher brauchen wir die Fähigkeit,
zwischen den Kulturen zu »navigieren«. Ohne eine positive Identifikation mit der eigenen Herkunft kann diese Leistung nicht gelingen. Warum sollten Menschen bei all dem, was sie gemeinsam
haben, nicht auch anders sein dürfen? Warum sollten sie sich dessen nicht im persönlichkeitsstärkenden Sinne bewusst sein?

Wir alle – so Alain Stanké – kommen aus verschiedenen Heima-
ten, aber wir alle kommen aus der *einen* Welt. Und wir alle sind auf
Menschen angewiesen, die uns in unserer Andersartigkeit annehmen und unterstützen. Wir wollen keine Einheitsgesellschaft, sondern betrachten Verschiedenartigkeit als eine Chance, mehr über
das Leben von Menschen in ihrer Vielfalt in Erfahrung zu bringen.

Alain Stanké, Brief an einen jungen Immigranten:

Mein lieber Freund,
erlaube mir, dass ich dich »Freund« nenne, denn aufgrund meiner
langen Vergangenheit als Immigrant denke ich, dass mir das, was
du in diesem Moment erlebst, nicht ganz fremd ist, denn auch ich
bin immigriert … und das nicht nur ein Mal!

Ich bin in einer Gegend in Osteuropa, am Rande der Ostsee, zur
Welt gekommen, in einem kleinen, friedlichen Land, im Kreis einer
wohlhabenden Familie, in sehr begünstigten Umständen. Es war
ein Leben im Luxus.

Mein Vater genoss ein hohes Ansehen. Unser Haus war ein riesi-
ges Gut, auf dem Gärtner, Köche, eine Erzieherin und Zimmer-

mädchen beschäftigt waren sowie eine ganze Armee von Bediensteten, die man heute nur noch in alten Filmen sieht. Wir hatten Geld in Hülle und Fülle, so viel Spielzeug, dass wir schon nicht mehr wussten, was wir damit anfangen sollten, und wir gingen an zwei aufeinander folgenden Sonntagen nie mit der gleichen Kleidung in die Kirche. Es war ein Zustand großer Glückseligkeit. Ohne jegliche Vorankündigung und ohne dass irgendjemand es vorhergesehen hätte, brach eines Tages alles zusammen. Im Alter von fünf Jahren fand ich mich plötzlich vor einem Erschießungskommando wieder und ein Soldat richtete sein Gewehr auf meinen Rücken. Ich hatte keine Angst. Aber nicht etwa, weil ich so mutig gewesen wäre: Ich hatte in meinem Leben einfach noch nie ein Gewehr gesehen. Ich wusste nicht, welchen Nutzen es hatte (eigentlich müsste ich sagen, welche »Nutzlosigkeit«!). Durch ein Wunder wurde ich gerettet und kehrte zum Haus zurück, wo ich feststellen musste, dass wir nun kein Haus mehr hatten. Schluss! Aus und vorbei! Ade Köchin und Privatchauffeur und bye bye Gärtner! In den darauf folgenden Tagen mussten wir uns verstecken, und um zu überleben, mussten wir auf der Suche nach etwas Essbarem Mülltonnen und Abfallhaufen durchwühlen.

Genau in diesem Moment meines Lebens habe ich begriffen, dass – auf dieser Erde – nichts jemals von Dauer ist. Nichts ist jemals endgültig. Nichts, was uns an Gutem widerfährt, und auch nichts Unangenehmes. Damals habe ich auch verstanden, was es bedeutet, ein »Ex« zu sein … Wenn die Etymologie logisch ist, bedeutet dieses »Ex«, dass man einen Staat oder einen Ort verlassen hat und sich nun woanders befindet. Der Exilant ebenso wie der Expatriierte hat seine geliebte Heimat verlassen. Der Vertriebene oder Enteignete war gezwungen, einen Ort der Geborgenheit zu verlassen, an dem er gerne geblieben wäre. Der Ausgestoßene – ein Zustand, den ich ebenfalls gut kenne – ist aus der Gesellschaft verjagt worden, aus der Behaglichkeit, der Sicherheit, dem Wohlstand, der Arbeit und dem Vergnügen. Er wurde auf irgendeine Weise aus einem friedlichen Leben verstoßen, einem normalen Leben. Er ist weit entfernt von einem Ort, an dem das Dasein einfach menschlich ist.

Ich möchte dich mit meinem Brief nicht langweilen, indem ich dir mein Leben in all seinen Details erzähle. Ich bin sicher, dass du in diesem Abschnitt genauso viel zu berichten hättest wie ich. Und da wir unter uns sind, kann ich dir außerdem sagen, dass ich nichts weniger gern tue, als von meiner Vergangenheit zu sprechen. Ich rede stets lieber über die Zukunft. Aber ich werde für dich eine kleine Ausnahme machen und dir ganz kurz von einigen Ereignissen erzählen, die meinen Weg markiert haben und die dir vielleicht helfen, über deinen Weg nachzudenken.

Während meines ganzen Lebens (und das bereits, als ich noch ganz klein war), wurden mir abwechselnd verschiedene Bezeichnungen angeheftet: Enteigneter, Vertriebener, Internierter, Ausgeschlossener, Ausländer (übrigens auch: dreckiger Ausländer), Importierter, Unerwünschter, Gefangener, Emigrant, D. P. – das bedeutet Displaced Person – Staatenloser (ja tatsächlich, es ist eine Bezeichnung für jemanden, der keinen Pass hat, weil er kein Land mehr hat), Auf-eine-Berechtigung-Wartender, Immigrant, Neukanadier, Neuquebecer, schließlich Quebecer … Wurzelloser! Ohne Wurzeln, das heißt »Entwurzelter«. Ja, du und ich, wir sind »Entwurzelte«.

Heute amüsiere ich mich sehr über all diese Etiketten, vor allem, weil man mir neue angeheftet hat, seitdem ich mündig und erwachsen bin – und zwar solche, mit denen man auch diejenigen ausstattet, die in ihrem ganzen langen Leben noch nie Immigranten waren: Junggeselle, Verheirateter, Geschiedener, Wahlberechtigter, Arbeitnehmer, Bewohner, Besitzender, Verbraucher, Nutznießer, Mitglied, Anhänger, Arbeitsuchender, Arbeitsloser, oder – was ich dir nicht wünsche – armer Sozialhilfeempfänger. Und darüber hinaus ist man mit Sicherheit Katholik, Moslem, Protestant oder Jude. Bloquist, Pequist,[21] Liberaler, Nichtwähler oder Parteiloser. Es scheint, als würde die Gesellschaft es lieben, uns einen Stempel aufzudrücken, als wären wir niedere Objekte.

Ich sage dir all dies auf eine etwas witzige Weise, da ich dir raten möchte, den Eigenschaftswörtern, die man dir anheftet, keinerlei Beachtung zu schenken. Achte vor allem darauf, *du selbst* zu sein! Du bist eine kulturelle Besonderheit, du ganz allein! Ziehe dich vor allem nicht in dein Schneckenhaus zurück. Navigiere zwischen den Kulturen – deiner eigenen ursprünglichen und der deines Wahllandes. Übernimm das Beste von jeder und ignoriere den Rest. Schließe dich freudig Menschen an, die dir einen Zugang zu ihrem Leben eröffnen, zu ihrer Identität.

Interessiere dich für sie, hab Spaß mit ihnen, lasse dich auf sie ein, entdecke, lerne und sei dankbar, dass du die Chance hast, in einem freien Land zu leben, in dem (trotz allem, was einige kleine Miesmacher behaupten) *noch ALLES möglich ist*. In einem gastlichen Land, in dem du dein Schicksal bestimmen kannst – und zwar in dem Maße, in dem du deine Kraft gerne dafür einsetzen möchtest –, in einer neuen Heimat, in der du erfolgreich sein kannst, wenn du dein Ziel nur unablässig verfolgst und dir Mühe gibst. Öffne dich. Wage ehrliche Unterhaltungen, solche, die vom Herzen kommen, Unterhaltungen, aus denen Beziehungen entstehen, die Bindungen fördern.

Ich wünsche dir von ganzem Herzen, mein lieber *Entwurzelter*, dass du auf deinem Weg ehrlichen und starken Lehrern begegnest, die dir die Hand geben, wenn du Angst hast, wenn du zitterst, und die es akzeptieren können, deine Hand loszulassen, wenn du bereit bist, mit deinen eigenen Flügeln davonzufliegen.

Weißt du, es ist nicht jedem gegeben, ein Immigrant zu sein. In jedem Fall erfordert es viele Opfer, Mut und Entschlossenheit.

Ich lasse hier natürlich außer Acht, unter welchen Umständen du in Quebec gelandet bist. Ich weiß nicht, ob deine Eltern gezwungen waren, eure Heimat zu verlassen, oder ob sie freiwillig fortgegangen sind, um die wirtschaftlichen Verhältnisse eurer Familie zu verbessern, um die Würde und Freiheit zurückzuerlangen, die nur die demokratischen Regierungsformen garantieren können. Als sie diese Entscheidung getroffen haben, waren sie sicherlich bereit, sehr große Opfer zu bringen, weil sie wollten, dass dein Leben sich besser entfalten kann als in dem Land, in dem du geboren bist. Vielleicht herrschen dort, wo du herkommst, Hunger oder Krieg, Gewalt, Intoleranz oder Verfolgung? Vielleicht gibt es dort keine Perspektiven und keine Hoffnung mehr. Bestimmt hattest du deine Heimat trotzdem lieb gewonnen. Warum muss man nur stets das verlassen, was man liebt? Aber letztlich ist das unbedeutend, da du im einen wie im anderen Fall für den Rest deines Lebens immer ein *Entwurzelter* sein wirst. Du kannst jedoch beruhigt sein: Du bist deshalb nicht weniger wert als die anderen!

Angesichts deiner neuen Lebensumstände, angesichts der anderen Menschen, angesichts der neuen Gewohnheiten, die du nun annehmen müssen wirst, solltest du dich stets daran erinnern, dass alle Menschen etwas gemeinsam haben: *Sie sind alle verschieden*, selbst in ihrem eigenen Land, das sie nie verlassen haben … Daher darfst du dich nie dafür schämen, was du bist. Es ist keinerlei Schande, von dort zu stammen, wo man herkommt, und das zu sein, was man ist.

Die Stimme, der Gehörsinn, das Sehvermögen, die Vereinigung der Geschlechter, die Geburt und der Tod sind bei allen Menschen ähnlich, egal, ob sie weiß oder schwarz sind, katholisch, protestantisch, muslimisch oder … ungläubig. Der Quebecer Autor Laure Conan hat einmal gesagt: »Man darf sich nie wegen seiner Herkunft schämen. Das macht die Stärke eines Volkes aus!« Und für Albert Camus war es undenkbar, dass man es für wünschenswert halten könnte, das Menschengeschlecht in ein einziges, nicht voneinander unterscheidbares Volk zu verwandeln. Wir sind nun einmal keine Ameisen! Camus zufolge bedeutet Einheit nicht Einheitlichkeit, sondern das Gegenteil. Es geht darum, sich für die Andersartigkeit zu begeistern. »Du bist nicht ich, aber du bist meinesgleichen. Ich benötige deine Andersartigkeit«, so Camus, »da sie mich bereichert.«

Und tatsächlich solltest du dich nicht schämen, denn egal, was man dir sagt und welches Gefühl man dir vermittelt, die anderen werden dich so nehmen müssen, wie du bist, ebenso wie du dich auf die anderen einstellen musst. Überall gibt es Gutes und Schlechtes. Du musst selbst auswählen, was dir am meisten entspricht. Ich weiß aus Erfahrung, dass es angenehmer ist, in eine neue Welt zu kommen, wenn man das Gefühl hat, so zu sein wie die anderen, aber das ist nicht unbedingt wünschenswert.

Als ich unmittelbar nach dem Krieg in Frankreich ankam, war ich erst elf Jahre alt. Ich sprach kein einziges Wort Französisch. Ich sprach Litauisch, Polnisch, Russisch und Deutsch (das Überleben verpflichtet) … aber, wie du dir denken kannst, nutzten mir all diese Sprachen in Frankreich natürlich überhaupt nichts. Die kleinen Franzosen würden sie nicht lernen, nur um mir einen Gefallen zu tun, nur um mir die Kommunikation zu erleichtern. Als ich in der Grundschule mein erstes französisches Diktat schrieb – es war ein kurzes einseitiges Diktat – hatte ich 102 Fehler. Ein Rekord, der seitdem zweifellos nicht mehr erreicht wurde … Es war eine Schmach!

Niedergeschlagen ging ich in mich. Meine Seele war zutiefst verletzt, die Scham nagte an mir und meine Augen waren voller Tränen. Das Leben kam mir plötzlich sinnlos vor und die Brüderlichkeit der Menschen … sehr unwahrscheinlich! Ich erinnere mich daran, dass ich genau in diesem Moment eine der wichtigsten Entscheidungen meines Lebens traf: Ich entschloss mich, meine Scham in Motivation umzuwandeln. Ich wollte die Verzweiflung und meine Niedergeschlagenheit in eine Gelegenheit verwandeln, besser zu werden. An diesem Tag beschloss ich, dass es für mich ein willkommener Anlass war, all denen eine Lektion zu erteilen, die sich über mich lustig gemacht hatten … Und wie? Nun, ganz einfach, indem ich besser wurde als sie! Ich schwor mir, all meine Kraft und all meine Energie einzusetzen, um so gut Französisch zu lernen wie die Franzosen selbst, und, falls möglich, sogar noch besser!

Ich war getrieben von dem Wunsch, besser zu sein, die anderen zu überholen, sie zu übertreffen. Das sollte meine persönliche Rache sein! Eine süße Rache, die niemandem schadete. In meinem kleinen Kopf – daran erinnere ich mich genau – formulierte ich eine leidenschaftliche Antwort, die schamhaft unter meinem nagenden Kummer versteckt war, eine Antwort, die, wie du bestätigen können wirst, vielleicht nicht im »besten Französisch« formuliert war, die aber zumindest den Vorteil hatte, dass es ihr nicht an Klarheit mangelte, um meinen damaligen Geistes- und Seelenzustand perfekt zu beschreiben. Ich sagte zu mir selbst: »Später werde ich mehr besser[22] Französisch sprechen als ihr und ich werde es euch doch allen zeigen.«

Und ob du es glaubst oder nicht, ein Jahr später, genau zwölf Monate nach dem »meisterhaften«, denkwürdigen Diktat, erzielte ich den zweiten Platz im Französischwettbewerb – und zwar nicht von meiner Klasse, sondern von der ganzen Saint-Pierre-de-Montrouge-Schule des 14ten Arrondissements von Paris. Voilà! Wahrscheinlich war dies der erste große Erfolg in meinem Leben, und es ist der, auf den ich am meisten stolz bin. Jedenfalls kann ich dir sagen, dass keine Medaille, Auszeichnung oder Belohnung danach mir noch einmal so viel Freude bereitet hat.

Ich weiß nichts über dich. Ich weiß nicht, ob du schwarz oder weiß, katholisch oder muslimisch bist. Ich weiß nur, dass du ein Immigrant bist. Es kann sogar sein, dass deine Eltern zur Gruppe der »Allophonen«[23] gehören und sie einige Schwierigkeiten haben, Französisch zu lernen. Dann ist es sehr wahrscheinlich, dass sie auf dich zählen und du eine ganze Menge von Aufgaben übernehmen musst. Das ist eine ziemliche Bürde für deine schwachen Schultern. Sicherlich ist das viel von dir verlangt, aber du wirst sehen, es ist ein großer Ansporn, und letzten Endes wird es sehr lohnend sein. Wenn du auf diese Weise motiviert bist, wird es dir gelingen, die Sprache viel schneller zu beherrschen.

Du hast die Wahl. Angesichts deines neuen Lebens und deiner neuen Umgebung, in die du hineingeworfen wurdest, kannst du nun entweder eine ablehnende, trotzige Haltung einnehmen oder aber die Gelegenheit nutzen und dich voller Elan in alle Dinge hineinstürzen, die sich dir bieten. Die Erwachsenen bezeichnen dies als Integrationsprozess. Da haben wir es also … das große Wort! Die Integration ist der Vorgang, durch den ein Individuum oder eine Gruppe sich eingliedert, sich einfügt in eine Gemeinschaft, in die Umgebung. Die Integration fordert keineswegs von Immigranten, dass sie ihre ursprüngliche Identität, ihre Kultur, ihre Überzeugungen oder ihre Sprache aufgeben. Mir persönlich gefällt der Begriff nicht sehr gut. Ich mag es nicht, wenn man mir sagt, dass ich mich gut »eingefügt« oder »integriert« habe. Ich vergleiche mich lieber mit einer Pflanze, die entwurzelt und dann in einen Boden verpflanzt wurde, der nicht ihr natürlicher Boden ist, in einer Umgebung, die nicht ihre eigene ist, in einem fremden Klima. Wenn die Pflanze nicht vertrocknet, wenn sie nicht stirbt, wenn sie überlebt und es ihr gelingt weiterzuwachsen, sprechen Botaniker davon, dass sie sich »akklimatisiert« hat. Und auch was uns betrifft, dich und mich, sage ich nicht, dass wir uns integrieren, sondern dass wir uns *akklimatisieren!* Der Begriff »sich integrieren« erinnert mich persönlich eher an einen Straffälligen, der sich schließlich in die Gesellschaft einreiht, da man ihn dazu zwingt. Wenn wir uns integrieren, können wir den Eindruck haben, der Mehrheit unterworfen zu sein. In gewisser Weise sind wir dann verloren. Wir verschmelzen mit der großen Masse und werden jeglicher individuellen Merkmale beraubt, der wertvollen Identität, die uns zu Eigen ist.

Auch dem Schriftsteller Yves Thériault (ich hatte das Glück, die meisten seiner Bücher zu verlegen) gefiel das Wort »integrieren« nicht. Weder für die Nationen noch für die Menschen, aus denen sie sich zusammensetzen. »Ein Volk zu integrieren«, so schrieb er in seinem Buch ›Ashini‹, »bedeutet, es zu absorbieren, bis nichts anderes mehr von ihm übrig ist als eine Erinnerung und die verhassten Lügen der Geschichtsbücher.«

Im Gegensatz dazu impliziert der Begriff »akklimatisieren« automatisch eine gewisse Sanftheit, eine spezielle Pflege, ein Wohlwollen, eine besondere Aufmerksamkeit, Fingerspitzengefühl … und, das gilt für Menschen wie für Pflanzen, viel Liebe!

Du wirst sehen, dass wir im Lauf unserer »Akklimatisierung« zwangsläufig Widerständen begegnen, Hindernissen, allen möglichen Problemen und unzähligen Schwierigkeiten. Keine Prüfung bleibt uns erspart. Wir stoßen auf Gleichgültigkeit, Spott, Kritik, Rassismus, Ablehnung … Du wirst feststellen, dass wir für die Rassisten, denen wir auf unserem Weg begegnen, immer Juden, Neger oder Araber sind.

Vielleicht hast du schon davon gehört, dass man im Namen des laizistischen Prinzips in Frankreich, diesem »gastfreundlichen Land« (oder sollte es etwa ein »gastfeindliches« Land sein?), leider das Tragen des Schleiers in der Schule verbietet. So genannte »ostensible« Merkmale sind untersagt. Wie ich allerdings im Wörterbuch überprüft habe, bedeutet »ostensibel« interessanterweise

»zum Vorzeigen geeignet« … Man muss annehmen, dass man nicht genau gelesen hat, was im Wörterbuch steht … Allah, Jehova und Gott sei Dank! – bisher hat diese Welle Quebec noch nicht erreicht.

In Frankreich sagt man den Schülern:»Ihr könnt euch piercen, so viel ihr wollt, selbst den Bauchnabel und die Brustwarzen, aber verschleiert auf keinen Fall euer Gesicht.« Wenn sich unter dem Schleier des Laizismus die Furcht vor dem Islam versteckt, setzt sich hinter der Maske der Pseudotoleranz die Verlogenheit fest. In diesem Land gibt es Lehrer, die mittlerweile legal junge Mädchen ausschließen, die stolz auf ihre Identität sind. Und gleichzeitig weigern sich dieselben Lehrer, die Nase und Wangen, die gepiercten Augenbrauen oder die rot und blau gefärbten Haare zu sehen, die ihnen den ganzen Tag lang signalisieren: »Ihr habt uns unsere Identität weggenommen … also suchen wir uns eine neue!« So wie die Dinge stehen, wette ich mit dir, dass es nicht lange dauern wird, bis man nicht nur das Tragen eines Schleiers und eines kleinen Kreuzes verbietet, sondern auch die anderen übrig gebliebenen ostensiblen Merkmale, beispielsweise Vornamen wie Joseph, Marie, David oder Mohammed … denn diese religiösen Namen zu haben ist genauso, wie einen Schleier oder ein kleines Kreuz um den Hals zu tragen – auch damit bringt man öffentlich seine Zugehörigkeit zum Ausdruck. Mein Gott, was bin ich froh, mich dafür entschieden zu haben, in Quebec zu leben, einer Gegend, in der Toleranz nicht nur ein leeres Wort ist.

Natürlich war es hier nicht immer leicht für mich. Dabei war es anfangs nicht am schlimmsten, einige Male abgelehnt zu werden, sondern das Gefühl zu haben, dass ich *zu viel* war. Meiner Ansicht nach ist das noch grausamer … Und wenn ich dieses Gefühl hatte, spürte ich einen sehr großen Schmerz, aber … das hat mich nicht entmutigt weiterzukämpfen, denn hier sind die Menschen im Großen und Ganzen gut, großzügig und gastfreundlich. Sie sind insgesamt sehr hilfsbereit.

Hin und wieder bin ich auf ein oder zwei Menschen gestoßen, die mir auf eine etwas arrogante Weise gesagt haben: »Aber … du bist ja kein Quebecer!«. Das ist eine unangebrachte Überheblichkeit. Es ist möglich, dass man auch dir gegenüber diese Bemerkung macht. Ich werde dir daher sagen, wie man mit solchen Leuten umgeht. Sag einfach Folgendes zu ihnen: »Ja, das stimmt. Ich bin nicht zufällig hier geboren so wie Sie! Ich bin nicht zufällig hier, ich habe mich dafür entschieden, Quebecer zu werden!« Wenn man es recht überlegt, ist ein Mensch nichts anderes als ein Zufall, der sich sein Schicksal schafft.

Ab einem bestimmten Moment machte ich es mir zur Gewohnheit, Menschen – die besonders fixiert auf Vorschriften, Grenzen und Reisepässe waren – unmittelbar zu verstehen zu geben, dass mein persönliches Schlafzimmer die ganze Erde war. Wenn jemand zu mir sagte »Du bist nicht von hier …! Woher kommst du?«, gab ich ihm zur Antwort: »Ich? Ich komme *von der Welt*« … Also werde ich dies seit einer gewissen Zeit nicht mehr gefragt. Das ist einer der Vorteile des Fernsehens … Man befürchtet sicher, dass ich sage: »Lächeln Sie, man kann nie wissen!«

Wenn man eine Wahl trifft, so bedeutet dies, dass man etwas gezielt aussucht, anderes aussondert, von mehreren Dingen etwas Bestimmtes bevorzugt. Wenn man etwas auswählt, verzichtet man auf alles andere! Und wie mein Freund Victor-Lévy Beaulieu in seinem Buch ›L'heritage‹ sagt: »Wenn man keine Wahl trifft, kann man weder Dinge noch Menschen lieben. Bestenfalls kann man sie mit Gleichgültigkeit betrachten.« Jean-Claude Germain war so freundlich, mir eines Tages einige Worte zu sagen, die ein großer Trost für mich waren. Ich wiederhole sie für dich, da sie auch für dich zutreffen. Germain sagte:»Man kann überall auf der Welt als Quebecer geboren werden … aber man erkennt dies nur, wenn man nach Quebec kommt, um dort zu leben.«

Und gegenüber denen, die dir sagen, dass sie eine klare Zugehörigkeit haben, eine Familie, Nachfahren, dass sie ihren Stammbaum kennen und dass du nichts über deinen weißt, dass du vielleicht nicht einmal einen Stammbaum hast … solchen Menschen gegenüber solltest du erwidern, dass du nur deshalb keinen Baum hast, weil du … *einen Wald* hast!

Du hast also allen Grund, dich darüber zu freuen, hier in Quebec angekommen zu sein, das dich aufgenommen hat. Denn – wie die Pflanze – wirst du hier auf deinem Weg Menschen begegnen, die nie vergessen werden, dich zu gießen, wenn du Wasser brauchst, und die dir Nährstoffe in Form von Freundschaft, Respekt und Liebe schenken. Du wirst Freunde und Freundinnen finden, die offen, herzlich, liebevoll und zuvorkommend sind und dich annehmen. Vor allem wirst du Lehrer finden. Menschen, die aufgrund des Berufes, den sie gewählt haben, besser als alle anderen wissen, dass man ein verpflanztes Gewächs zunächst lieben muss, damit es weiterwachsen kann. Sie werden dich lieben, indem sie sich vor dir entwaffnen und riskieren, verwundbar zu werden, um dich anzunehmen und dich so kennen zu lernen, wie du bist! Wenn du deine Augen und dein Wesen weit öffnest, wirst du erkennen, dass die meisten Menschen bereit sind, eine Beziehung zu dir aufzubauen. Sie werden dir zuhören und dir die Bedeutung beimessen, die du verdienst. Aufgrund ihrer Ausbildung wissen Lehrer, dass lieben nicht bedeutet, Reichtümer zu verschenken, sondern in erster Linie, dir dabei zu helfen, deine eigenen inneren Schätze zu entdecken. Jean Vanier hat dies einmal folgendermaßen zum Ausdruck gebracht: »Lieben bedeutet, dem anderen zu offenbaren, wie schön, wie wertvoll und wichtig er ist, und ihn all das Licht sehen zu lassen, das in ihm existiert.«

Lehrer haben einen sehr schwierigen Beruf. Sie müssen jungen Menschen – die alle verschieden sind – helfen, mutig auf ihre Welt als Erwachsene zuzugehen. Ihre Aufgabe ist schwer, da ihre Gesten und ihre Worte für »das andere Kind«, das Immigrantenkind, wie Regentropfen sind, die die Samenkörner zum Keimen bringen … Samenkörner, die noch nicht sichtbar sind, da sie sich unter der Erde befinden. Wenn der Regen ausbleibt oder er sauer ist, werden die verborgenen Begabungen des Kindes, die in der Obhut ihrer Lehrer sind, unter der Oberfläche vergraben bleiben.

Ich möchte dich nicht langweilen, aber ich würde gerne noch einmal auf das Thema der Verschiedenartigkeit zurückkommen. Ach, die Verschiedenartigkeit! Ich bin anders, du bist anders, alle Welt ist anders. Jeder von uns ist außergewöhnlich, einzigartig und unvergleichlich! Niemand auf der Welt kann sich die Summe deiner Begabungen, deine Ideen, Fähigkeiten oder Emotionen aneignen. Niemand auf der Welt sieht so aus wie du oder wie ich. Nirgendwo gibt es jemanden, der so spricht, lacht, geht und die Dinge so tut wie du oder ich. Anders zu sein bedeutet nicht, besser oder schlechter zu sein. Anders zu sein, das heißt, sich der eigenen Begabungen und Unvollkommenheiten bewusst zu werden. Es bedeutet auch zu erkennen, wie wertvoll die anderen für uns mit ihrer Verschiedenartigkeit sind, die unser Anderssein zum Strahlen bringt. Und schließlich glaube ich, dass man nur dann existiert, wenn man anders ist. Vielleicht ist das die Definition der Existenz.

Wenn es uns gelingt, die Existenz der physischen und kulturellen Unterschiede bei uns selbst und den anderen anzuerkennen, begreifen wir auch, dass wir mit einer Körpergröße von 1,90 Meter genauso schön sein können wie mit 1,60 Meter, dass wir akzeptieren können, blonde Haare zu haben, eine schwarze oder weiße Haut, dass wir uns nicht wegen großer Füße (oder Fingern wie meinen) schämen müssen und die Heilige Jungfrau oder den Koran verehren können.

Sich anders zu fühlen ist für viele, wenn sie noch jung sind, gleichbedeutend damit, nicht geliebt zu werden und sich abgelehnt zu fühlen. Das habe ich auch so erlebt. Aber die Tatsache, anders zu sein, dürfte eigentlich nicht weniger Liebe zur Folge haben ... Du bemerkst sicher, dass ich schreibe, *es dürfte nicht*, denn leider scheint nicht jeder auf dieser bewegten Welt das zu verstehen. Der Autor des ›Kleinen Prinzen‹, Antoine de Saint Exupéry, schreibt über das Anderssein: »Wenn ich auch anders bin als du, so bin ich doch weit davon entfernt, dich zu beeinträchtigen; ich steigere dich vielmehr!« Ich bin versucht, mir anzumaßen, dieses berühmte Zitat etwas zu verändern. Anstatt zu sagen »Wenn ich auch anders bin als du, so bin ich doch weit davon entfernt, dich zu beeinträchtigen; ich steigere dich vielmehr ...«, würde ich lieber sagen: »Wenn ich auch anders bin als du, so bin ich doch weit davon entfernt, dich zu beeinträchtigen; ich steigere *mich* vielmehr!«

In deinem Herkunftsland hast du bestimmt Märchen gehört, die uns zeigen, dass Kinder darunter leiden, wenn sie anders sind, wenn sie sich nicht so fühlen wie die anderen und daher das Gefühl haben, automatisch abgelehnt zu werden. Besonders im

Märchen ›Das hässliche Entlein‹ von Andersen wird dies deutlich.

In diesem Märchen ist das kleine Entlein ganz grau, obwohl seine Geschwister ganz weiß sind. Es ist tolpatschig und ungeschickt, während die anderen behände und graziös sind. Unserem kleinen hässlichen Entlein bleibt nichts anderes übrig, als vor dem Spott zu flüchten und von dem Tag zu träumen, an dem es sich rächen wird.

Wir begegnen dem gleichen Thema auch in den Märchen ›Aschenputtel‹ oder ›Schneewittchen‹, und wenngleich es hier natürlich variiert wird, zeigen die Märchen doch stets, wie zerbrechlich das Kind ist, wie sehr es die Wertschätzung seiner Eltern und Lehrer braucht, um seinen Körper und all seine Fähigkeiten liebevoll anzunehmen.

Aus diesem Grund (wenn du mir erlaubst, dir einen weiteren Rat zu geben) solltest du während deiner Akklimatisierung genau auf die Worte deiner Lehrer achten. Diese Worte werden für dich wie das Regenwasser für eine durstige Pflanze sein. Diese innere Landschaft, die üblicherweise von den Erwachsenen geformt wird, hat einen großen Einfluss darauf, ob du erfolgreich sein wirst und ob du dich gut eingewöhnst und dich in der neuen Welt akklimatisierst, in der du von nun an dein Leben gestalten wirst.

Trotzdem solltest du dich ganz ungehemmt mit anderen vergleichen. Es ist normal und fruchtbar, sich mit anderen zu vergleichen, wenn man jung ist. Ich würde sogar sagen, dass es notwendig ist. Vergleiche helfen dir, deine Position zu bestimmen, dein Territorium abzustecken. Du kannst dich mit anderen Kindern messen und erkennen, dass du in bestimmten Bereichen überragend bist und dich in anderen besonders bemühen musst, um erfolgreich zu sein. Du wirst überrascht sein, wie viel die anderen dir bringen können …

Ich weiß immer noch nicht viel über dich, denn schließlich bin ich es ja, der dir schreibt … Möglicherweise kommst du aus einem Land, in dem die Tradition der mündlichen Überlieferung eine große Rolle spielt. Möglicherweise können deine Eltern nicht lesen. Vielleicht kannst auch du noch nicht gut lesen. Vielleicht liest ein anderer dir diesen Brief vor? Wenn man sich gut akklimatisieren will, muss man mit den anderen Menschen kommunizieren können. Daher ist es ein unverzichtbares Werkzeug, lesen und schreiben zu können, denn als Analphabet ist man ausgeschlossen.

Analphabeten sind in ihrem Alltag, im Beruf und in ihrer persönlichen Entfaltung stark eingeschränkt. Sie sind in doppelter Hinsicht ausgegrenzt: Zum einen können sie nur in begrenzter Weise am sozialen Leben teilnehmen und zum anderen entgehen ihnen alle speziellen Informationen, die schriftlich übermittelt werden. Ob man einen Brief schreiben, einen Angestellten finden, einen Mietvertrag unterschreiben oder sich orientieren möchte, man muss unbedingt lesen können.

Analphabeten sind ausgegrenzt, obwohl wir – das ist mir durchaus bewusst – in einer Bildergesellschaft leben: Das Fernsehen, Musikvideos, VHS-Kassetten, DVDs und die Datenverarbeitung sind allgegenwärtig.

Das Lesen muss man üben. Man lernt lesen, indem man liest! Und beim Lesen entwickelt sich die Liebe für die Sprache. Es gibt Menschen in unserer Umgebung, die nicht lesen können. Doch es gibt auch viele, die es können, aber die Lektüre nicht schätzen. Menschen, die gar nicht lesen oder aber sehr wenig, schnell und oberflächlich. Leider ist die aktuelle literarische Produktion immer stärker auf diese oberflächliche Leseweise ausgerichtet. Da schnell gelesen wird, arbeiten die Texte mit Gemeinplätzen, damit die eiligen Leser das Geschriebene erfassen und ohne zu große Anstrengung verstehen können. Davon abgesehen sind die Texte meistens fade, trostlos, langweilig und entmutigend. Die Sprache verarmt, sie wird künstlicher und der Magie der Worte beraubt. Es gibt sogar Schnell-Lesetechniken.

Für mich ist ein Buch wie eine Partitur. In 15 Minuten kann man mit den Augen die Partitur einer Symphonie überfliegen, die normalerweise zwei Stunden dauert. Aber wie soll man den Klang der Musik wahrnehmen, wenn man das im Eiltempo macht? Die Musik ist die sinnliche Substanz, das Lebendige an der Sprache.

Wenn man schnell liest, schaltet man die Musik aus, die schöne Klangfarbe, die ebenfalls eine Bedeutung hat.

Das Ziel des Lesens besteht nicht darin, mehr Bücher zu kennen, sondern mehr über das Leben zu erfahren. Das Geschriebene ist das Wichtigste im Alltag. Du wirst feststellen, dass Werbespots im Fernsehen, die besonders effektiv sein sollen, mit *gedruckten Worten* gestaltet werden. Weißt du auch warum? Man macht es, weil gedruckte Worte viel wirkungsvoller sind. Lesen heißt glauben! Das ist erwiesen. Apropos Lesen. Goethe hat Folgendes darüber gesagt: »Die guten Leute wissen gar nicht, was es für Zeit und Mühe kostet, das Lesen zu lernen … Ich habe achtzig Jahre dazu gebraucht und kann noch jetzt nicht sagen, dass ich am Ziel wäre.« Das Lesen bereichert den eigenen Wortschatz, beflügelt die Fantasie, führt zu zahlreichen Erkenntnissen und eröffnet Perspektiven in vielen Bereichen: etwa in der Welt der Gegenwart oder der historischen Vergangenheit. Es ermöglicht uns, verschiedene Lebensweisen und Länder zu entdecken und – in deinem Fall – zu lernen, wie die Menschen in Quebec, deiner neuen Heimat, leben.

Es ist falsch zu glauben, dass du nur ein Leben leben kannst. Wenn du lesen kannst, hast du dank der Bücher die Möglichkeit, so viele andere Leben zu leben … und so viele Lebensweisen auszuprobieren wie du möchtest …

Nun werde ich meinen Brief beenden.

Mein lieber Freund, ich lade dich dazu ein, meine hoffnungsvollen Gedanken über die Zukunft zu beherzigen: es ist *deine Zukunft*.

Alain Stanké, »der Entwurzelte«.

P. S.: Ich möchte dir noch sagen, dass Alain Stanké nicht mein wirklicher Name ist. Allerdings habe ich den größten Teil meines Lebens unter diesem falschen Namen gelebt. In meinem kanadischen Pass steht nach wie vor mein echter Name. Er lautet: Aloyzas-Vytas Stankevicius. Er ist wirklich unaussprechlich … Man erneuert die Welt nicht, mein Junge, man passt sich an. Man akklimatisiert sich!

2. Gegenseitige Wahrnehmung und Erwartungen

Menschen sind zu allen Zeiten gewandert, gewollt und ungewollt, gezwungen und freiwillig, ob als Flüchtlinge, Vertriebene oder Arbeitsmigranten. Zu allen Zeiten haben Migranten erfahren, dass sie häufiger unerwünscht als erwünscht sind, eher abgewiesen als aufgenommen werden, dass ihr Leben im Aufnahmeland mit Strapazen, Konflikten und hohen Anpassungsleistungen verbunden ist. Migranten sehen sich und ihre Situation anders als die Einheimischen. Sie sind die Fremden, die Neuankömmlinge im Verhältnis zu den Nicht-Migranten.[24] Wir sprechen von Inländern und Ausländern, von Staatsbürgern und Staatenlosen, von Emigranten und Immigranten, von jenen, die in ihrer Heimat, und jenen, die im Exil, in der Fremde leben. Es handelt sich ganz offenbar um eine Beziehung besonderer Art zwischen Zugewanderten und Einheimischen, Menschen – wie wir sagen – mit und ohne Migrationshintergrund, denen, die gewandert und denen, die nicht gewandert sind. Migranten sind jene, die freiwillig oder gezwungen aus ihrem Heimatland weggehen oder fliehen und in ein anderes Land wandern, um dort für eine längere Zeit oder auch dauerhaft zu leben.

Für die Beziehungen zwischen Zuwanderern und Einheimischen sind Selbst- und Fremdbilder von entscheidender Bedeutung. Sie bestimmen maßgeblich Akzeptanz oder Distanz, Vertrauen oder Misstrauen. Dieser komplexe Zusammenhang lässt sich auf Kernaussagen reduzieren. Wissenschaftler sprechen von mental images. Das sind Bilder in unseren Köpfen, die wir uns von der Umwelt – von Menschen und von Gegenständen – machen und die das Handeln leiten. Diese Bilder sind nicht Abbild der Wirklichkeit, sondern ein psychisches Konstrukt. Demnach kann der Realitätsgehalt des konstruierten Bildes kleiner oder größer sein. Je größer der Abstand zur objektiven Beschaffenheit der Umwelt ist, desto diffuser und undifferenzierter ist im Regelfall auch das geschaffene Bild.[25]

Bilder dieser Art, die ein bestimmtes Maß an Eindeutigkeit aufweisen, werden als Stereotype charakterisiert. Die Fremdbilder

41

werden maßgeblich bestimmt vom Selbstverständnis und den Deutungsmustern der Kultur der einzelnen Länder. »Meistens schauen wir nicht zuerst und definieren dann, wir definieren erst und schauen dann. In dem großen, blühenden, summenden Durcheinander der äußeren Welt wählen wir aus, was unsere Kultur bereits für uns definiert hat. Und wir neigen dazu, nur das wahrzunehmen, was wir in der Gestalt ausgewählt haben, die unsere Kultur für uns stereotypisiert hat.«[26] Dabei haben wir es mit verfestigten und mit dynamischen, veränderbaren Stereotypen zu tun.[27] Im Zusammenhang kognitiver Prozesse werden Stereotype als Orientierung schaffende Instrumente gewertet, die das Individuum oder die Gesellschaft befähigen, die rasant wachsende Menge an Informationen zu ordnen und zu verarbeiten. Diese Orientierungen sind zugleich Festlegungen, die zur Wahrnehmungsverengung führen können.

Konkret geht es um den Zusammenhang von Länder-Wahrnehmung, um die Formung von Länder- und Völkerbildern und Stereotypisierung. Die Entstehung dieser Bilder ist Ergebnis eines Kommunikationsprozesses. Wenn neue Informationen über ein Land oder Volk mit dem schon bestehenden Image übereinstimmen, werden sie in dieses eingefügt. Sofern sie nicht übereinstimmen, entsteht ein Spannungsfeld beim Empfänger. Dieses kann aufgelöst oder durch Einpassung in das bereits bestehende Stereotyp verstärkt werden. Wenn Bildersysteme oder Bilder einmal konstituiert sind, haben sie für neue Informationen eine Filterfunktion; sie ermöglichen und fördern selektive Wahrnehmung. Es können also je nach der Entwicklung des Bildersystems eines Menschen bestimmte Informationen im Augenblick ihres Eintreffens ausgesondert werden. Mit Hilfe der selektiv wirkenden Stereotype konstruieren wir die Wirklichkeit, die Grundlage für unsere Wertungen, Entscheidungen und Handlungen ist.

Auf der kollektiven Ebene – also beispielsweise bei türkischen, italienischen oder spanischen Gruppen in Deutschland – vollziehen sich ebenfalls Prozesse der Selektion, der Orientierung und der Verhaltenssteuerung. Steuerungsinstrumente sind bestimmte kollektive Verhaltensmuster. Auch hier wird vom grundlegenden

Zusammenhang von Stereotypenbildung und der Kultur eines Landes ausgegangen. Jeder Staat hat ein Interesse daran, sein kulturelles System weiterzugeben und das Verhältnis der eigenen Gesellschaft zu fremden Gesellschaften zu bestimmen.

Nun sind der einzelne Migrant und der einzelne Einheimische bei der Suche nach persönlicher und sozialer Identität auf Orientierung und Sinngebungen angewiesen. Diese werden ihm durch das kulturelle System seines Heimatlandes vermittelt. Die seit früher Kindheit bereitgestellten Wahrnehmungsmuster sind Elemente des Filters, mit dessen Hilfe fremde Länder, fremde Gesellschaften und fremde Menschen gesehen werden.

Diesem komplexen Zusammenhang von kulturell geprägter gegenseitiger Wahrnehmung der Einheimischen und der Migranten muss bei den Bemühungen um den Abbau von Fremdheit und um die behutsame Annäherung von beiden Seiten Rechnung getragen werden. Die beschriebene Orientierungsfunktion kommt insbesondere in den Bereichen zum Tragen, in denen die Menschen keine primären Erfahrungen machen und sich daher kein eigenes Urteil bilden können. Dieses stark von außen geleitete Urteil ist durch die Begegnung von Migranten und Einheimischen korrigierbar. Voraussetzung ist die Öffnung beider Seiten und die Bereitschaft, die bestehenden Bilder vom jeweils anderen in Frage zu stellen. Der Prozess der wechselseitigen allmählichen Annäherung wird schwieriger sein, wo Kulturen sich sehr fremd sind. Ein Beispiel sind die islamische und die christliche Kultur. Aber auch innerhalb des europäischen Kulturkreises gab und gibt es beziehungsgeschichtlich bedingte Barrieren, die nur mit großer Sensibilität abgebaut werden können.

Da in der Diskussion zur Stereotypenbildung einerseits von verfestigten und andererseits auch von dynamischen Systemen die Rede ist, sind Bilder von Ländern keine abschließend fixierten Größen. Verfehlte Wahrnehmung oder Perzeption kann korrigiert werden. Der Weg führt über die gegenseitige Öffnung und die Bereitschaft, sich mit dem anderen auseinander zu setzen. Einheimische und Migranten müssen erkennen, dass der Prozess der

Integration eine große Herausforderung ist, die nur gemeinsam gelingen kann.

Bei Wahrnehmungen und Beurteilungen spielen sehr unterschiedliche Faktoren eine Rolle. So waren zum Beispiel Aussiedler und Spätaussiedler in Deutschland lange Zeit willkommen. Das änderte sich in den 90er Jahren, als die Verdichtung an bestimmten Orten und Wohnquartieren die Kommunen überforderte, Arbeitsplätze fehlten und immer weniger Zugewanderte sich in deutscher Sprache verständigen konnten. Nun wurden sie immer häufiger als »Russen« oder »Deutschrussen« bezeichnet. Während über Jahre ihr Fleiß, ihre Zuverlässigkeit, ihre Bereitschaft, Arbeiten jedweder Art zu übernehmen, gelobt worden waren, schlug das Klima mit wachsenden Integrationsproblemen ins Negative um.[28]

Positive oder negative Wahrnehmungen sind nur bedingt zu erklären. Italiener, die zweitgrößte Gruppe der Einwanderer mit heute 548 194 Menschen sind beliebt, ebenso die Griechen.[29] Die Sprachkenntnisse spielen dabei eine geringe Rolle. Für Spanier und Portugiesen trifft Gleiches zu. Das hat zu tun mit den bevorzugten Ferienländern der Deutschen, mit der Gastronomie, mit der in diesen Ländern erfahrenen Gastfreundlichkeit und mit der unbeschwerteren Lebensart dieser Menschen. Vieles trifft in hohem Maße auch auf die Türken zu. Aber die oft mittelalterlich wirkenden Lebensformen beispielsweise der Türken aus Südostanatolien, ihr geringer Bildungs- und Ausbildungsstand erschweren Kontakte und Annäherung zwischen den Einheimischen und den Zugewanderten.

Türken haben in ihrer Mehrheit nicht weniger Anstrengungen unternommen als andere Zuwanderer, sich im neuen Zuhause zurechtzufinden und einzuleben.[30] Die größeren kulturellen Unterschiede erfordern im Gegenteil eher höhere Anstrengungen und eine längere Zeit. Es dauert, bis sie dazugehören, bis ihre Leistungen anerkannt werden und sie nicht mehr als rückständig gelten. Das trifft nicht nur für die Türken zu. Wie lange haben beispielsweise die Italiener in der Schweiz gebraucht, um eine negative Voreinstellung zu überwinden? Auch ihnen wurde der Stempel der

Rückständigkeit aufgedrückt. Das ist 100 Jahre später vergessen.[31] Negative Stereotype sind auflösbar.

Menschen ohne Migrationserfahrung haben Probleme damit, sich in die Lage von Flüchtlingen und Auswanderern zu versetzen. Sie haben keinen Zugang zu deren oft katastrophaler Lebenssituation, zu den unmenschlichen Strapazen und existenziellen Krisen, denen Migranten ausgesetzt sind. Überall in der Welt suchen Menschen einen sicheren Ort, an dem sie leben können. Oft geht es nur ums Überleben, aber es geht auch um das bessere Leben. Menschen sind sesshaft. Sie brauchen Sicherheit, aber zum Menschen gehört auch Neugier auf Unbekanntes und Neues.

So sehr sich die Menschen Beständigkeit und Kontinuität wünschen, sie erfahren weitaus stärker Wechsel und Veränderung. Sie verlassen die Dörfer oder Städte, in denen sie aufgewachsen sind, wechseln die Arbeitgeber oder den zunächst erlernten Beruf, verändern ihre sozialen Beziehungen, aber auch ihr Denken, ihre Einstellungen und Gefühle.

Es gibt Zeiten des subjektiv erlebten »Stillstandes«, der ausgeprägteren Unbeweglichkeit, und es gibt Zeiten größter Dynamik und Veränderung. Schauen wir auf Deutschland, so haben wir 1989/90, in der Zeit der Wende und der Wiedervereinigung eine Phase höchster Dynamik, Verdichtung und sich überstürzender Umwälzungen erlebt. Danach folgte eine Zeit der Ablehnung weiterer Veränderung, die der rasante technische Wandel und die Globalisierung mit sich brachten. Der doppelte Veränderungsdruck wurde nicht von allen Menschen verkraftet und verstärkte Tendenzen, am Erreichten festzuhalten.

Inzwischen haben viele Deutsche erkannt, wie sehr sie zur Veränderung gezwungen sind, und dass sie sie auch nicht aufhalten können. Sie haben geglaubt, vom Wohlstand der Vergangenheit auch in der Zukunft zehren zu können. Doch wer sich nicht bewegt, der wird nicht nur überholt und abgehängt, der fällt immer weiter zurück gegenüber jenen, die sich außerhalb unseres Landes verändern. Wir haben es bereits seit längerem mit großen Umbrüchen in unserer Gesellschaft zu tun. Die grenzüberschreiten-

den Verbindungen haben erheblich zugenommen, Geschäftsbe-
ziehungen gehen in alle Welt, gegenwärtig verstärkt nach China
und Indien. Ein großer Wanderungsanteil entfällt nach den jüngsten Daten der UN auf Studierende, weltweit zwei Millionen.[32] An
den Universitäten treffen sich die Eliten aus allen Kontinenten.
Wir exportieren weltweit und kaufen in Deutschland Produkte
und Spezialitäten aus den verschiedenen Kontinenten. Fernsehen,
Internet, Bücher und Zeitungen informieren uns über Länder und
Kulturen, über Reichtum und Elend, unterschiedliche Mentalitä-
ten und Religionen. Kein Land kann sich von dieser Entwicklung
abkoppeln, abschotten oder sie umkehren. Wir sind auf die neuen
Weltmärkte angewiesen, zumal die Bevölkerung Europas nach
Schätzungen der UN bis zum Jahr 2050 um 17 Prozent abnehmen
wird, während die Bevölkerung in Asien um 44 Prozent, in Afrika
um 140 Prozent und in Lateinamerika um 51 Prozent ansteigen
wird. Die deutsche Bevölkerung wird in diesem Zeitraum von 83
Millionen auf 75 Millionen zurückgehen.[33] Deutschland braucht
als Exportnation eine hohe Aufgeschlossenheit gegenüber anderen
Ländern, Menschen und Kulturen. Nach wie vor gibt es zu viele
Blockaden gegenüber bestimmten Ländern, mit denen wir Han-
delsbeziehungen pflegen.

Stereotype Vorurteile sind immer noch weit verbreitet gegenüber Chinesen, Osteuropäern, Türken, Südamerikanern und Afrikanern. Wir nehmen die Veränderungen in diesen Ländern und
Kulturen nicht zur Kenntnis und haben einen Nachholbedarf im
vorurteilsfreieren Umgang mit Unternehmen aus allen Teilen der
Welt, aber auch mit Menschen aus unterschiedlichen Kulturen.
Wir hören ihre Musik, besuchen Ausstellungen aus fernen Ländern, lassen uns aber auf fremde Länder und Migranten von dort
noch nicht genug ein.[34]

Viele Menschen sehen die Situation in Deutschland und ihre
eigene Lage inzwischen skeptischer. Laut einer Forsa-Umfrage
vom Februar 2006 denken 71 Prozent aller Deutschen an Auswanderung für den Fall, dass sie in ihrer Heimat keine Arbeit mehr
finden und auf Arbeitslosengeld angewiesen wären. Sie wollen Arbeitslosigkeit gegen Arbeit eintauschen, drohenden Wohlstands-

verlust gegen soziale Sicherheit, Sinnverwirklichung in der Arbeit gegen Sinnverlust in der Arbeitslosigkeit. Arbeit hat wieder einen hohen Stellenwert. Und das gilt gerade auch für klassische Arbeitshaltungen wie Pünktlichkeit, Pflichtgefühl und Zuverlässigkeit.

145 000 Deutsche sind im Jahr 2005 ausgewandert, so viele wie seit den 50er Jahren nicht mehr.[35] Deutsche verlassen das Land, weil sie keine Chance sehen, selbst zur Veränderung ihrer Situation beizutragen. Dieser Auswanderung wird zwar mit Verständnis begegnet, aber sie wird auch als beunruhigendes Signal mit Blick auf die Zukunft Deutschlands gewertet. Die Enwicklung wird nicht positiv kommentiert als Zeichen für Mobilität, für einen europäischen Arbeitsmarkt mit offenen Grenzen oder als Folge einer globalisierten Wirtschaft mit Arbeitsplätzen in allen Regionen der Welt. Das Thema Auswandern löst Beunruhigung aus, weil es auch denjenigen treffen könnte, der nicht auswandern will. Dies wiederum führt aber nicht zu mehr Verständnis für Armutsflüchtlinge, die in Europa und speziell in Deutschland Arbeit und ein besseres Leben suchen. Ihre Lage mag ungleich bedrängender sein, doch sie werden als Wirtschaftsflüchtlinge und noch ablehnender als Wirtschaftsasylanten wahrgenommen, für die sich die Bundesrepublik nicht öffnen könne. Ihr Kommen müsse verhindert werden oder, sofern sie unser Land erreichen, seien sie möglichst bald zurückzuschicken. Ihre Heimatländer seien für sie verantwortlich, so die veröffentlichte Meinung.

Das ist insofern richtig, als kein Land seine Grenzen beliebig öffnen und den Ausgleich für korrupte Regierungen schaffen kann, die sich selbst bereichern und ihre Bürger verarmen lassen. Aber von den Folgen sind wir ganz gewiss betroffen. Armutsflüchtlinge drängen zu Hunderttausenden nach Europa. Scharfe Grenzkontrollen, Zäune und Gesetze halten sie nicht ab. Schleuser, mögen sie noch so kriminell sein, bieten oft die einzige Chance, dem Elend zu entkommen.[36] Spanien und Italien allein können diesen Ansturm weder abwehren noch verkraften. Sie sind nicht nur überfordert, sondern darüber hinaus in einer äußerst ambivalenten Situation. Sie müssen Menschen in Lebensnot retten und Schutz gewähren – tun es auch –, müssen und wollen aber andererseits zugleich abwehren und zurückschicken. Die so abgewiesenen Flüchtlinge machen sich in vielen Fällen gleich wieder auf den Weg, um es erneut zu versuchen.

Der wechselseitige Blick aufeinander ist notwendig für Politikansätze, die bilateral, multilateral und mehrdimensional ausgerichtet sind. Die Bekämpfung der Fluchturfsachen, ein Konzept von Bundesinnenminister Schäuble zu Beginn der 90er Jahre, finden wir im Armutsbekämpfungsprogramm der UN von 1994 und in den Millenniumszielen von 2000.[37] Wir beobachten den Rückgang der Armut in einer Reihe afrikanischer, südamerikanischer und asiatischer Staaten, aber auch die Zunahme von Armut. Die differenziertere Wahrnehmung der Migranten und ihrer Situation ist eine Voraussetzung für politische Ansätze zur Reduzierung der Probleme. Sie sind mit Herkunftsländern und Aufnahmeländern zu erarbeiten, wie es zum Beispiel vor Einsetzung der Global Commission durch die Berner und die Den Haager Initiativen erfolgte.[38] Stereotype Bilder von Staaten und Gesellschaften, Stereotype von Afrikanern als faul, unpünktlich, undiszipliniert, erweisen sich auch als Blockaden für eine Politik, die weder dem Einzelnen noch den Völkern gerecht wird. Auch hier vermischen sich objektive Tatbestände und selektive Wahrnehmung zu Konstrukten, die der Realität nicht gerecht werden.

Theoretisch geforderte Empathie, sich in die Lage des anderen hineinzuversetzen und sie emotional zu teilen, ist in der Praxis nur begrenzt umsetzbar. Es bleibt Fremdheit trotz allen Bemühens um Einfühlsamkeit und Verstehen. Die menschlichen Tragödien, das mit der Flucht verbundene Elend und Leid, die Verzweiflung, die Todesängste und die extreme Einsamkeit, die Brutalität im täglichen Überlebenskampf lassen sich oft nicht vermitteln.

Das gilt auch für die Einschätzung von Flüchtlingen. Das Stereotyp ist geprägt vom Bild des hilflosen, schwachen, nicht belastbaren Flüchtlings. Die gefilterte Wahrnehmung schränkt den Blick für die Stärken, für das Humanpotenzial ein: für die hohe Belastbarkeit, Lern- und Leistungsbereitschaft, die menschlichen Qualitäten wie Hilfsbereitschaft, Fürsorglichkeit sowie Eigenverantwortung und Verantwortung für die Gemeinschaft. Bei den Flüchtlingen liegt Positives und Negatives in Verhalten und Einstellungen so dicht beieinander wie bei allen anderen Menschen auch. Dazu gehören egoistisches und solidarisches Verhalten.

In der Befassung mit gegenseitigen Wahrnehmungen und Erwartungen ist es wichtig, Skepsis und Ängste vor Fremden ernst zu nehmen, sie nicht zu bagatellisieren oder zu diffamieren. Sie sind eine Realität, auf die es argumentativ und emotional einzugehen gilt. Oft sind sie Ausdruck der eigenen Ängste. Je prekärer die eigene berufliche Situation, je größer die Gefahr des Arbeitsplatzverlustes oder des Lohndumpings, desto abwehrender sind die Einstellungen gegenüber Fremden. Das weitet sich aus und kann sich steigern bis zu Sicherheitsängsten, Angst vor Kriminalität und Gewalt oder vor Statusverlust in der Gesellschaft durch »Überfremdung«. Die einen haben persönlich negative Erfahrungen gemacht und verallgemeinern ihren Einzelfall in negativen Pauschalurteilen über die Ausländer. Die anderen wollen die alltäglichen Probleme und Konflikte nicht länger tabuisieren und bringen sie öffentlich zur Sprache, wie das inzwischen in schwierigen Wohnquartieren und Schulen geschieht. Das betrifft fehlende Sprachkenntnisse und die damit verbundene geringe Verständigungsmöglichkeit, die Zunahme konfrontativen und aggressiven Verhaltens, die Abnahme der sozialen Kontakte zwischen Migranten und Einheimischen, massive soziale Probleme aufgrund hoher Arbeitslosigkeit.

Diese Alltagsschwierigkeiten sind ohne professionelle Hilfe beziehungsweise soziale Intervention nicht zu meistern. Solch negative Erfahrungen verdrängen allerdings die Sicht auf jene Migranten, die sich mit beispielhaftem Engagement um Integration bemühen und diese auch erreichen. Nur mit ihnen gemeinsam lassen sich Barrieren und Blockaden in der Wahrnehmung und im Umgang miteinander verringern.

3. Überwindung der Fremdheit durch wechselseitige Annäherung

Migrantinnen und Migranten, die sich entschieden haben, ihr Heimatland auf Zeit oder dauerhaft zu verlassen, wollen im Aufnahmeland »zurechtkommen«. Sie wissen um die hohen Lern- und Anpassungsleistungen, die sie erbringen müssen, und machen sich wenig Illusionen. Sie vertrauen auf ihre eigenen Fähigkeiten und auf ihre Belastbarkeit, sie hoffen zugleich darauf, nicht völlig allein gelassen zu sein. Das Wichtigste sind die Kontaktadressen, sei es aus der eigenen Community, von Bekannten oder auch Hilfsorganisationen, die man sich vorher besorgt hat. Trotzdem bleibt Migration mit vielen offenen Fragen und Risiken verbunden.

Vorbehalte, Vorurteile und Abwehr gegenüber Fremden verringern sich in dem Maße, wie die Einheimischen persönliche Erfahrungen mit den Zugewanderten suchen. Direkte persönliche Kontakte sind nicht nur entscheidend für den alltäglichen Umgang miteinander, sondern auch für Wahrnehmung und Einstellung. Dabei spielen Anfangserlebnisse eine wichtige Rolle. Ob Migranten bei dem Erstkontakt mit der Ausländerbehörde eine freundliche oder abweisende Behandlung im fremden Land erfahren, prägt sich ihnen tief ein. Erfahrungsgemäß gilt darüber hinaus, dass sich Einheimische wie neu Zugewanderte nur sehr zögernd und zurückhaltend aufeinander zu bewegen, sei es aus Unsicherheit oder Abwehr gegenüber dem Fremden.

Die neu Zugewanderten suchen Sicherheit und Unterstützung bei Landsleuten, die schon länger im Aufnahmeland leben. Sie brauchen den Rückhalt durch Angehörige ihrer eigenen ethnischen Community.[39] Ist dieser Rückhalt nicht gegeben, tasten sie sich umso vorsichtiger an die Lebensweisen der Einheimischen heran. Sie selbst möchten keine Fehler machen, nicht negativ auffallen. Fremde wissen, dass sie besonders beobachtet und beäugt werden. Beide Seiten warten vielfach darauf, dass die Blickkontakte zu einem ersten Sozialkontakt führen, dass miteinander gesprochen wird. Ein freundliches Lächeln, ein offenes Gesicht, Kontaktanbahnung zwischen Kindern im Treppenhaus, auf dem Spielplatz, ein Angebot, den Fremden zur Behörde oder zum Arzt zu begleiten, das hilft den Neuankömmlingen. Dabei ist der Einheimische der Stärkere, für ihn ist es viel leichter, Kontakt aufzunehmen als für den neu Zugewanderten. In einem Land ankommen und Fremdheit abbauen, das kann nur in dem Maße gelingen, wie sich Menschen wechselseitig aufeinander einlassen, miteinander vertrauter werden und auf diese Weise Vorurteile reduzieren und Nähe gewinnen.

Migrantinnen und Migranten wissen, dass die Einheimischen nicht auf sie warten, es sei denn, sie werden dringend in privaten Haushalten mit besonders pflegebedürftigen alten und kranken Menschen oder im Ernteeinsatz gebraucht. Häufig sind die Einheimischen sich selbst genug. Warum sollten sie ihre geschlossenen Gruppen, ihre Vereine für Fremde öffnen, deren Verhalten unbekannt ist, deren fremde Kultur die Gruppe überfordern könnte?

Auf der anderen Seite haben gerade in diesem Bereich Bürgerinnen und Bürger in all den Jahrzehnten Entscheidendes für das alltägliche Zusammenleben, für die Integration von Migrantinnen und Migranten geleistet. Offiziell haben wir mit staatlicher Integrationspolitik gerade erst begonnen, aber die Arbeit von Nachbarschaften, Vereinen, Kirchengemeinden, Bürgerinitiativen, Migrantenorganisationen und von nachhaltig wirkenden Projekten vieler Stiftungen kann gar nicht hoch genug gewertet werden. Wir sprechen in Deutschland fast ausschließlich über die Integrationsdefizite. Viel zu wenig ist die Rede von den sehr beachtlichen Leistungen der Eingewanderten, von den Schulleistungen junger Menschen mit Migrationshintergrund, von ihren praktischen und akademischen Ausbildungsabschlüssen, ihren beruflichen Erfolgen und von ihren Leistungen für ihre Heimat- und die Aufnahmeländer.

Sehr viele leben in Verbundenheit sowohl mit dem Heimatland als auch mit dem Aufnahmeland. Sie kennen sich in mehr als einer Kultur aus, achten die sozialen und kulturellen Werte ihrer Herkunft und identifizieren sich mit den Lebensweisen, den Werten und Normen des Aufnahmelandes. Sie zeigen uns, wie Menschen mit mehr als einer Identität leben, wie wir uns selbst erweitern und wechselseitig befruchten können. Die Auseinandersetzung mit Migranten und der Kontakt zu ihnen führen auch zu der kritischen Frage, ob wir als Einheimische das leben, was wir von den Zuwanderern erwarten. Das berührt beispielsweise unmittelbar die Frage der Einhaltung von Regeln im Umgang miteinander, der Ächtung von Gewalt in allen ihren Formen, der Wertschätzung religiöser Bindungen und der Verantwortung für uns selbst und für andere. Wir können in Deutschland eine Fülle positiver Initiativen und gelungener Integrationsbeispiele benennen.

Allerdings ist das nach wie vor unausgewogene, eher abwehrende gesellschaftliche Klima zwischen Einheimischen und Zugewanderten nicht zu übersehen. Häufig stoßen wir auf eine emotionale Mauer, die aus Unsicherheit, nicht erfüllten Erwartungen und negativen Alltagserfahrungen auf beiden Seiten entstanden ist. Solange wir die Probleme im Bildungs-, Ausbildungs- und Arbeitsbereich der bildungsfernen und arbeitslosen Migrantinnen und Migranten nicht lösen, bleibt der Blick verschlossen für die große Mehrheit der hoch motivierten, zu äußersten Anstrengungen bereiten Zuwanderer, für deren Erfolgsgeschichten in unserem Land sich die Öffentlichkeit nur wenig interessiert.[40]

Begegnungen mit Menschen bedeuten also beides: Anregung und Erweiterung des Selbstverständnisses wie auch Konfrontation und Bewährungszwang, Provokation und Angst. Dieser Prozess verläuft nicht ohne Spannungen und Konflikte, aber die Veränderungen können auch Dynamik und Initiativen auslösen. Voraussetzung dafür ist die Bereitschaft, die eigene Identität zu verändern und zu erweitern und darüber hinaus an neuen Gruppenbildungen mitzuwirken. Das ist nur zu schaffen, wenn Ausgrenzung und Isolation vermieden werden. Es gilt alle einzubeziehen. Dabei ist allerdings zu bedenken, dass jede Gemeinschaft begrenzte Ressourcen hat und nicht beliebig belastbar ist.

Menschen sind hilfsbereit, erwarten aber auch Anstrengungen von denjenigen, denen geholfen wird, sofern sie dazu in der Lage sind. Es gibt zwei entscheidende Faktoren dafür, dass die mit Migration und Integration verbundenen Friktionen und Konflikte auflösbar sind, dass Zuwanderung gelingen kann. Der eine ist die

Integrationsbereitschaft der Migranten, der andere ist die Aufnahme- und Integrationsbereitschaft des Zuwanderungslandes.

Menschen verkraften nur ein begrenztes Maß an Unerwartetem, an Veränderung und Neuerung. Sie brauchen Stabilität und Kontinuität, Überschaubarkeit, Verlässlichkeit und Vertrauen. Deshalb ist der Zusammenhalt in Familien und Gruppen so wertvoll, weil von ihnen Rückhalt, Zusammengehörigkeit und Schutz erwartet werden, und das besonders in schwierigen Lebenssituationen. Der Wechsel aus einer Kultur in eine andere ist eine sehr herausfordernde Lebenslage. Die Auseinandersetzung mit den zwei Kulturen kann das Selbstvertrauen stärken und weltoffener machen, aber auch schwächen.

Zuwanderer und Einheimische sollten sich zu ihrem gemeinsamen Wohl die Frage stellen, in welcher Ausgangslage sie sich begegnen. So könnten sie sich am besten verständigen, vorausgesetzt, dass sie das wollen, und diese Art der Begegnung auch von Einheimischen aktiv unterstützt wird. Dazu gehört Empathie füreinander. Sehr viel hängt vom Einzelnen ab. Voraussetzung ist ein positives gesellschaftliches Klima gegenüber den Zuwanderern.

Für den schwierigen Annäherungsprozess, der durch viele Regiefehler der Politik belastet ist, kann auf ein starkes menschliches Potenzial auf beiden Seiten zurückgegriffen werden. Dieses gilt es zu nutzen und wertzuschätzen. Das bloße Nebeneinander, Abwehr und Ablehnung können gewendet und zu einem produktiven Miteinander entwickelt werden.

III. Weltweite Migration

1. Den Blick öffnen für Veränderungen

Je mehr wir über die weltweite Migration in Erfahrung bringen, desto deutlicher führen uns die Fakten vor Augen, dass viele der gängigen Annahmen zum Umfang und zur Verteilung der Migrationsströme nicht mehr stimmen. Das trifft auch auf die Wanderungsmuster, auf die traditionelle Unterscheidung zwischen Flüchtlingen und Arbeitsmigranten, die Abgrenzung zwischen Entsende-, Aufnahme- und Transitländer zu.

Aufschlussreich und Politik verändernd sind die Ansätze zur Neubewertung der Zusammenhänge zwischen Migration und Entwicklung. Da geht es um mehr als die hohen Rückzahlungen der Migranten an ihre Familien in den Heimatländern. »Brain drain« und »Brain gain«, Verlust und Zugewinn von Humanpotenzial und Humankapital, z. B. durch Anwerbung von Ärzten und Pflegepersonal aus Entwicklungsländern, werden differenzierter bewertet und mit unterschiedlichen Maßnahmen beantwortet.

Alte Auswanderungsländer in Europa und Afrika sind zu Einwanderungsländern geworden, z. B. Spanien, Portugal, Südafrika. Indien und China kehren aufgrund von Handels- und Rohstoffinteressen nach Afrika zurück. Dabei werden Verbindungen zu den früheren Kolonialregionen, z. B. der südeuropäischen Länder zu Latein- und Südamerika oder Frankreich zu den afrikanischen und arabischen Staaten, wieder verstärkt gepflegt. Aber es kommen auch neue Verbindungen auf, die nicht auf traditionellen Kontakten beruhen, wie z. B. zwischen Portugal und der Ukraine oder zwischen Irland und den Zuwanderern aus den mittelost- und osteuropäischen Staaten.

In den letzten zwei Jahren haben mehr Deutsche die Bundesrepublik verlassen, als zugewandert sind. Deutschland ist nicht nur ein Einwanderungs-, sondern auch wieder ein Auswanderungsland. Die Auswanderungszahlen von Menschen jeder Herkunft steigen, die der Zuwanderer nehmen ab. Daraus ergab sich 2005 ein Wanderungsüberschuss von unter 100 000.[41]

Einen ganz neuen Stellenwert haben Sicherheitsfragen und Sicherheitspolitik erhalten. Hier haben wir es mit neuartigen Veränderungen zu tun, die aller Wahrscheinlichkeit nach Langzeitfolgen haben. Seit den Terroranschlägen in den USA, Asien, Afrika und Europa haben Antiterror- und Sicherheitsfragen eine Bedeutung in der Migrationspolitik wie nie zuvor. Das ist verbunden mit Restriktionen, Maßnahmen gegen unerwünschte Zuwanderung von Muslimen mit notwendigen Kontrollen und Schutzmaßnahmen, aber auch problematischen pauschalen Verdächtigungen, die die Spannungen zwischen den Ländern des Nordens, Südens und Ostens erhöhen.

In den weltweiten Wanderungsbewegungen des 20. und 21. Jahrhunderts finden wir vieles, was uns aus der Geschichte an Freiheits- und Armutsmotiven vertraut ist, auch was die Zahl der Migranten und Migrantinnen betrifft. Dennoch ist die heutige Migration in vielerlei Hinsicht kaum mit der früheren Zeit zu vergleichen.[42]

Von 1800 bis 1914 wuchs die Bevölkerung Europas von 187 Millionen auf 468 Millionen an. In diesem Zeitraum emigrierten 60 Millionen Menschen: 36 Millionen nach Nordamerika, 10 Millionen nach Lateinamerika, 4 Millionen nach Australien und Neuseeland und 10 Millionen nach Südrussland.[43] Damals verließen viele Europa aus schierer Not, heute kommen verstärkt andere Motive hinzu, vor allem in den entwickelten Ländern.

Migration ist immer mehr ein Teil des globalen Wettbewerbs, des Wettbewerbs um Humanpotenzial, um leistungsfähige und innovative Arbeitskräfte, sei es als Selbstständige oder abhängig Beschäftigte. Heute setzen die entwickelten Länder die Migration verstärkt ein, um wettbewerbsfähig zu sein und sich neue Märkte zu erschließen. Die klassischen Einwanderungsländer machen immer mehr Gebrauch von selektiven Zuwanderungskriterien. Sie werben qualifizierte junge Einwanderer wie auch temporäre Zuwanderer an.

Wir befinden uns in einem Übergangsprozess von alten zu neuen Migrationsformen und Migrationspolitiken. Das führt uns die Veränderung deutlich vor Augen. Es gibt aber auch das Verharren in alten Denk- und Handlungsmustern. Diese Transformation steckt voller Paradoxien: Öffnung und zugleich Abwehr, Begrenzung und öffnende Ausnahmeregelungen bei gleichzeitiger Erkenntnis der Grenzen politischer Steuerung. Es soll verhindert werden, dass Menschen in die »sozialen Sicherungssysteme einwandern«, aber gleichzeitig wird durch Arbeitsverbote und Einschränkungen im Zugang zum Arbeitsmarkt der Beitrag der Migranten zur wirtschaftlichen Leistungskraft des Aufnahmelandes verhindert.

Es wächst die Einsicht, dass Migration ein Politikfeld ist, das ebenso wenig wie Umwelt oder Armutsbekämpfung allein auf nationalstaatlicher Ebene gestaltet werden kann. Daher bedarf es neuer Formen der Zusammenarbeit, einer zwischen den Staaten koordinierten und kohärenteren Politik. Wir stehen am Anfang dieses neuen Weges. Aber die Notwendigkeit dazu ist unabweisbar.

Migration hat immer zur menschlichen Entwicklung gehört und sie hat in vielen Ländern erheblich zum wirtschaftlichen, gesellschaftlichen und kulturellen Fortschritt beigetragen. Migration ist die älteste Form der Reaktion auf Armut. In unserer Zeit drückt sich in der Migration eine der mutigsten und zugleich besonders herausfordernden menschlichen Antworten auf unerträgliche Lebensverhältnisse aus. Viele sind auf der Suche nach einem freieren und besseren Leben. Veränderte technische Möglichkeiten und die Globalisierung haben zu grundlegenden Veränderungen, zu einer »stillen Revolution« geführt: Migranten verbessern nicht nur ihre eigenen Lebensbedingungen und die ihrer Familien. Sie sind entscheidende Agenten für die wirtschaftliche, soziale und kulturelle Entwicklung ihrer Herkunftsländer und leisten zugleich unverzichtbare Beiträge für die Aufnahmeländer.[44]

Die Globalisierung hat die Welt tiefgreifend verändert, technisch, wirtschaftlich, sozial und kulturell. Es entwickelt sich ein neuartiges Verbundsystem mit globalen Wirtschafts-, Wissenschafts-, Sozial- und Kulturbeziehungen. Die Wirtschaftsregionen der Welt stehen in neuer Abhängigkeit, Konkurrenz und Kooperation zueinander. Die Mobilität hat stark zugenommen, Grenzen haben sich geöffnet. Schlüsselbegriffe sind globale Entwicklung, globales Lernen, globales Handeln, die zu mehr Kommunikation und Kooperation, zu weltweiten Vernetzungen und Verbundsystemen führen.[45]

Aber die Globalisierung hat ungleiche Effekte auf die Weltbevölkerung und ungleiche Entwicklungschancen sind die Folge: Armutsabbau in weiten Teilen der Welt und gleichzeitig wachsende Armut in anderen Teilen. Ungleich sind die demografische und die demokratische Entwicklung. Das hat Konsequenzen für die Gesamtentwicklung, vor allem für den Menschenrechtsschutz und die persönliche Sicherheit in diesen Staaten. Hinzu kommen kulturelle und ideologische Faktoren, die die Teilhabe an den globalen Entwicklungen hemmen.[46]

Verstärkte Migration ist ein Teil der Globalisierung. Seit 1970 hat sich der Anteil der Migranten weltweit verdoppelt, von 82 Millionen auf circa 200 Millionen im Jahr 2000.[47] Auch wenn der Anteil der Menschen, die außerhalb ihres Heimatlandes leben, immer noch erstaunlich gering ist und nur knapp drei Prozent der Weltbevölkerung beträgt, nehmen die weltweiten Wanderungsbewegungen zu, werden komplexer. Noch immer ist der Anteil der aus wirtschaftlichen, ökologischen oder politischen Gründen erzwungenen Migration weitaus höher als der der frei gewählten Wanderung. Die Hauptwanderungsbewegungen vollziehen sich innerhalb Asiens und Afrikas. Dabei weist das Migrationsverhalten erhebliche Veränderung auf. Die traditionellen Formen der Ein- und Auswanderung wandeln sich durch einen erheblichen Anstieg an temporären Migranten, die vom Modell der Pendelmigration zwischen Heimatland und Aufnahmeland Gebrauch machen. Daneben entwickelt sich mehr und mehr die zirkuläre Migration. Das heißt, dass Menschen mehrere Länder durchwandern, dann wieder in ihr Heimatland zurückkehren oder in einem

Land dauerhaft bleiben. Die Unterscheidung zwischen Armutsflüchtlingen und politischen Flüchtlingen wird immer schwieriger. Die Probleme der weltweit stark angestiegenen Zahl der Irregulären sind ungelöst. Die praktischen Antworten bewegen sich zwischen verschärften Grenzkontrollen, strikter Zurückführung, Duldung und unregelmäßiger Legalisierung unter bestimmten Voraussetzungen.

Migranten haben zu allen Zeiten einen bedeutsamen Beitrag zur wirtschaftlichen, sozialen und kulturellen Entwicklung der Aufnahme- wie der Heimatländer geleistet. Sie sind bis heute ein dynamisierender Faktor der Wirtschaftsentwicklung. Dabei übernehmen sie nicht nur Arbeiten, die die Einheimischen nicht mehr gewillt sind zu verrichten, sondern setzen verstärkt ihre speziellen Begabungen und Fähigkeiten in Forschung sowie Innovation ein. Bei Rückkehr in ihre Heimat sind sie die Hauptantriebskräfte für Entwicklung. Die Geldmengen, die von Migranten nach Hause geschickt werden, sind schon heute fast drei Mal so hoch wie die bilaterale und multilaterale staatliche Entwicklungshilfe. Von den 232 Milliarden erreichen 167 Milliarden die Entwicklungsländer. Die Weltbank geht davon aus, dass weitere 300 Milliarden außerhalb von Banken transferiert werden.[48]

Je stärker das Wirtschaftswachstum und je geringer die verfügbaren einheimischen Arbeitskräfte, desto ausgeprägter ist die Nachfrage nach ausländischen Arbeitskräften. Gleichzeitig erleben wir in den Industrieländern eine erhebliche Abwehr der Bevölkerung gegen diese Zuwanderung. Hinter dieser Ablehnung verbergen sich unterschiedliche Motive und Gründe. Es sind die Ängste vor den Folgen der Globalisierung, vor dem Verlust des eigenen Arbeitsplatzes, vor Lohndumping durch billige Arbeitskräfte, vor Abbau von Schutz- und Mitbestimmungsrechten in der Arbeitswelt, vor weniger sozialer Sicherheit. Hinzu kommen fiktive wie reale Ängste, in der eigenen Kultur bedroht oder durch terroristische Anschläge gefährdet zu sein. Es kommt verstärkt zu Abgrenzung und Abschottung voneinander.

Angesichts der weltweiten Migrationsströme, dem Zusammentreffen der verschiedenen Ethnien und Kulturen, hat die Integration eine immer größere Bedeutung. Die meisten Migranten leben in Städten mit mehr als 200 000 Einwohnern, besonders hoch ist der Migrantenanteil in den so genannten global cities, den Megastädten.

Migration im 21. Jahrhundert, sie hat viele Gesichter. Sie zeigt uns nicht allein das bedrückende Gesicht der Armut und existenziellen Not, sondern auch die positiven Aussichten globaler Veränderungen der Arbeitsmärkte und der weltweiten Mobilität. Arbeitsmärkte werden trotz aller Restriktionen und Regulierungen zunehmend globaler.

Ein Arzt zum Beispiel, der in Lagos ausgebildet wurde, wird von einem afrikanischen oder europäischen Staat angeworben, arbeitet in Mumbai oder Madrid. Frauen sind an der weltweiten Migration nicht weniger beteiligt als Männer. Sie wandern heute sehr viel häufiger allein, ohne ihre Familien, in Länder mit besseren wirtschaftlichen Möglichkeiten. Ihr Anteil macht fast 50 Prozent aus. Obwohl dieser hohe weibliche Anteil keine neue Tatsache ist, wurde er in Deutschland lange Zeit nicht zur Kenntnis genommen.

Frauen arbeiten in qualifizierten und weniger qualifizierten Beschäftigungsbereichen. Nach wie vor dominieren frauenspezifische Berufe. Als gut ausgebildete Arbeitskräfte sind sie in Sozialberufen, im Bildungswesen und als Pflegekräfte im Gesundheitswesen tätig. Weit verbreitet ist die Beschäftigung der Geringqualifizierten oder derjenigen, deren Berufsabschlüsse aus dem Herkunftsland nicht anerkannt werden, in privaten Haushalten, in der Landwirtschaft, in der Kinder- oder Altenbetreuung, der Unterhaltungsbranche oder in der Textil- bzw. Konfektionsproduktion. In einigen europäischen Staaten, besonders in Frankreich, Italien und Spanien und einigen Ländern des Nahen Ostens, z. B. Jordanien und Libanon, bleibt der private Haushaltsbereich der dominierende Sektor für Migrantinnen.[49]

Frauenarbeit ist in den letzten Jahren verstärkt in Verbindung mit erzwungener Prostitution und Menschenhandel (trafficking) thematisiert worden. Das ist ein höchst problematischer Aspekt weiblicher Migration, des unzureichenden menschen- und sozial-rechtlichen Schutzes. Frauen sind noch immer stärker der Diskriminierung und Rechtlosigkeit als Männer ausgesetzt, vor allem im Unterhaltungsgeschäft und der Sexindustrie.

Aber das verstellt den Blick für die wichtige Rolle, die Migrantinnen für die Entwicklung in ihren Heimatländern haben, und darauf, wie viele sich selbst in den Aufnahmeländern weiterbilden und beruflich qualifizieren. Sie profitieren von ihrer wirtschaftlichen Unabhängigkeit und werten ihren Familienstatus wie auch ihre gesellschaftliche Rolle im Heimatland auf: Migrantinnen leisten den höchsten Anteil an Rückzahlungen in ihre Heimatländer, beteiligen sich an der Entwicklung der lokalen Wirtschaft, schaffen Handelsbrücken zwischen Aufnahme- und Heimatländern und werden zunehmend zu wichtigen Akteurinnen wirtschaftlichen Wandels. Die nachfolgende Tabelle zeigt den Anteil der Migrantinnen in den letzten 40 Jahren auf.

Anteil der Migrantinnen an der Gesamtzahl der internationalen Migranten nach Weltgebieten, 1960–2000, in Prozent

	1960	1970	1980	1990	2000
Welt	46,6	47,2	47,4	47,9	48,8
Entwickelte Regionen	47,9	48,2	49,4	50,8	50,9
Weniger entwickelte Regionen	45,7	46,3	45,5	44,7	45,7
Europa	48,5	48	48,5	51,7	52,4
Nordamerika	49,8	51,1	52,6	51	51
Ozeanien	44,4	46,5	47,9	49,1	50,5
Nordafrika	49,5	47,7	45,8	44,9	42,8
Subsaharisches Afrika	40,6	42,1	43,8	46	47,2
Südasien	46,3	46,9	45,9	44,4	44,4
Östliches und Südöstliches Asien	46,1	47,6	47	48,5	50,1
Westasien	45,2	46,6	47,2	47,9	48,3
Karibik	45,3	46,1	46,5	47,7	48,9
Lateinamerika	44,7	46,9	48,4	50,2	50,5

Quelle: Sachverständigenrat (2004:36)

In den entwickelten Ländern Europas, aber auch im östlichen und südöstlichen Asien, in Nord- und Lateinamerika liegt der Anteil der Migrantinnen knapp über 50 Prozent und auch in Afrika liegt er zwischen 43 und 47 Prozent.[50]

Frauen erweisen sich als außerordentlich belastbar, zeigen ein hohes Durchhaltevermögen, sind dynamisch und flexibel. Vielfach zu lange gewöhnt an Überforderung und Unterdrückung, sind sie nach wie vor stärkerer Diskriminierung und Ausbeutung ausgesetzt. Ob es sich um den Familiennachzug, die Arbeitserlaubnis, die Arbeitszeit, den Arbeitslohn oder den arbeitsrechtlichen Schutz handelt. Hier fehlt es auch in der nationalen wie internationalen Ein- und Auswanderungspolitik an genderspezifischen rechtlichen Regelungen oder der Einhaltung internationaler menschen- und sozialrechtlicher Normen.

Einzelne Staaten verändern bereits ihre Migrationspolitik. Sie suchen oder halten enge Kontakte zu ihren Ausgewanderten, bieten ihnen attraktive Rückkehrangebote, sei es als Wissenschaftler, als Existenzgründer, als Fachkräfte oder Investoren. Das 21. Jahrhundert ist ein Jahrhundert weltweiter Mobilität. Der Nachfrage nach Arbeitskräften entspricht eine wachsende Nachfrage nach legaler Einreise in Aufnahmeländer, die immer mehr Länder veranlasst, ihre Migrationspolitik zu überprüfen.

Migration konfrontiert die Welt aber auch mit den inhumanen und kriminellen Facetten erzwungener und irregulärer Zuwanderung. Sie reißt Familien auseinander, Eltern müssen ihre Kinder verlassen, Kinder wachsen bei Familienangehörigen auf, sind sich früh selbst überlassen. Internationale Menschenrechts- und Arbeitsschutzkonventionen werden nicht eingehalten. Oft verlassen die Leistungsstärksten und die am besten Ausgebildeten ihre Heimatländer, obwohl sie dort dringend gebraucht werden.

Migration geht oft einher mit organisierter Schmugglertätigkeit und organisiertem Menschenhandel. Mit dem Menschenhandel verbinden sich Drogen-, Waffen- und Geldhandel. Terroristische Ideen und Anschläge werden weltweit verbreitet und organisiert. Millionen verzweifelter Männer und vor allem Frauen sind Opfer extremer Ausbeutung und Missachtung jeglicher Menschenrechte. Sie sind wehrlos in den Händen von Kriminellen und ihnen ausgeliefert. Hinzu kommen all jene, die von Diskriminierung, Ausländer- und Rassenfeindlichkeit betroffen sind. Zunehmend schärfer werden die ideologischen und pseudoreligiösen fundamentalistischen Spannungen und Konflikte mit ihren gewalttätigen und terroristischen Angriffen.

Während der Flüchtlings- und Asylbewerberanteil in den entwickelten Ländern zurückgeht, steigt die Quote der Irregulären, die illegal die Grenzen überschreiten und Zugang zu den reicheren Ländern suchen. Damit wird sowohl das jeweils geltende Zuwanderungsrecht in den Einzelstaaten wie der Rechtsschutz der Migranten unterlaufen. In all diesen Bereichen sind die nationale wie die internationale Politik vor neue Aufgaben und Herausforderungen gestellt.

Viele der Jahrzehntelang vertretenen Annahmen über Migrationsströme und Verhaltensweisen von Migranten treffen nicht mehr zu, haben sich teilweise oder auch grundlegend verändert:

– Migranten, die ihr Heimatland verlassen, bleiben stärker in Kontakt mit ihren Familien und Heimatgemeinden. Sie nehmen eine dynamische Brückenfunktion zwischen ihren Heimat- und Aufnahmeländern wahr. Billige Telefonkosten ermöglichen und fördern regelmäßige Kontakte, das Onlinebanking erleichtert schnelle Geldüberweisungen aus den Aufnahmeländern, so dass Familien Schulden begleichen und Lebensmittel kaufen können. Migranten helfen dabei, dass ihre Familien sich eine Wohnung leisten können, mit Kleidung, Bildung und Gesundheitsdiensten versorgt werden. Internet und Satelliten-Technologie ermöglichen einen schnellen Informationstransfer zwischen Migranten und Familienangehörigen sowie Bekannten in den Heimatländern.
– In der Vergangenheit wanderten die meisten Menschen von den armen zu den reicheren Ländern. Heute findet die Migration vor allem zwischen den sich entwickelnden Ländern statt.

– Migranten sind heute weniger landwirtschaftliche Arbeitskräfte oder Arbeitskräfte im Haushalt: Mehr als 50 Prozent aller, die nach Kanada, Australien oder Neuseeland einwandern, sind beruflich gut qualifiziert. In Australien haben 42,9 Prozent der Migranten, die außerhalb des Landes geboren sind, einen Hochschulabschluss im Vergleich zu 38,6 Prozent der im Lande geborenen. In Kanada sind es 38 Prozent zu 31 Prozent, in Großbritannien 34,8 Prozent zu 20 Prozent und in den USA 25,9 Prozent zu 26,9 Prozent.

Verglichen mit Australien und Kanada verfügen in Deutschland nur 15,5 Prozent der Migranten über einen Hochschulabschluss, aber auch bei den Deutschen insgesamt liegt der Anteil nur bei 19,5 Prozent. An diesen Zahlen wird deutlich, wie stark die klassischen Einwanderungsländer ihre Zuwanderung nach bestimmten Kriterien steuern.

– Die einfache Unterscheidung von Auswanderern und Einwanderern gilt auch nicht mehr. Immer mehr Länder sind zugleich Aus-, Einwanderungs- und Transitländer. Länder wie Irland, Spanien oder Italien, aus denen noch bis vor kurzem Millionen ins Ausland wanderten, sind heute Einwanderungsländer. Deutschland ist inzwischen wieder stärker Auswanderungs- als Einwanderungsland.

– Chinesen und Inder zählen zu den wohl größten Migrantengruppen in der Welt. Aber diese beiden größten Länder der Welt sind inzwischen Magneten für Zuwanderer aus Asien und anderen Ländern.

– Neben den weltweiten Migrationsströmen wird die enorme Binnenwanderung viel zu wenig beachtet. In Indien beträgt die Binnenwanderung 200 Millionen, in China belaufen sich die Schätzungen auf 120 bis 200 Millionen.

– Die 20 Staaten mit dem größten Anteil von Migranten sind der nachfolgenden Tabelle zu entnehmen.[51]

Staaten mit der größten Zahl von Migranten (2000, in Tausend)

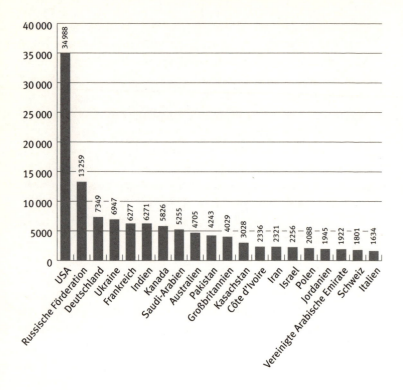

Die aufgeführten Länder verwenden unterschiedliche Definitionen und statistische Methoden zur Erfassung der Migranten. Einige Länder zählen die im Ausland Geborenen, andere die im Land Lebenden mit ausländischer Staatsangehörigkeit. Umfang und Anteil der Migranten sind daher nur bedingt international vergleichbar.
Quelle: UNPD 2003

2. Die Arbeit der Global Commission

Die quantitative Dimension
Die Staaten der Völkergemeinschaft stehen vor der großen Herausforderung, die durch die Globalisierung beschleunigte internationale Migration zu gestalten. Ein Blick in die Statistik verdeutlicht das Ausmaß dieser Aufgabe.

Nach den jüngsten verfügbaren Zahlen von UNDESA, IOM, ILO, UNHCR und Weltbank ist in 2005 von circa 200 Millionen internationalen Migranten auszugehen. Diese Zahl erfasst nur diejenigen, die länger als ein Jahr außerhalb ihres Heimatlandes leben, und 9,2 Millionen Flüchtlinge. Die Zahlen steigen. 1970 gab es 82 Millionen, in 2000 mehr als 175 Millionen und in 2005 um circa 200 Millionen Migranten. Nach dieser Statistik ist jeder 35. Mensch der Weltbevölkerung ein internationaler Migrant. Die Gesamtzahl entspricht der Bevölkerungszahl Brasiliens, also des fünftgrößten Landes der Welt.

Deutschland ist mit etwa 7,3 Millionen das drittwichtigste Aufnahmeland nach den USA mit 35 Millionen und der Russischen Föderation mit 13,3 Millionen Migranten. In 2000 lebten 56,1 Millionen Migranten in Europa (einschließlich des Teils der ehemaligen UdSSR), 49,9 Millionen in Asien, 40,8 Millionen in den USA und Kanada, 16,3 Millionen in Afrika, 5,9 Millionen in Lateinamerika und 5,8 Millionen in Australien.

Die größten Migrantengruppen stammen aus China, Indien und von den Philippinen. Die chinesische Diaspora zählt um 35 Millionen Menschen, die indische um 20 Millionen und die Philippinische um 7 Millionen. In 2005 lebten 60 Prozent der Migranten weltweit in entwickelten Ländern.

Es wird geschätzt, dass jährlich 2,5 bis 4 Millionen Menschen Staatsgrenzen irregulär überschreiten. Von den 56,1 Millionen Migranten, die sich in Europa aufhalten, waren in 2000 10 Prozent Irreguläre. Nach Schätzungen kommen jährlich 500 000 irreguläre Migranten nach Europa. Jährlich werden 600 000 bis 800 000 Menschen Opfer von Menschenhändlern, deren Profit pro Jahr auf 10 Milliarden Dollar geschätzt wird.

Schon dieses knapp zusammengefasste Zahlenmaterial macht deutlich, dass der Migrationsdruck zunimmt. Es besteht politischer Handlungsbedarf.[52]

Die Global Commission wurde Ende 2003 von UN-Generalsekretär Kofi Annan angeregt und einberufen. 19 Mitglieder aus den fünf Weltreligionen hatten die Aufgabe, ein umfassendes kohärentes und globales Konzept für den Umgang mit internationaler Migration auf der Grundlage ihrer nationalen und internationalen Erfahrungen und Kenntnisse zu erarbeiten.

Sie sollte als unabhängiges Expertengremium Defizite der bisherigen Migrationspolitik analysieren, daraus politische Empfehlungen ableiten und die notwendige globale Debatte zwischen den Staaten und dem zivilen Sektor initiieren.

Am 5. Oktober 2005 übergab die Kommission ihren Bericht *Migration in einer interdependenten Welt: Neue Handlungsprinzipien* dem UN-Generalsekretär.

Vorbereitende Initiativen – neues Denken und traditionelle Politik
Der Einsetzung der Global Commission ging eine dreijährige Arbeit der *Berner Initiative* und der *Den Haager Initiative* voraus. Fragestellungen und Themen dieser untereinander vernetzten Initiativen wurden später von der Global Commission aufgegriffen, weiterentwickelt und bearbeitet. In den beiden Initiativgruppen kamen Wissenschaftler, Politiker und Vertreter von internationalen und regionalen Organisationen sowie NGO´s aus Herkunfts-, Transit- und Aufnahmeländern zusammen.

Die *Berner Initiative* ist 2001 vom Direktor des Bundesamtes für Flüchtlinge in Bern, Jean-Daniel Gerber, gegründet worden. Sie hat ihre Arbeitsergebnisse 2003 vorgelegt. In demselben Jahr führte die Internationale Organisation für Migration (IOM) ihren ersten internationalen Kongress zur Migration durch. Schon 1999 war in den Niederlanden die unabhängige Initiative *Society for International Development (SID-Initiative)* entstanden, deren Projekt sich mit der Zukunft von Asyl und Migration befasste. Zu den Tagungen und Anhörungen kamen Vertreter aus Afrika, Asien, aus dem Mittleren Osten, Lateinamerika, Europa und Nordamerika, Experten aus der Wissenschaft und von internationalen Organisationen. Nach dreijähriger Arbeit überreichte die SID-Initiative ihre Ergebnisse in der *Den Haager Erklärung* vom 22. November 2002 dem UN-Generalsekretär Kofi Annan.[53] Diese Initiativen, die ein kohärentes und stringentes Migrationskonzept vertreten, grenzen sich ab von der Migrationspolitik vieler Staaten in den 90er Jahren.

Letztere verfolgten als Reaktion auf die massiven Migrationsströme in Richtung Europa und Nordamerika nach dem Wegfall des Eisernen Vorhangs eine Abwehrpolitik zur Eindämmung und Vermeidung der Flüchtlingsbewegung in ihre Länder. Sie war programmatisch verbunden mit einer staatlichen Entwicklungspolitik zur Beseitigung der armutsbedingten erzwungenen Fluchtgründe. Von einer in den Einwanderungsregionen abgestimmten und kooperativen Migrationspolitik konnte nicht die Rede sein. Und auf der internationalen Agenda der UN – als Forum für Austausch und Kooperation – war das Thema Migration nicht vertreten. Migration und Entwicklung stehen zum ersten Mal am 14. und 15. September 2006 auf der Agenda der Generalversammlung der UN.

Internationale Organisationen und Institutionen wie der UNHCR, ILO oder IOM, OECD und OSZE haben sich auch vor 1990 schon mit Flüchtlingsfragen befasst. Aber die Gesetzgebungskompetenz für Migration liegt in nationaler Zuständigkeit.

Die Beziehungen der Aufnahmeländer zu den Entsendeländern konzentrierten sich auf die Probleme der Rückführung von Flüchtlingen. Es ging ferner um Maßnahmen zur Reduktion der Flüchtlingsaufnahme und um härtere Strafen bei als illegal identifizierten Grenzübertritten. Diese führten im Regelfall dazu, dass auf die Länder ausgewichen wurde, die noch offen waren für legale Zuwanderung. Wenn es weder Kooperation nach Koordination zwischen den Aufnahmestaaten gibt, ist das mit negativen Konsequenzen für die betroffenen Länder und die Migranten verbunden.

Auch in den Entsendeländern treffen wir auf höchst unterschiedliche Situationen. Es gibt Länder mit einem hoch entwickelten Auswanderer- und Zuwanderermanagement, wie zum Beispiel die Philippinen und im Unterschied dazu Länder beispielsweise in Afrika, die weder finanziell noch vom Know-how her in der Lage sind, diese Prozesse zu steuern. Sie wissen nicht, wie viele wegwandern, zuwandern oder zurückkehren. Angesichts der Armut, der fehlenden Bildung und des Mangels an Arbeit werden diese Staaten durch Auswanderung entlastet. Aber sie sind auch nicht in der Lage, die Menschen im Lande zu halten, die sie dringend brauchen. »Brain drain«, Verlust an Human- und Entwicklungspotenzial, ist ein bedrängendes Problem, ohne dass bisher wirksame Gegenmaßnahmen entwickelt worden wären. Während in der EU in der zweiten Hälfte der 90er Jahre ein Prozess zur Kooperation und Koordination der Flüchtlingspolitik in Gang kam, lässt diese Bereitschaft in der Migrationspolitik in vielen Regionen der Welt noch auf sich warten, obwohl die Notwendigkeit erkannt ist.

Das wurde bei den Anhörungen der Global Commission überdeutlich. Diese Prozesse brauchen Zeit, denn altes Denken und alte Strukturen sind oft besonders resistent.

Die angesichts der Massenmigration nach Europa Anfang der 90er Jahre von Stiftungen und Forschungsinstituten entwickelten Konzepte zur stärkeren Kooperation in der EU haben erst Jahre später Eingang in politische Entscheidungsprozesse gefunden; zum Beispiel zur Entwicklung gemeinsamer Standards und Verfahren zur Aufnahme von Asylsuchenden und Flüchtlingen. Die Vorschläge von Experten, die 1994 von der Bertelsmann Stiftung gemeinsam mit der Forschungsgruppe Europa der Universität Mainz in einem europäischen Einwanderungskonzept veröffentlicht wurden, sind verspätet und nur teilweise für die EU-Migrationspolitik genutzt worden.[54]

Entscheidend ist, dass mit Kontinuität und politischer Beharrlichkeit an zukunftsrelevanten Themen wie Migration weitergearbeitet wird und sich Einzel- und Gruppeninitiativen bilden, die Fakten und Argumente für erweiterte und innovative Konzepte verfügbar machen.

Nach wie vor bestehen erhebliche Defizite im Bereich der statistischen Daten, vor allem auch der Vergleichbarkeit. Migration ist ein relativ junges Forschungsfeld, das erst in den letzten zwei Jahrzehnten stark an Bedeutung zugenommen hat. Doch die vorliegenden nationalen und internationalen Erkenntnisse zeigen den Handlungsbedarf in verschiedenen Politikfeldern. Die notwendigen Menschenrechtskonventionen liegen vor. Sie wurden von der UN entwickelt, vielfach auch von Mitgliedsstaaten unterschrieben und ratifiziert, aber weit weniger umgesetzt. Das geht aus der Übersicht der Vereinbarungen und ihrer Ratifizierung im Bericht der Global Commission hervor.

Aber die Arbeit der Global Commission war nicht allein auf die Übernahme und Bewertung der Befunde gerichtet. Das Material war eine notwendige Voraussetzung. Darauf konnte aufgebaut werden. Es wurde erweitert durch Anhörungen in allen Kontinenten, durch Beteiligung der Regierungen, des zivilen Sektors, der Wirtschaft, der gesellschaftlichen Organisationen und Initiativen und durch die Kooperation mit Experten aus Wissenschaft und Praxis.

Leitidee der Global Commission

Die Global Commission ging von der Leitidee aus, eine Konzeption zu erarbeiten, die die gegensätzlichen Interessen der Aufnahme- und Entsendeländer so miteinander verknüpft, dass eine Win-Win-Situation für beide entsteht. Und dabei kommt den Migranten eine Schlüsselstellung zu. Wurden sie bislang zu einseitig als Problem wahrgenommen, richtet die Global Commission den Blick auf die Migranten als Teil der Problemlösung. Es werden ihre Fähigkeiten, ihr Humanpotenzial und ihre Leistungen für die Entwicklung in ihren Heimatländern überzeugend deutlich gemacht.

Was Zahlen bewirken können, ist durch die von der OECD und der Weltbank veröffentlichten Finanzvolumina der Rücküberweisungen von Migranten in ihre Heimatländer eindrucksvoll sichtbar geworden. Als wir im Jahr 2001 die Arbeit in der *Berner Initiative* begannen, lagen die errechneten Beträge bei 75 Milliarden Dollar, 2005 bei 232 Milliarden, während die staatliche Entwicklungshilfe weltweit 2004 insgesamt 79 Milliarden betrug.[55]

Zwei Drittel dieser Überweisungen wurden zwischen Entwicklungsländern vorgenommen, wobei Migrantinnen und geringer verdienende Migranten oftmals einen höheren Anteil ihres Einkommens überwiesen als andere. Laut Schätzungen der UN waren die Hauptempfängerländer von Rücküberweisungen im Jahr 2004 Mexiko (16 Milliarden Dollar pro Jahr), Indien (9,9 Milliarden Dollar) und die Philippinen (8,5 Milliarden Dollar), obwohl die Rücküberweisungen anteilig am BIP in kleineren Ländern wie Jordanien (23 Prozent), Lesotho (27 Prozent) und Togo (37 Prozent) weit höher lagen. Im internationalen Vergleich besonders gering waren die Rücküberweisungen in das südliche Afrika, diese machten nur 1,5 Prozent der weltweiten Überweisungen aus.

Diese Zahlen bewirkten, dass über die Migranten und die Rolle der Migranten für die Entwicklung ihrer Länder neu nachgedacht wurde. Sie lösten ein entscheidendes Umdenken aus: Das neue Thema heißt nun *Migration und Entwicklung*. Die bislang überwiegend vertretene politische Zielsetzung, Vermeidung der Flucht- und Migrationsströme durch bilaterale und multilaterale Entwicklungshilfe wurde für ein modifiziertes Konzept geöffnet. Jetzt wurden die Migranten als entscheidende Akteure von Entwicklung in einem umfassenderen Verständnis gesehen. Das erfordert neue Formen der Zusammenarbeit zwischen staatlicher Entwicklungshilfe und der Beteiligung von Migranten an den entwicklungspolitischen Konzepten der Geberländer wie an der Entwicklungsarbeit in den Herkunftsländern. Dabei geht es nicht nur um Investitionen, die durch privates Geld der Migranten für Unternehmensgründungen verfügbar gemacht werden. Es geht auch um politische Anreizprogramme, durch die privates Geld für den Ausbau der Infrastruktur wie beispielsweise Wohnungen, Schulen oder Gesundheitseinrichtungen mit eingebracht werden kann. Ein weiterer Bereich der Zusammenarbeit sind Initiativen zwischen Aufnahme- und Herkunftsländern zur Verringerung oder zur Kompensation von »Brain drain« durch die Aufnahmeländer. Solche Initiativen gibt es bereits. Sie sind auszubauen und zu verbreitern. Die lokalen Projekte haben ihren Stellenwert, aber sie müssen von der Mikroebene auf die Makroebene der nationalen und internationalen Entwicklungspolitik gebracht werden.

Da mit der bisherigen Armutsursachen-Bekämpfungspolitik

die gesetzten Ziele nur bedingt erreicht worden sind, entsteht durch die Öffnung für neue Ansätze eine gute Chance. Es geht um eine neue Sicht und Bewertung der Migranten mit weit reichenden Auswirkungen auf Aufnahme- und Herkunftsländer. Und bei dieser Neubewertung sind die Menschenrechte von grundlegender Bedeutung. Ob Hochqualifizierte oder Ungelernte, ob Flüchtlinge, Arbeitsmigranten oder Irreguläre, sie haben Anspruch auf Schutz gemäß der Menschenrechtskonvention von 1948. Menschenrechte gelten auch für die Irregulären, zum Beispiel für deren Schutz von Leib und Leben oder das Recht auf Bildung für ihre Kinder.

Schon die Bezeichnung Migrant ist Ausdruck eines Bewusstseinswandels. Migranten und Migrantinnen sind sie alle, gleich welcher Gruppe sie zugeordnet werden. Die Entwicklung weltweit hat gezeigt, wie schwierig es ist, die verschiedenen Gruppen voneinander abzugrenzen. Ob Armutsflüchtling oder Arbeitsmigrant, beide suchen und wollen Arbeit. Die Unterscheidung nach In- und Ausländern sagt zunächst nur etwas über den Personenkreis mit und ohne Pass aus; aber das beinhaltet zugleich unterschiedliche Rechte der Partizipation und unterschiedliche Zugehörigkeiten. Die Bezeichnung Migrant ist offener und integrativer als die Bezeichnung Ausländer, die stärker ab- und ausgrenzt. Auch die Bezeichnung Irreguläre statt Illegale ist höchst bedeutsam. Es gibt illegale, gegen das Gesetz verstoßende Grenzübertritte, aber keine illegalen Menschen.

Begriffe haben nicht nur instrumentelle Funktion. Sie haben in den meisten Fällen außer der Zuschreibung auch eine bewertende Funktion. Es ist ein Unterschied, ob von der Ausländer- oder der Integrationsbeauftragten gesprochen wird.

Für Migration und Integration sind Menschenrechtsprinzipien nicht Beiwerk, sondern unverzichtbarer Kernbereich. Daher ist es ethisch nicht vertretbar, Wirtschaftsinteressen gegen Menschenrechte auszuspielen. Unter wirtschaftlichem Aspekt sind Irreguläre für viele Länder höchst attraktive Arbeitskräfte ohne Papiere, weil sie im Konfliktfall keinen arbeitsrechtlichen Schutz gegen Lohndumping oder unzumutbare Arbeitsbedingungen haben.

Aber es geht darum, wirtschaftliche Interessen und Menschenrechte in Einklang zu bringen. Rechte schützen nicht nur, sondern sie begründen eine Rechtsposition und damit Ansprüche, Beteiligung und Einflussnahme. Das beinhaltet der Begriff empowerment, der in der internationalen Frauenpolitik nach wie vor eine große Rolle spielt. Die Stärkung der Rechtsposition von Migrantinnen und Migranten ist eine Politik für Gleichberechtigung gegen Ausgrenzung und Marginalisierung, für soziale Entwicklung sowie mehr Humanität und Verteilungsgerechtigkeit. Die konzeptionelle Neuorientierung findet ihren Niederschlag auch in einer veränderten Sprache.

In der einen Welt bleiben wir Bürger und Bürgerinnen eines bestimmten Landes, häufig schon mit doppelter Staatsbürgerschaft. Die Menschen in den Mitgliedsstaaten der EU sind zugleich Bürger ihres Landes und europäische Bürger und wir sprechen von ihnen nicht als Ausländer oder Emigranten.

Die Leitidee der Global Commission war darauf gerichtet, separate, unverbundene Politiken in einen neuen interessenausgleichenden Verbund zu bringen. Dazu gehört es, die Abhängigkeiten der Staaten von- und untereinander stärker bewusst zu machen. So wie Vermeidung von Krieg und Schaffung von Frieden internationale Aufgabe und Verpflichtung geworden sind, war es das Ziel der Global Commission, auch Migration als Aufgabe der Staatengemeinschaft zu definieren und entsprechende politische und organisatorische Konsequenzen vorzuschlagen.

Der High-Level-Dialogue im September 2006 zum Thema Migration und Entwicklung ist ein wichtiger Schritt zur Umsetzung dieser Konzeption. Das beinhaltet nicht Einschränkung oder Beschneidung nationaler Kompetenzen, wohl aber mehr Kooperation und Koordination.

3. Handlungsprinzipien und Empfehlungen

Anhörungen in den fünf Kontinenten

Bei den Anhörungen der Global Commission in den verschiedenen Kontinenten haben wir Hunderte von Menschen getroffen, die mit der Migration intensiv zu tun haben. Wir haben ihnen zugehört und mit ihnen über das Alltagsleben, die »Leistungen und die Nöte« der weltweit circa 200 Millionen Migranten diskutiert. Wir sind auf zahlreiche Beispiele vorbildlicher Praktiken der Staaten und nichtstaatlicher Akteure wie internationaler Organisationen, der Wirtschaft und der Engagierten in der Zivilgesellschaft gestoßen. Es gibt die Erfolgsgeschichten von Migranten, die mit neuen Qualifikationen in ihr Heimatland zurückgekehrt sind und mit ihrem Kapital, ihren Kenntnissen und Kontakten kleine Betriebe und große Unternehmen aufgebaut haben. Beispielhaft zu nennen sind die indischen Rückkehrer aus den USA, die maßgeblich zur Entstehung der indischen Computerindustrie beigetragen haben. Die OECD schätzt, dass die außerhalb ihres Landes lebenden Chinesen, die Diasporachinesen, im Jahr 2004 über 45 Prozent aller ausländischen Direktinvestitionen in der Volksrepublik getätigt haben.[56] Wir haben die Flüchtlinge getroffen, die der Verfolgung in ihrem eigenen Land entkommen konnten und in einem anderen Staat Sicherheit fanden. Und wir erfuhren von einigen Regierungen und internationalen Organisationen, dass sie im Kampf gegen den organisierten Menschenhandel eng zusammenarbeiten und den Schutz der Opfer erhöhen.

Die Global Commission ist jedoch auch auf Widersprüche, Unterlassungen und Versäumnisse der aktuellen Migrationspolitik gestoßen:

— auf negative Einstellungen zu Migranten trotz der Tatsache, dass ganze Wirtschaftszweige von Arbeitsmigranten abhängig sind;
— auf Staaten, die die Menschenrechtsverträge der UN ratifiziert haben, ohne sie einzuhalten;
— auf Diskriminierungen und Ausbeutung;

– auf Regierungen, die eine beträchtliche Zahl von Migranten aufnehmen, aber nicht in die Integration investieren;
– auf Kriminalität bei Migranten und Extremisten, die zu einer ernsthaften Bedrohung der öffentlichen Sicherheit geworden sind;
– auf Länder, die die Millenniumsziele der Armutsbekämpfung und der Entwicklung, vor allem auch in den Bereichen Gesundheit und Bildung unterstützen, aber zugleich Personal aus Niedriglohnländern anwerben. Auf diese Weise verschärfen sich die Versorgungsengpässe.

So sind beispielsweise seit dem Jahr 2000 mehr als 16 000 Krankenschwestern aus dem südlichen Afrika nach Großbritannien ausgewandert. In Somalia praktizieren nur noch 50 der seit der Unabhängigkeit ausgebildeten 600 Ärzte.[57]

Die »3D-Faktoren«
Während unserer Beratungen sind wir immer wieder auf drei Hauptbeweggründe für weltweite Migration gestoßen. Sie resultieren aus ungleichen Wirtschaftsentwicklungen und sozialen Ungleichheiten. Wir haben diesen Tatbestand die »3D-Faktoren« genannt: development, demography and democracy – Entwicklung, Demografie und Demokratie.

Folgen wir den Entwicklungsprogrammen der UNDP, so ist die Armutsbekämpfung in den letzten 50 Jahren erfolgreicher als je zuvor. Dennoch werden die Unterschiede zwischen den Lebensstandards in den reicheren und ärmeren Ländern immer größer. Das Bruttoinlandsprodukt (BIP) war 1975 in den reicheren Ländern 41 Mal so hoch wie in den ärmeren. Heute ist der Unterschied das 66fache.

Menschen, die von Ländern mit niedrigen Einkommen in Länder mit höherem Einkommen wandern, verdienen dort 20–30 Mal mehr als in den Heimatländern. Hinzu kommt, dass in vielen Entwicklungsländern marktorientierte Reformen die Wettbewerbsfähigkeit erhöht haben, aber keine neuen Arbeitsplätze geschaffen wurden. Damit steigt der Auswanderungsdruck vor allem in ländlichen Gebieten. In den Entwicklungsländern arbeiten 1,3 Milliarden Menschen, circa 50 Prozent der Beschäftigten, in der Landwirtschaft. Je stärker dieser Sektor unter internationalen Wettbewerbsdruck gerät, desto mehr steigen das Arbeitsplatz- und das Einkommensrisiko. Die Folgen sind Abwanderung in die Städte oder Auswanderung. Viele Regierungen sind durchaus an dieser Abwanderung interessiert, denn auf diese Weise werden die Arbeitslosenkosten reduziert und die zu erwartenden Rücküberweisungen erhöht.

Anderseits brauchen die Industrieländer wegen des internationalen Kostendrucks billige Arbeitskräfte und es besteht zugleich Mangel an Qualifizierten und Hochqualifizierten in einzelnen Berufsbranchen.

Zu den ungleichen wirtschaftlichen kommen ungleiche demografische Entwicklungen. Während in den entwickelten Ländern die Bevölkerung schrumpft, wächst sie in den Entwicklungsländern. Die Geburtenraten liegen für den Zeitraum 2000 bis 2005 nach den Angaben der Bevölkerungsabteilung der UN in Europa bei 1,4, in Lateinamerika und der Karibik bei 2,5, in den arabischen Staaten bei 3,8 und in Subsahara-Afrika bei 5,4.

Die Weltbank schätzt, dass die Zahl der Erwerbstätigen weltweit im Zeitraum von 2001 bis 2010 von 3 auf 3,4 Milliarden ansteigen wird. 2010 werden angesichts der aktuellen Entwicklung 86 Prozent der Erwerbstätigen weltweit aus Entwicklungsländern kommen. Daher gehen die Entwicklungsländer, aber auch die UN davon aus, dass viele Menschen in den Industriestaaten Arbeit suchen und wegen des demografischen Wandels dort auch gebraucht werden.

Der dritte Begründungsfaktor resultiert aus der ungleichen Qualität des Regierens. Dabei hängt viel davon ab, ob Recht oder Willkür, Unbestechlichkeit oder Korruption, Einhaltung oder Unterdrückung der Menschenrechte, bewaffnete Konflikte oder Frieden, wirtschaftliche und soziale Krisen oder Verbesserung der Lebensqualität und soziale Stabilität bestimmend sind.

Auffallend war, welchen Stellenwert die Menschenrechte für die jüngere Generation gerade auch in armen Staaten haben. Aufgabe einer bilateralen und internationalen Migrationspolitik muss es daher vordringlich sein, mit den Entwicklungsländern und den Migranten die extremen Ungleichheiten konsequenter als bisher abzubauen.

Fehlende Koordination und Kooperation
Bisher ist es nicht gelungen, das positive Potenzial internationaler Migration voll auszuschöpfen.

In vielen Regionen der Welt – nicht allein in den ärmeren Ländern – fehlen die erforderlichen Kapazitäten, um eine effektive Migrationspolitik zu konzipieren und umzusetzen. Es mangelt an Daten, an professioneller Ausbildung eines Fachpersonals und an Finanzen. Sie brauchen Hilfen, um das Fachwissen anderer Länder nutzbar machen zu können.

Ein besonderes Problem ist die Kohärenz. Regierungsvertreter aus allen Teilen der Welt haben berichtet, dass die Erarbeitung einer kohärenten, d. h. in sich stimmigen und den Querschnittscharakter beachtenden Migrationspolitik wegen der Interessenkonflikte zwischen den Ressorts große Schwierigkeiten bereitet. Es wird von Querschnittspolitik gesprochen, aber in der Praxis werden zum Beispiel Auswirkungen der Handels-, der internationalen Finanz- oder der Arbeitsmarktpolitik auf Migration nicht einbezogen.

Doch gerade diese Abstimmung ist auf nationaler wie auf internationaler Ebene erforderlich. An der Formulierung der Konzeption sind die relevanten nichtstaatlichen Akteure, insbesondere auch die Migranten selbst zu beteiligen. Auf diese Weise könnten Maßnahmen und Programme kulturell sensibler gestaltet, lokale Besonderheiten und die geschlechtsspezifischen Belange angemessener berücksichtigt werden.

Die Entwicklung einer kohärenten Migrationspolitik erfordert die Beachtung des rechtlichen und normativen Rahmens, insbesondere der sieben wichtigsten Menschenrechtsverträge der UN.

In allen genannten Bereichen brauchen wir mehr zwischenstaatliche Abstimmung und Zusammenarbeit als Grundlage für eine die nationalen Grenzen überschreitende Migrationspolitik. Diese

Politik steht traditionell in der alleinigen Zuständigkeit der souveränen Staaten. Aber bei den Anhörungen stießen wir vermehrt auf eine sich verändernde Auffassung. Es wurde die Ansicht vertreten, dass Migration der Sache nach eine »länderübergreifende Angelegenheit ist, die auf subregionaler, regionaler und globaler Ebene der zwischenstaatlichen Zusammenarbeit« bedarf. Diese Anforderung gilt nicht nur für die Staaten, sondern auch für die Koordination der multilateralen und internationalen Organisationen. Es wird bislang überwiegend getrennt voneinander gearbeitet. Hier sind organisatorisch und institutionell mehr Abstimmung und Kooperation notwendig.

Im Prozess unserer Anhörungen und Recherchen haben wir gelernt, wie unterschiedlich und vielschichtig die Lebenssituationen, die Probleme, aber auch die Chancen der Migranten sind. Doch die notwendige Differenzierung, die Berücksichtigung des jeweils Unterschiedlichen, darf nicht von den gemeinsamen Aufgaben und Zielen ablenken. Die Global Commission ist zu dem Schluss gekommen, dass gemeinsame Ziele eine Vision brauchen.

Es gibt kein einheitliches Aktionsmodell für alle Staaten und beteiligten Akteure. Zurzeit besteht auch noch kein Konsens über ein »globales Steuerungssystem für die internationale Migration, einschließlich der Errichtung neuer, internationaler rechtlicher Instrumente oder Institutionen«. Die nationale, regionale und globale Migrationspolitik sollte jedoch von Prinzipien und einer Vision geleitet werden, die die Global Commission zur Grundlage ihrer Analysen und Empfehlungen gemacht hat.

Während seit längerem eine intensive politische und fachliche Diskussion über den Zusammenhang von Migration und Wirtschaft besteht, sind die Zusammenhänge von Zuwanderung und Sicherheit, Zuwanderung und Entwicklung, von irregulärer Migration, von Integration und Menschenrechten bislang weitaus seltener Gegenstand internationaler Debatten.

Der Bericht konzentriert sich auf die menschenrechtlichen, wirtschaftlichen, sozialen und ordnungspolitischen Diskussionen der internationalen Migration. Die Themenfelder sind:

- die Welt der Arbeit,
- Migration und Entwicklung,
- die Herausforderung durch irreguläre Migration,
- Integration und Sicherheitsfragen,
- Gesetze, Normen und Menschenrechte,
- gutes Regieren durch mehr Kohärenz auf lokaler, nationaler, regionaler und internationaler Ebene.

Die sechs *Handlungsprinzipien* und die daraus abgeleiteten *Empfehlungen* für die Handlungsfelder werden aus dem Bericht zitiert.[58]

a) Die Arbeitswelt: Migranten auf einem globalisierenden Arbeitsmarkt

Prinzip: Migration als freie Wahl: Migration und Weltwirtschaft
Frauen, Männer und Kinder sollten in ihrem Herkunftsland ihr Potenzial ausschöpfen, ihre Bedürfnisse erfüllen, ihre Menschenrechte wahrnehmen und ihre Ziele verwirklichen können. Sie sollten nur auf Grund ihrer freien Wahl und persönlichen Entscheidung abwandern und nicht, weil sie dazu gezwungen sind. Frauen und Männern, die auswandern und in den globalen Arbeitsmarkt eintreten, sollte es ermöglicht werden, dies auf sichere und legale Weise zu tun und weil sie und ihre Fähigkeiten von den jeweiligen Aufnahmestaaten und -gesellschaften geschätzt und gebraucht werden.

Empfehlungen
- Die Zahl der Menschen, die versuchen, von Land zu Land oder von Kontinent zu Kontinent zu wandern, wird in den kommenden Jahren auf Grund von Entwicklungs- und demografischen Unterschieden sowie von Differenzen in der Regierungsqualität steigen. Staaten und andere Akteure müssen diesem Trend bei der Formulierung ihrer Migrationspolitik gebührende Berücksichtigung schenken.

– Staaten und andere beteiligte Akteure sollten realistischere und flexiblere Vorgehensweisen in der internationalen Migration verfolgen. Dies sollte auf der Anerkennung des Potenzials von Migranten basieren, bestimmte Lücken im globalen Arbeitsmarkt zu schließen.

– Die Staaten und der Privatsektor sollten sorgfältig geplante, zeitlich befristete Migrationsprogramme in Betracht ziehen, um den wirtschaftlichen Erfordernissen sowohl der Herkunfts- als auch der Zielländer zu begegnen.

– Die »Mode 4« GATS-Verhandlungen über die Freizügigkeit von Dienstleistungsanbietern sollten zu einem erfolgreichen Abschluss gebracht werden. Angesichts des Zusammenhangs zwischen internationalem Handel und internationaler Migration sollte mehr dafür getan werden, um den Dialog zwischen Regierungsvertretern und Experten beider Bereiche zu fördern.

– Regierungen und Arbeitgeber sollten die gegenwärtigen Hemmnisse für die Mobilität von hochqualifiziertem Personal gemeinsam überprüfen, um unnötige Barrieren zur wirtschaftlichen Wettbewerbsfähigkeit zu beseitigen.

– Es muss mehr für die Arbeitsplatzschaffung und Sicherung eines nachhaltigen Lebensunterhalts in den Entwicklungsländern getan werden, damit die Bürger dieser Staaten sich nicht zur Abwanderung gezwungen sehen. Die Entwicklungsländer und Industriestaaten sollten eine entsprechende Wirtschaftspolitik verfolgen und bestehende Verpflichtungen durchführen, die die Erreichung dieses Ziels ermöglichen.

b) Migration und Entwicklung: Ausschöpfung des Potenzials der Mobilität von Menschen

Prinzip: Verstärkung der positiven Auswirkungen auf Wirtschaft und Entwicklung
Die Rolle von Migranten bei der Förderung von Entwicklung und Verringerung von Armut in ihren Herkunftsländern, und der Beitrag, den sie zum Wohlstand ihrer Aufnahmeländer leisten, sollten

anerkannt und gestärkt werden. Internationale Migration sollte sowohl in Entwicklungs- als auch in Industrieländern ein integraler Bestandteil der nationalen, regionalen und globalen Strategien zum Wirtschaftswachstum werden.

Empfehlungen
- Kooperation zwischen Ländern mit Arbeitskräftemangel und Ländern mit einem Überfluss an Arbeitskräften ist unerlässlich, um den Aufbau eines entsprechenden Humankapitals sowie eines globalen Bestandes an Fachkräften zu fördern. Integraler Bestandteil einer solchen Strategie, um wichtiges Personal zu halten, muss die Bereitstellung angemessener Bezahlung, Arbeitsbedingungen sowie Karriereaussichten sein.
- Rücküberweisungen sind privates Kapital und sollten vor dem Zugriff des Staates geschützt sein. Regierungen und Finanzinstitutionen sollten Geldtransfers erleichtern und die damit verbundenen Kosten senken, sodass Migranten mehr Anreiz gegeben wird, offizielle Überweisungssysteme zu nutzen.
- Maßnahmen zur Förderung des Transfers und der Investition von Geldern müssen mit einer makroökonomischen Politik in den Herkunftsländern einhergehen, die Wirtschaftswachstum und Wettbewerbsfähigkeit fördert.
- Die Diaspora sollte dazu ermutigt werden, die Entwicklung in ihren Herkunftsländern durch Geldanlagen und Investitionen sowie durch die Beteiligung an transnationalen Wissensnetzwerken zu fördern.
- Staaten und internationale Organisationen sollten politische Ansätze und Programme formulieren, welche die positiven Auswirkungen von Rückkehr und zirkulärer Migration auf die Entwicklung des Heimatlandes maximieren.

c) Herausforderung durch irreguläre Migration: Souveränität des Staates und Sicherheit des Individuums

Prinzip: Irregulärer Migration entgegenwirken
Staaten, die in souveräner Rechtsausübung bestimmen, wer ihr Territorium betreten und wer bleiben darf, sollten ihrer Verantwortung und Verpflichtung nachkommen, die Rechte von Migranten zu schützen und freiwillig bzw. zwangsweise zurückkehrende Bürger wieder aufzunehmen. Bei der Auseinandersetzung mit irregulärer Migration sollten die Staaten aktiv zusammenarbeiten und sicherstellen, dass ihre Maßnahmen die Menschenrechte nicht beeinträchtigen. Dies schließt das Recht von Flüchtlingen auf den Zugang zu Asylverfahren ein. Bei der Behandlung der irregulären Migration sollten die Regierungen den Dialog mit Arbeitgebern, Gewerkschaften und der Zivilgesellschaft suchen.

Empfehlungen
– Staaten und beteiligte Akteure sollten eine objektive Debatte über die negativen Konsequenzen irregulärer Migration und ihrer Verhinderung führen.
– Grenzkontrollpolitik sollte Teil einer langfristigen Strategie im Umgang mit irregulärer Migration sein, die das Augenmerk sowohl auf soziale und wirtschaftliche Defizite als auch auf Mängel in der Regierungspraxis und der Gewährleistung von Menschenrechten richtet, die Ursache dafür sind, dass Menschen ihre Heimatländer verlassen. Die Strategie zur Eindämmung irregulärer Migration muss auf zwischenstaatlichem Dialog und auf Kooperation beruhen.
– Staaten sollten die Umstände beseitigen, die irreguläre Migration fördern, indem sie zusätzliche Möglichkeiten für reguläre Migration eröffnen und gegen Arbeitgeber vorgehen, die Migranten mit irregulärem Status beschäftigen.
– Staaten sollten die Situation der Migranten mit irregulärem Status durch Rückkehr oder Legalisierung lösen.
– Staaten müssen ihre Bemühungen zur Bekämpfung der unterschiedlichen kriminellen Phänomene der Schleusertätigkeit

und des Menschenhandels verstärken. In beiden Fällen müssen die Täter strafrechtlich verfolgt, die Nachfrage an ausbeuterischen Dienstleistungen unterbunden und den Opfern angemessener Schutz und Hilfe gewährt werden.

– Bei ihren Bemühungen, die irreguläre Migration einzudämmen, müssen Staaten ihre völkerrechtlichen Verpflichtungen in Bezug auf die Menschenrechte von Migranten, die Institution des Asyls sowie die Prinzipien des Flüchtlingsschutzes einhalten.

d) Vielfalt und Kohäsion: Migranten in der Gesellschaft

Prinzip: Stärkung des sozialen Zusammenhalts durch Integration
Migranten und Bürger der Zielländer sollten ihre rechtlichen Verpflichtungen einhalten. Weiterhin sollten sie von einem wechselseitigen Prozess der Annäherung und Integration profitieren, der zugleich kultureller Vielfalt Raum bietet und den gesellschaftlichen Zusammenhalt fördert. Dieser Prozess sollte von den lokalen und nationalen Behörden, Arbeitgebern und Mitgliedern der Zivilgesellschaft aktiv unterstützt werden und auf einem Bekenntnis zur Nichtdiskriminierung und Geschlechtergleichheit basieren. Außerdem sollte er durch einen objektiven Diskurs in der Öffentlichkeit, Politik und in den Medien über internationale Migration geprägt werden.

Empfehlungen
– Während es anerkannt ist, dass Staaten das Recht haben, die eigene Politik bezüglich der Situation der Migranten in der Gesellschaft zu bestimmen, müssen allen Migranten ihre fundamentalen Menschenrechte garantiert und ihre arbeitsrechtlichen Mindeststandards zugestanden werden.

– Reguläre Migranten und solche mit langfristigem Aufenthalt sollten vollständig in die Gesellschaft integriert werden. Mit dem Integrationsprozess sollte die Achtung der sozialen Vielfalt, die Förderung des gesellschaftlichen Zusammenhalts und die Vermeidung der Ausgrenzung einhergehen.

– Lokale und nationale Behörden, Arbeitgeber und Mitglieder der Zivilgesellschaft sollten aktiv und gemeinsam mit den Migranten und ihren Verbänden daran arbeiten, den Integrationsprozess zu fördern. Migranten sollten dabei genau über ihre Rechte und Pflichten informiert und dazu ermutigt werden, aktive Bürger des Aufnahmelandes zu werden.

– Besondere Aufmerksamkeit sollte dem Mitspracherecht und dem Schutz weiblicher Migranten geschenkt werden. Ebenso muss gewährleistet werden, dass sie aktiv an der Formulierung und Umsetzung der Integrationspolitiken und -programme beteiligt werden. Ferner sollten die Rechte sowie Wohlfahrts- und Bildungsbedürfnisse von Migrantenkindern uneingeschränkt berücksichtigt werden.

– Auch wenn temporären Migranten und Migranten mit irregulärem Status normalerweise nicht das Recht auf Integration in die Gesellschaft, in der sie leben, zugestanden wird, sollten sie vor Ausbeutung und Missbrauch geschützt und ihre Rechte vollständig respektiert werden.

– Personen und Organisationen, die Einfluss auf die öffentliche Meinung haben, müssen das Thema der internationalen Migration auf eine objektive und verantwortungsvolle Art und Weise ansprechen.

e) Ein prinzipienorientierter Ansatz: Gesetze, Normen und Menschenrechte

Prinzip: Schutz der Rechte von Migranten
Um die Menschenrechte und Arbeitsstandards, die allen Migrantinnen und Migranten zustehen, besser zu schützen, müssen die entsprechenden rechtlichen und normativen Menschenrechtsvereinbarungen gestärkt, effektiver umgesetzt und nicht diskriminierend angewandt werden. Auf der Grundlage dieser Verpflichtungen müssen Staaten und andere relevante Akteure mit dem Thema Migration in einer konsequenteren und kohärenteren Weise umgehen.

Empfehlungen

– Staaten müssen die Rechte von Migranten schützen, indem sie die internationalen Menschenrechtsvereinbarungen stärken und die nicht diskriminierende Anwendung der darin verankerten Vorschriften gewährleisten.

– Jeder Staat muss sicherstellen, dass das Prinzip der staatlichen Verantwortung für den Schutz der Menschen auf dem eigenen Territorium umgesetzt wird, damit der Druck, der die Menschen dazu veranlasst auszuwandern, verringert wird, die Migranten auf der Durchreise geschützt und die Menschenrechte der Migranten in den Zielländern gewahrt werden.

– Regierungen und Arbeitgeber müssen gewährleisten, dass alle Migranten eine menschenwürdige Arbeit gemäß der Definition der ILO haben können und dass sie vor Ausbeutung und Missbrauch geschützt werden. Besondere Bemühungen müssen unternommen werden, um Migrantinnen, Hausangestellte und minderjährige Migranten zu schützen.

– Die Menschenrechtskomponente des Systems der Vereinten Nationen sollte effektiver zur Stärkung des rechtlichen und normativen Rahmens bezüglich der internationalen Migration sowie zum Schutz der Migrantenrechte eingesetzt werden.

f) Mehr Kohärenz durch gutes Regieren im Bereich der internationalen Migrationspolitik

Prinzip: Gutes Regieren durch Kohärenz, konzeptionelle und organisatorische Kompetenz sowie Kooperation fördern
Gutes Regieren im Bereich der internationalen Migrationspolitik sollte gefördert werden durch eine verbesserte Kohärenz und verstärkte Kapazitäten auf nationaler Ebene, durch intensivere Konsultationen und Kooperation zwischen Staaten auf regionaler Ebene sowie durch einen effektiveren Dialog und verstärkte Kooperation zwischen Regierungen und zwischen internationalen Organisationen auf globaler Ebene. Diese Anstrengungen müssen auf einem besseren Verständnis der engen Verknüpfungen zwi-

schen internationaler Migration und Entwicklungspolitik sowie anderen politischen Kernbereichen, wie Handel, finanzieller Hilfe, staatlicher Sicherheit, menschlicher Sicherheit sowie Menschenrechten, basieren.

Empfehlungen
– Alle Staaten sollten eine kohärente nationale Migrationspolitik verfolgen, die auf definierten Zielen basiert, die Zusammenhänge mit weiteren politischen Kernbereichen berücksichtigt und mit dem Völkerrecht und den Menschenrechtsvereinbarungen übereinstimmt. Gutes Regieren auf nationaler Ebene sollte effektiv unter allen betroffenen Ministerien koordiniert und mit nichtstaatlichen Akteuren abgestimmt werden.
– Die internationale Gemeinschaft sollte durch Bereitstellung von Ressourcen, entsprechendem Fachwissen und Schulungen die Bemühungen der Staaten unterstützen, eine nationale Migrationspolitik zu formulieren und umzusetzen.
– Bilaterale Abkommen gelten als wichtiges Mittel, um migrationsbezogene Fragestellungen zweier Staaten anzugehen. Dabei müssen die für internationale Migranten geltenden rechtlichen Rahmenbedingungen beachtet und die Migrantenrechte geschützt werden.
– Zusätzliche Bemühungen sind erforderlich, um sicherzustellen, dass regionale Konsultationsprozesse im Bereich der Migration weltweit eingesetzt werden, die Zivilgesellschaft und den privaten Sektor einbeziehen und sich nicht ausschließlich auf die Kontrolle der internationalen Migration konzentrieren. Angesichts des globalen Charakters der Migration ist eine weiterreichende Interaktion zwischen den verschiedenen regionalen Prozessen notwendig.
– Die neue Bereitschaft einer Reihe von Staaten, Institutionen sowie nichtstaatlicher Akteure zur Ergreifung globaler Initiativen im Bereich der internationalen Migration ist zu begrüßen. Der hochrangige Dialog der Generalversammlung der Vereinten Nationen bietet die Gelegenheit zur verstärkten Interaktion und Kohärenz zwischen diesen Initiativen und sollte gewährleisten,

dass diese nachhaltig weitergeführt werden. Der laufende Reformprozess der Vereinten Nationen eröffnet die Möglichkeit, diese Impulse durch eine Revision des derzeitigen institutionellen Gefüges zu nutzen.

– Die Kommission schlägt dem Generalsekretär der Vereinten Nationen die sofortige Einberufung einer interinstitutionellen Planungsgruppe auf hoher Ebene vor, die den Weg für eine institutionenübergreifende, globale Migrationsinstanz (»Interagency Global Migration Facility«) ebnen und deren Aufgaben und Modalitäten definieren soll. Diese Instanz sollte einen kohärenteren und effektiveren institutionellen Umgang mit den Chancen und Herausforderungen der internationalen Migration gewährleisten.

IV. Paradigmenwechsel in Deutschland?

1. Der Start in einen Paradigmenwechsel: Forschung und Politik – zwei Welten?

Migration und Integration sind ein komplexes Thema. Sie erfordern Sensibilität und Verantwortung, Realitätssinn und Gestaltungskraft. In jeder Zuwanderung stecken Belastungen und Bereicherungen, bei Zuwanderern und Einheimischen. Eingeladene, angeworbene Zuwanderer haben es in der Regel leichter als Flüchtlinge, die auf die Aufnahme- und Schutzbereitschaft des Aufnahmelandes angewiesen sind. Ihnen gemeinsam ist der Wechsel in ein anderes Land, sehr häufig in eine andere Kultur mit hohen und höchsten Anforderungen an Umorientierungen, Lern- und Integrationsleistungen. Zuwanderungspolitik braucht Führungspersönlichkeiten und Führungskraft, Personen mit Initiative, Konzepten und Problemlösungen.

Forschung auf den verschiedenen Gebieten der Migration und Integration ist unverzichtbar für die politischen Entscheider. Aber der aus der Forschung gewonnene Erkenntnis- und Wissensstand erreicht Politik und Gesellschaft oft gar nicht oder viel zu langsam. Das Interesse ist vielfach begrenzt, die Zusammenarbeit gestaltet sich zu punktuell, lässt organisierte Formen vermissen. Die Wissenschaft geht davon aus, dass es genügt, das Erforschte in Publikationen verfügbar zu machen. Und auf der anderen Seite gehört auch zur Wahrheit, dass sich Politik dem verfügbaren Wissen bisweilen verschließt oder gegen besseres Wissen kurzfristige wahltaktische Interessen verfolgt. Zu den Schwächen unserer Demokratie gehören die Kurzfristigkeit und Kurzatmigkeit politischen Denkens und Handelns sowie politische Tabus. Die Wahrheit über die Wirklichkeit wird für überfordernd und nicht zumutbar gehalten. Verweigern sich Politik und Gesellschaft den Realitäten, so hat das in der Regel weit reichende Folgen, weil nicht gehandelt wird, wo gehandelt werden müsste. Das gilt für viele Bereiche der überfälligen Reformen, zum Beispiel für Bildung, soziale Sicherung oder Bekämpfung der Arbeitslosigkeit. Aber es trifft auch auf die Zuwanderung zu. Deutschland ist seit Jahrzehnten ein Einwanderungsland. Viele Zuwanderer leben seit Jahrzehnten hier, sind faktisch Eingewanderte. Aber die Antwort der Politik lautete: »Wir sind kein Einwanderungsland, wir sind ein Rotationsland, Menschen die zu uns kommen, bleiben nur kurze Zeit und kehren in ihre Heimatländer zurück.« Die Realität wurde verdrängt oder geleugnet. Die Politik kam ihrer Gestaltungsaufgabe gesetzgeberisch nicht nach. Das hatte gravierende Auswirkungen auf die Steuerung der Zuwanderung und die Integration der Zugewanderten. Die Probleme wuchsen und ebenso die Spannungen zwischen Zugewanderten und Einheimischen.

Trotz der Erfahrung des mangelnden Austauschs zwischen Politik und Wissenschaft ist festzuhalten, dass es gerade auf dem von der Politik vernachlässigten Feld der Migration und Integration der interdisziplinären Forschung und der effizienteren Politikberatung bedarf. Das ist eine Daueraufgabe, für die die politischen Rahmenbedingungen und die Organisationsformen bereitgestellt werden müssen.[59]

Bereits 1994 haben sich 60 Professoren und Professorinnen mit dem von Klaus J. Bade initiierten ›Manifest der 60‹[60] an die Öffentlichkeit gewandt. Sie haben sich engagiert, um die Notwendigkeit und Dringlichkeit eines Zuwanderungsgesetzes mit Argumenten deutlich zu machen. Ihr Vorstoß fand in der 13. Wahlperiode von 1994–1998 keine Resonanz. Es wurde stattdessen weiter erklärt, dass Deutschland kein Einwanderungsland sei und ein Einwanderungsgesetz wegen der humanitären Verpflichtungen gegenüber der sehr hohen Zahl von Flüchtlingen und Asylsuchenden nicht vertretbar sei. Einwanderungsländer haben jedoch durchgängig Gesetze, durch die Zuwanderung gesteuert und begrenzt wird. Mir selbst ist es in der innerparteilichen Debatte nicht anders ergangen, als ich mich 1994 in einer Publikation für ein Einwanderungsgesetz aussprach.[60a] In die Koalitionsvereinbarungen der rot-grünen Regierung 1998 wurde eine Vereinbarung zu einem Einwanderungs- und Zuwanderungsgesetz in der 14. Wahlperiode aufgenommen. Aber zur öffentlichen Debatte darüber kam es erst im Frühjahr 2000 in Verbindung mit der Forderung der Wirtschaft nach Anwerbung von IT-Spezialisten.

Von der Öffnung zurück zur Abwehr
Vieles ist seitdem in der Bundesrepublik in Bewegung geraten. Unbestritten ist inzwischen, dass Deutschland faktisch ein Einwanderungsland und deswegen eine entsprechende Gesetzgebung zur Gestaltung der Zuwanderung und Integration erforderlich ist. Das Wort vom Paradigmenwechsel machte die Runde, war immer häufiger zu hören und zu lesen. Es setzte eine breite öffentliche Diskussion ein. Von Parteien, Wirtschaft, Gewerkschaften, Kirchen, Verbänden, Vereinen, Flüchtlings- und Migrationsorganisationen wurden Vorschläge zu den Inhalten einer umfassenden gesetzlichen Neuregelung erarbeitet. Dazu gehörte auch die Einsetzung der Unabhängigen Kommission Zuwanderung durch Bundesinnenminister Otto Schily im September 2000 mit 21 Mitgliedern. Aufgabe war es, ein ganzheitliches Konzept zur arbeitsmarkt- und demografisch bedingten Zuwanderung, zu notwendigen Neuregelungen im Bereich der humanitären Verpflichtungen, zur Integration und zur besseren Organisation der verwaltungsmäßigen Zuständigkeiten vorzulegen. Der am 4. Juli 2001 vorgelegte Bericht trägt den Titel: ›Zuwanderung gestalten – Integration fördern‹.[61]
   Ziel war es, nicht nur auf kurzfristige, sondern gerade auch auf die mittel- und längerfristigen Anforderungen und Entwicklungen Antworten oder zumindest teilweise Antworten zu geben. Dazu war die Kommission auf Expertenwissen und verfügbare Forschungsergebnisse angewiesen. Gutachten wurden in Auftrag gegeben und Anhörungen mit Experten aus dem In- und Ausland durchgeführt. Zu den wichtigen Anhörungen zählten die Berichte aus der Praxis sowie unmittelbar und mittelbar Betroffener.
   Die Kommission verfolgte einen ganzheitlichen Ansatz, bei dem Zuwanderung und Integration eine Einheit bilden. Untersucht

wurden Öffnung und Begrenzung, Rechte und Pflichten der Migranten. Gefragt wurde nach dem Verhältnis von Bereicherung und Belastung, nach Möglichkeiten, Abwehr zu verringern und Akzeptanz zu erhöhen, nach guten Integrationskonzepten und den dazu erforderlichen Maßnahmen. Wir erarbeiteten Vorschläge zur Durchlässigkeit unserer starren Abgrenzung zwischen angeworbenen Arbeitsmigranten und den seit vielen Jahren bei uns lebenden Flüchtlingen.

Engagiert gestritten und um Lösungen gerungen wurde bei den nichtstaatlich und geschlechtsspezifisch Verfolgten, bei den unbegleiteten Minderjährigen, bei Ermöglichung des Schulbesuchs für Kinder irregulärer Zuwanderer und des Schutzes vor Strafverfolgung für humanitäre Helfer und Helferinnen von Irregulären in schwierigsten existenziellen Alltagsproblemen.

Wir arbeiteten an Empfehlungen, wie der Dschungel von unterschiedlichen Aufenthaltsregelungen, von Intransparenz und Unverständlichkeit im Ausländerrecht abgebaut werden und ein durchschaubareres, das heißt in den Kriterien und Verfahren nachvollziehbareres Gesetz aussehen kann. Es galt, bislang getrennte Bereiche zusammenzuführen, wie zum Beispiel Zuwanderung und Integration. Das widersprüchliche Nebeneinander von Anwerbestopp und Anwerbestoppausnahmeverordnung für mehr als 300 000 befristete Arbeitskräfte aus dem Ausland – erweitert um »Greencard«-Spezialisten – war in ein zukunftsbezogenes Zuwanderungskonzept umzugestalten.[62]

Die Resonanz auf den Bericht der Unabhängigen Kommission Zuwanderung in Deutschland und im Ausland war ermutigend und ließ auf eine entsprechende Gesetzgebung hoffen. Ermutigend war auch der Gleichklang der Neuausrichtung in den verschiedenen gesellschaftlichen Institutionen und Organisationen und in den politischen Parteien. Aber diese Übereinstimmung war von kurzer Dauer. Von einem wirklichen Paradigmenwechsel konnte noch nicht die Rede sein.

Mit der sich verschlechternden wirtschaftlichen Lage, den sprunghaft angestiegenen Insolvenzen, den steigenden Arbeitslosenzahlen und den bevorstehenden Bundestags- und Landtagswahlen schlug das Klima um. Der Konsens nahm ab, der Dissens zu. Zukunftsbezogene Konzepte wichen kurzfristigen Antworten. Demografische Tatbestände wurden in Verbindung mit Zuwanderung zum Tabu erklärt. Auch eine begrenzte Zuwanderung zur Reduktion der Engpässe am Arbeitsmarkt wurde strikt zurückgewiesen.

Die Anwerbung von Arbeitskräften für offene Stellen, die über mehrere Monate oder länger als ein Jahr nicht besetzbar sind, traf ebenfalls auf ein unüberwindliches Nein. Einigen konnte man sich lediglich auf eine kleine Zahl von Spitzenkräften in Wissenschaft, Wirtschaft, Kultur und Sport. Keine Zuwanderung, bevor die Arbeitslosigkeit abgebaut ist! Der Gedanke, der auch die Kommissionsempfehlungen bestimmt hat, nämlich gleichzeitig äußerste Anstrengungen zum Abbau der Arbeitslosigkeit zu unternehmen und eine begrenzte Öffnung des Arbeitsmarktes für Zuwanderung – wo kurzfristig keine Besetzung der offenen Stellen erfolgen kann – zu ermöglichen, um Arbeitsplätze zu erhalten und neue zu schaffen, stieß auf heftige Ablehnung. Die Forderung lautete: Beibehaltung des 1973 verfügten Anwerbestopps.

Es wurde nicht mehr danach gefragt, wer das überzeugendere Gestaltungskonzept hatte, sondern wer für größtmögliche Begrenzung und Abwehr sorgte. Ziel war die Aufrechterhaltung des Anwerbestopps, obwohl dieser bekanntlich hunderttausendfach durch fast 30 Ausnahmeregelungen umgangen wurde und wird. Verfolgt wurde eine Politik, die nicht die Tatsachen sprechen ließ, sondern dem entgegenkam, was Teile der Bevölkerung mit ihren Sorgen und Ängsten vor zu viel Zuwanderung und zu wenig Integration als Erwartung artikulierten. Es ging nicht um eine bessere Steuerung mit Öffnung und Begrenzung, sondern um Erhalt des alten Zustandes ohne Erhöhung des nichtdeutschen Anteils der Bevölkerung.

Zukunftsbezogene Gestaltung, Erprobung geeigneter Auswahlkriterien für längerfristige und dauerhafte Zuwanderung blieben auf der Strecke. Das gilt auch für die Erprobung des kanadischen Punktesystems bei der Auswahl von Zuwanderern.

Befürchtungen und Abwehr in der Bevölkerung werden jedoch

eher abgebaut, wenn Transparenz und Nachprüfbarkeit der Ziele und Verfahren gegeben sind, wenn Worte und Taten einander entsprechen, wenn Integration von Deutschen und Nichtdeutschen in Ausbildung und Erwerbstätigkeit mit Erfolg vorangetrieben werden. Je kleiner und je ängstlicher die Reformschritte ausfallen, desto weniger werden sie die Bürgerinnen und Bürger überzeugen. Diese erwarten Gestaltungs- und Entscheidungskraft. Dabei ist sich die Mehrheit bewusst, dass die Aufgabe schwierig ist und nur für einen Teil der Probleme Lösungen verfügbar sind. Unsere Antworten auf die weltweiten Flüchtlingsprobleme, auf Vertreibung und Armut sind noch höchst unzulänglich. Aber es gilt daran weiterzuarbeiten. Notwendig bleibt eine sach- und problemorientierte Aufklärung der Bevölkerung über die tatsächliche Lage, über das quantitative Ausmaß der Zuwanderung, auch im Vergleich zu anderen europäischen und außereuropäischen Ländern, über Leistungen und Versäumnisse der Integration.

Dazu zählt auch eine an den Tatsachen ausgerichtete Aufklärung über Kosten und Gewinne der Zuwanderung. Wir sprechen einseitig über Belastungen, nicht über den beträchtlichen Beitrag der Zugewanderten zu unserem Wohlstand und zu den sozialen Sicherungssystemen. Wir sprechen ständig von den Nichtintegrierten, nicht von den Integrierten, die die Mehrheit ausmachen. Selten ist die Rede von kulturellem Austausch, kultureller und menschlicher Bereicherung. Was Fragen wie Ideenreichtum, menschlichen Zusammenhalt, Gastfreundschaft, Alltagskultur und religiöse Bindungen betrifft, können wir von anderen Kulturen lernen. Wir sollten nicht einseitig den Lehrmeister spielen.

Gegenwärtig beherrscht die Arbeitslosigkeit in Deutschland die Zuwanderungsdebatte. Vor zehn Jahren war es die hohe Zahl der Asylsuchenden und der Bürgerkriegsflüchtlinge. Es wird nur selten den geeigneten oder optimalen Zeitpunkt für ein Umdenken und ein effektives politisches Handeln geben. Aber wenn weder präventiv noch reaktiv, wenn weder kurz- noch mittelfristig entschieden wird, dann ist die Gefahr groß, dass die Probleme sich aufstauen, die Konflikte zunehmen und auch die Demokratie Schaden nimmt. Von ihr werden Leistungen, nämlich Problemlösungen erwartet. Es geht um das Wohl der im Land lebenden Menschen, der Deutschen wie Nichtdeutschen. Dieses Ziel muss unsere politischen Entscheidungen leiten.

2. Vom Konsens zum polarisierenden Dissens

Die Phase vom Sommer 2000 bis Sommer 2001 war die Zeit des Umdenkens, die Zeit einer breiten Übereinstimmung in der Problemanalyse und der sich abzeichnenden Problemlösungen. Das gilt nicht nur für die am häufigsten in der öffentlichen Debatte genannten Berichte der CDU-Kommission unter Leitung des saarländischen Ministerpräsidenten Peter Müller und der Unabhängigen Kommission Zuwanderung. Es trifft auch zu für die Vorschläge der SPD, der Grünen wie der FDP. Gemeinsamkeiten in zentralen Positionen zur Zuwanderung finden sich in den Konzepten der Wirtschaft, der Gewerkschaften, Kirchen, Verbände und Vereine, von Deutschen und Nichtdeutschen. Alles sprach für einen Paradigmenwechsel. Die Unterschiede betrafen die Reichweite. Kernpunkte dieses Paradigmenwechsels lassen sich wie folgt beschreiben:

– Deutschland ist faktisch ein Einwanderungsland mit einer großen Zahl von Zuwanderern, die seit mehreren Jahrzehnten bei uns leben.
– Deutschland steht zu seinen humanitären Verpflichtungen gegenüber Flüchtlingen und Asylsuchenden. Es folgt dabei seiner Bindung an die Genfer Flüchtlingskonvention (1951), an das internationale Völkerrecht sowie das nationale Recht.
– Deutschland braucht ein Zuwanderungsgesetz zur Gestaltung der Zuwanderung, zur Steuerung und Begrenzung entsprechend seiner Integrationsfähigkeit. Dabei gilt es, die Interessen um das eigene Wohl mit den Interessen und Verpflichtungen zum Wohl der Schutzbedürftigen miteinander zu verbinden. Anders gesagt: Wir richten uns zugleich aus auf Zuwanderer, die uns brauchen und die wir brauchen.

– Zuwanderung und Integration bilden zwei Seiten einer Medaille. Integration ist die entscheidende Gestaltungsaufgabe der Zuwanderung.

Im Sommer 2001 wurde dann vom Bundesinnenminister ein Gesetzentwurf vorgelegt. Dieser Entwurf zeigte eine klare Ausrichtung in der genannten Neuorientierung, blieb jedoch gerade in Bezug auf die umstrittene Frage der Begrenzung weitgehend restriktiv.

Von Anfang an konzentrierte sich die Debatte auf die Frage des Nachzugsalters der Kinder sowie die Schutzbestimmungen für nichtstaatlich und geschlechtsspezifisch Verfolgte. Dennoch gab es eine breite Zustimmung für die Grundausrichtung dieses Gesetzentwurfs verbunden mit der Erwartung der Konsensfindung zwischen den im Bundestag vertretenen Parteien bzw. deren Fraktionen. Dieser Konsens wurde nicht erreicht, im Gegenteil, es entbrannte eine zugespitzte Kontroverse. Die gegensätzlichen Positionen lassen sich in folgenden Punkten zusammenfassen. Die Kernvorwürfe lauteten:

– das vorgelegte Gesetz beinhalte eine Öffnung für massenhafte Zuwanderung statt einer eindeutigen Ausrichtung auf Begrenzung;
– das Gesetz öffne die Bundesrepublik für eine unkontrollierte Zuwanderung auf dem Arbeitsmarkt, es mache sie zum Aufnahmeland für Hunderttausende nichtstaatlich und geschlechtsspezifisch Verfolgte;
– das Gesetz verfehle durch das Kindernachzugsalter von 16 Jahren die Integration. Gefordert wurde die Absenkung auf 10 Jahre, möglichst ohne jede Ausnahmeregelung;
– die vorgesehenen Integrationsmaßnahmen würden weit hinter den Erfordernissen zurückbleiben;
– insgesamt wolle der Gesetzgeber die Probleme auf dem Arbeitsmarkt durch Zuwanderung und nicht durch innere Reformen zur Bekämpfung der Arbeitslosigkeit lösen.

Tatsache ist, dass der vorgelegte Gesetzentwurf anstelle des geltenden Anwerbestopps mit seinen Ausnahmeregelungen, ergänzt um die »Greencard«, eine auf die Zukunft ausgerichtete, sehr eingeschränkte und kontrollierte Zuwanderung mit festgelegten Verfahren und Auswahlkriterien vorsah. Dabei wurden die Auswirkungen der demografischen Entwicklung nach 2010 bedacht und eine vorbereitende Phase gesteuerter Zuwanderung für dauerhafte und zeitlich befristete Zuwanderer eingeplant.

Völlig abwegig war der Vorwurf, dass dieses Gesetz die Zielsetzung verfolge, durch Zuwanderung Deutschlands arbeitsmarktspezifische und demografische Probleme zu lösen. Übrigens finden sich durchgängig in allen Reformvorschlägen zur Steuerung und Begrenzung der Zuwanderung deutliche Stellungnahmen zu unverzichtbaren inneren Reformen. Diese sind überfällig. Sie sind notwendig, um unser Land im internationalen Vergleich vom Abstieg wieder in den Aufschwung zu bringen. Begrenzte notwendige Zuwanderung in den Arbeitsmarkt, in Wissenschaft, Kultur und Sport heißt nicht, auf innenpolitische Reformen zu verzichten und die fehlenden Arbeitskräfte durch Zuwanderung auszugleichen.[63]

Deutlich benannt wurden im Bericht der Unabhängigen Kommission Zuwanderung Schwächen und Defizite in schulischer und beruflicher Bildung und Weiterbildung, in der Familienpolitik, bei der Vereinbarkeit von Familie und Beruf, der fehlenden Deregulierung des Arbeitsmarktes, bei dem zu späten beruflichen Einstieg und dem zu frühen Ausstieg aus dem Erwerbsleben. Die Ländervergleiche lassen uns auch in anderen Bereichen unsere Versäumnisse erkennen. So liegt heute die Zahl der Geburten umso niedriger, je geringer die Vereinbarkeit von Familie und Beruf ist. Die skandinavischen Länder und Frankreich haben die höchste Frauenerwerbsquote und die höchsten Geburtenzahlen in Europa. Das ist entscheidend auf familienverträgliche Rahmenbedingungen zurückzuführen, auf Kinderbetreuung und familienfreundliche Arbeitszeiten.

In der Bundesrepublik war das Interesse der Wirtschaft an höherer Erwerbsbeteiligung der Frauen noch nie so groß wie gegenwärtig. Das ist zum einen in den beruflichen Kompetenzen der heute gut ausgebildeten Frauen begründet, zum anderen in den absehbaren, demografisch bedingten Engpässen auf dem Arbeitsmarkt. Offen ist, wie Erwerbsbeteiligung und Kinderzahl in den Familien gleichzeitig erhöht werden sollen, wenn die Bundesrepublik in Fragen der Kinderbetreuung ein derart rückständiges Land bleibt.

Doch selbst wenn in all den genannten Bereichen die notwendigen Reformen durchgeführt werden, zeichnet sich angesichts der alternden und stark abnehmenden Bevölkerung notwendige Zuwanderung ab 2015 ab. Wir wissen, dass sich die Geburtenrate seit Mitte der 1960er Jahre halbiert hat. Entsprechend hat sich auch der Anteil der Frauen im gebärfähigen Alter verringert.

Schon in den zurückliegenden drei Jahrzehnten haben wir diesen Geburtenrückgang durch Zuwanderung kompensiert. Daraus folgt, dass selbst dann, wenn wir alle Reserven des einheimischen Arbeitsmarktes ausschöpfen, ein bestimmter Zuwanderungsbedarf bleibt, der anstehende Probleme reduziert und sowohl aus Gründen der Innovation, der internationalen Wettbewerbsfähigkeit als auch der Zukunftssicherung im Sinne der Wohlstandssicherung erforderlich ist.

Die Forderung, es müsse beim Anwerbestopp mit seinen Ausnahmeregelungen bleiben, ist keine Antwort auf die anstehenden Zukunftsanforderungen. Wer sich nicht rechtzeitig dem Wandel stellt, Altes fortschreibt statt Wandel zu gestalten, der verlängert den Reformstau und verringert die Leistungsfähigkeit unseres Landes.

3. Stationen und Eckpunkte des Zuwanderungsgesetzes

Nachdem die Unabhängige Kommission Zuwanderung am 4. Juli 2001 der Regierung ihren Bericht übergeben hatte, legte der zuständige Bundesinnenminister Otto Schily schon einen Monat später einen Gesetzentwurf vor, der viele Vorschläge und Anregungen der Zuwanderungskommission berücksichtigte.

Dieser Gesetzentwurf wurde am 7. November 2001 im Kabinett verabschiedet. Daraufhin legte die CDU am 11. Dezember 2001 über den Bundesrat einen Katalog mit circa 90 Änderungsforderungen vor.[64] Ein fraktionsübergreifendes Gespräch mit Vertretern von Union, FDP, SPD und dem damaligen Bundesinnenminister am 24. und am 29. Januar 2002 brachte keine Annäherung. Das Zuwanderungsgesetz wurde daher am 1. März 2002 mit rotgrüner Mehrheit im Bundestag verabschiedet.

Im Bundesrat kam es am 22. März zu der denkwürdigen Abstimmung, bei der der damalige Bundesratspräsident Klaus Wowereit das voneinander abweichende Votum des Landes Brandenburg – Ministerpräsident Stolpe (SPD) votierte mit »Ja«, Innenminister Schönbohm (CDU) mit »Nein« – als Ja-Stimme wertete. Am 20. Juni 2002 unterschrieb Bundespräsident Johannes Rau das Gesetz und dieses wurde am 25. Juni im Bundesgesetzblatt veröffentlicht.

Wie schon nach der Abstimmung im Bundesrat angekündigt, reichten die unionsregierten Bundesländer beim Bundesverfassungsgericht eine Klage gegen das Zustandekommen des Gesetzes ein. Dieser Klage gab das Bundesverfassungsgericht am 18. Dezember 2002 statt, mit der Begründung, dass das Gesetz im Bundesrat nicht verfassungskonform zustande gekommen sei.

Am 9. Mai 2003 beschloss der Bundestag das unverändert eingebrachte Gesetz erneut, und zum zweiten Mal lehnte der Bundesrat die Vorlage am 20. Juni ab.

Der nun von der Bundesregierung angerufene Vermittlungsausschuss setzt eine 20-köpfige Arbeitsgruppe unter dem Vorsitz des saarländischen Ministerpräsidenten Peter Müller ein. Sie tagte vom 25. Oktober 2003 bis zum 1. Mai 2004 insgesamt elf Mal in großer Runde und in kleinerem Kreis. Trotz aller Anstrengungen und einer 16-stündigen Verhandlung gingen Koalition und Opposition am 1. Mai 2004 ohne Gesamtkompromiss und ohne weiteren Terminplan auseinander. Am 3. Mai stiegen die Grünen aus den Gesprächen aus. »Das Spiel ist aus«, sagte Parteichef Reinhard Bütikofer.

Auf Drängen von Bundeskanzler Gerhard Schröder einigten

sich SPD und Grüne am 7. Mai 2004 auf einen letzten Versuch. Der Bundeskanzler sondierte mit den Spitzen der Parteien die Einigungschancen. Die Regierungskoalition wollte notfalls jene Gesetzesteile allein durchsetzen, die nicht der Zustimmung des Bundesrates bedurften. Der Kompromiss gelang am 25. Mai. Die Parteichefs von Koalition und Opposition einigten sich auf acht Kernpunkte.

Am 1. Juli 2004 wurde das Gesetz erneut vom Bundestag verabschiedet.[65] Auch der Bundesrat stimmte am 9. Juli 2004 dem Gesetz zu und der Bundespräsident unterschrieb es am 30. Juli 2004 aus. Das Gesetz wurde am 5. August im Bundesgesetzblatt verkündet. Es trat am 1. Januar 2005 in Kraft.

Neue Strukturen
Mit dem Zuwanderungsgesetz wird die Zahl der Aufenthaltstitel, das heißt des Anspruchs auf Aufenthalt, auf zwei statt der ursprünglich fünf reduziert: Die Aufenthaltserlaubnis wird grundsätzlich befristet erteilt. Die Niederlassungserlaubnis ist unbefristet, zeitlich und räumlich unbeschränkt und berechtigt zur Ausübung einer Erwerbstätigkeit.

Das Aufenthaltsrecht orientiert sich an Aufenthaltszwecken. Dies sind insbesondere: Erwerbstätigkeit, Ausbildung, Familiennachzug und humanitäre Gründe.

Das bisherige doppelte Genehmigungsverfahren (Arbeitsgenehmigung und Aufenthaltsgenehmigung) wird durch ein internes Zustimmungsverfahren ersetzt. Ausländer müssen sich damit künftig nur noch an die zuständige Ausländerbehörde wenden.

Arbeitsmigration
Der Anwerbestopp für Nicht- und Geringqualifizierte aber auch für Qualifizierte wird grundsätzlich beibehalten. Staatsangehörige der EU-Beitrittsstaaten haben zwar vorrangig Zugang zum Arbeitsmarkt gegenüber Drittstaatenangehörigen, aber es gilt auch für sie das Vorrangsprinzip, das heißt eine Arbeitserlaubnis wird nur erteilt, wenn kein Deutscher oder Gleichberechtigter dem Arbeitsmarkt zur Verfügung steht.

Für Hochqualifizierte ist von Anfang an eine Niederlassungserlaubnis vorgesehen.

Eine Aufenthaltserlaubnis für Selbstständige gibt es, wenn ein übergeordnetes wirtschaftliches Interesse oder ein regionales Bedürfnis besteht. Dies ist in der Regel gegeben, wenn 1 Million Euro investiert wird und mindestens 10 Arbeitsplätze geschaffen werden.

Ausländische Studierende dürfen nach ihrem Studienabschluss in Deutschland bleiben, sofern sie innerhalb eines Jahres einen Arbeitsplatz gefunden haben.

Das Punktesystem, das eine Zuwanderung von Arbeitsmigranten regeln sollte, ist dem Gesetzeskompromiss zum Opfer gefallen.

Humanitäre Zuwanderung
Der Flüchtlingsstatus – entsprechend der Genfer Flüchtlingskonvention – wird in Anlehnung an die EU-Richtlinie nun auch bei nichtstaatlicher Verfolgung, zum Beispiel in Bürgerkriegssituationen, gewährt. Geschlechtsspezifische Verfolgung führt zur Asylgewährung, wenn die Bedrohung des Lebens, der körperlichen Unversehrtheit oder der Freiheit allein an das Geschlecht gebunden ist.

Es wird eine Statusverbesserung für Menschen, bei denen kein Asyl, aber ein Abschiebungsverbot vorliegt, gewährt (subsidiär Geschützte), allerdings nur, wenn diese keine schweren Straftaten begangen haben. Es wird eine Aufenthaltserlaubnis bei Abschiebungshindernissen zur Vermeidung von Kettenduldungen bewilligt. Dieses greift, wenn die Ausreisepflicht nicht innerhalb von 18 Monaten vollzogen werden konnte. Andererseits wird kein Aufenthaltstitel gewährt, wenn ein Verschulden des Ausländers vorliegt. Die Duldung wird als Instrument der Feinsteuerung beibehalten.

Die Bundesländer erhalten die Möglichkeit, eine Härtefallkommission einzurichten, die die obersten Landesbehörden in Einzelfällen um die Erteilung einer Aufenthaltserlaubnis für ausreisepflichtige Ausländer ersucht. Der Familiennachzug wird bei Asylberechtigten und Flüchtlingen nach der Genfer Flüchtlingskonvention bis zur Altersgrenze von 18 Jahren gewährt. Ansonsten gilt die Nachzugsaltersgrenze von 16 Jahren.

Integration

Es wird ein Anspruchsmodell für Neuzuwanderer eingeführt, die auf Dauer in Deutschland leben wollen. Hier besteht die Möglichkeit von aufenthaltsrechtlichen Sanktionen, wenn Integrationskurse nicht ordnungsgemäß besucht werden.

Aber auch schon länger hier lebende Ausländer können verpflichtet werden, im Rahmen verfügbarer Plätze an Integrationskursen teilzunehmen, insbesondere beim Bezug von Arbeitslosengeld II oder bei besonderer Integrationsbedürftigkeit. Hier bestehen dann Möglichkeiten der sozialrechtlichen Sanktionen – zum Beispiel Leistungskürzungen – für die Dauer der Nichtteilnahme.

Der Bund trägt die Kosten für die Integrationskurse. Die Sprachkurse umfassen 600, die Integrationskurse zu Politik, Verfassung, Geschichte, Wirtschaftsförderung und Recht 30 Stunden. Die Integrationsverordnung trat am 1. Januar 2005 in Kraft.

Innere Sicherheit

Eingeführt wird eine Abschiebungsanordnung, die von der obersten Landesbehörde und dem Bund aufgrund einer »tatsachengestützten Gefahrenprognose« erlassen werden kann. Wenn die Abschiebung von Personen durch eine Sicherheitsgefährdung (drohende Folter oder Todesstrafe) nicht möglich ist, sollen Meldeauflagen, Einschränkungen der Freizügigkeit und Kommunikationsverbote erhöhte Sicherheit bringen.

Schleuser werden ausgewiesen, wenn sie zu einer Freiheitsstrafe verurteilt sind, deren Vollstreckung nicht zur Bewährung ausgesetzt ist. Es erfolgt eine Regelausweisung bei Zugehörigkeit zu einer terroristischen Vereinigung oder Terrorismusunterstützung und bei Leitung eines verbotenen Vereins. Eine Ermessensausweisung erfolgt bei »geistigen Brandstiftern«. Es gibt eine Regelanfrage über verfassungsfeindliche Erkenntnisse vor der Erteilung einer Niederlassungserlaubnis und vor einer Einbürgerung.

EU-Bürger
Die Aufenthaltserlaubnis für Unionsbürger wird abgeschafft, um die Verwirklichung der Freizügigkeit zu ermöglichen. Zukünftig besteht nur noch eine Meldepflicht; EU-Bürger erhalten eine Bescheinigung über ihr Aufenthaltsrecht.

Europäische Harmonisierung
Die EU-Richtlinien zur »Gewährung von vorübergehendem Schutz und zur Anerkennung von Rückführungsentscheidungen anderer Mitgliedsstaaten« sowie die Richtlinie zur »Ergänzung der Regelungen nach Art. 26 des Schengener Durchführungsübereinkommens« werden umgesetzt.

Asylverfahren
Die aufenthaltsrechtliche Stellung von Inhabern des »kleinen Asyls« wird der von Asylberechtigten angeglichen. Als »kleines Asyl« wird der Schutz von Flüchtlingen bezeichnet, die zwar keine politische Verfolgung erlitten haben oder aber über einen Drittstaat eingereist sind, bei denen jedoch die Voraussetzungen dafür vorliegen. Beide Gruppen erhalten zunächst einen befristeten Aufenthaltstitel, der nach drei Jahren zu einer Verfestigung führen kann, wenn die Voraussetzungen weiterhin bestehen. Inhaber des »kleinen Asyls« erhalten nun ungehinderten Arbeitsmarktzugang. Vor der Erteilung einer Niederlassungserlaubnis wird überprüft, ob sich die Verhältnisse im Herkunftsland geändert haben.

Die Weisungsunabhängigkeit der Einzelentscheider und das Amt des Bundesbeauftragten für Asylangelegenheiten werden abgeschafft. Das führt zur Beschleunigung der Verfahren und zur Vereinheitlichung der Entscheidungspraxis. Antragsteller, die bei den Grenzbehörden oder bei Ausländerbehörden ein Asylgesuch stellen, danach aber untertauchen und keinen förmlichen Asylantrag stellen, verzögern somit den Beginn ihres Asylverfahrens und werden dann in das Asylfolgeverfahren verwiesen.

Das »kleine Asyl« ist zukünftig regelmäßig ausgeschlossen, wenn der Ausländer ohne Verfolgungshintergrund aus seinem Herkunftsland ausreist und erst durch selbst geschaffene Nachfluchtgründe eine Verfolgung im Herkunftsland auslöst. Unerlaubt eingereiste Ausländer, die keinen Asylantrag stellen und unmittelbar nach der Feststellung der unerlaubten Einreise nicht in Abschiebehaft genommen und aus der Haft abgeschoben werden können, werden vor der Entscheidung über die Aussetzung der Abschiebung oder die Erteilung eines Aufenthaltstitels auf die Bundesländer verteilt.

Spätaussiedler und jüdische Kontingentflüchtlinge
Bei Familienangehörigen von Spätaussiedlern wird der Nachweis von Sprachkenntnissen als Voraussetzung für die Einbeziehung in den Aufnahmebescheid eingeführt. Auch von jüdischen Einwanderern aus der ehemaligen Sowjetunion werden deutsche Sprachkenntnisse verlangt. 2007 wird dem Parlament ein erster Evaluationsbericht vorgelegt.

4. Der abgebrochene Paradigmenwechsel

Ein Paradigmenwechsel beinhaltet eine grundlegende und zugleich umfassende Richtungsänderung in Fragen der Zu- und Einwanderung, des Umgangs mit Flüchtlingen und Arbeitsmigranten wie auch der Integration. Folgen wir der Koalitionsvereinbarung von 1998, so war eine umfassende Neuausrichtung der Ausländerpolitik bis hin zum Staats- und Einbürgerungsrecht geplant. Dabei ging es zum einen um die gesetzliche Anerkennung der faktisch seit Jahrzehnten bestehenden Einwanderungssituation. Die Daten zur unterschiedlichen Aufenthaltsdauer von Ausländern in der Bundesrepublik belegen, dass Deutschland ein Einwanderungsland ist.

Aufenthaltsdauer der Menschen mit Migrationshintergrund in Deutschland in Jahren

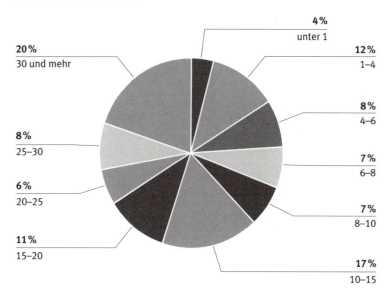

Quelle: Ausländerzentralregister 2005 und eigene Darstellung.

Wenn man von der Rotationspolitik abrückt, kann man den Fragen der Integration der Neuzuwanderer wie der in Deutschland seit drei Generationen lebenden Migranten und ihrer Familien nicht ausweichen. Von ebenso großer Bedeutung sind die Entscheidungen zur Steuerung und Begrenzung der Zuwanderung. Es bedarf der Festlegung, welche und wie viele Migranten in Deutschland gebraucht werden und über welche Qualifikationen und Kompetenzen die Neuzuwanderer verfügen sollen. Unabhängig davon gilt es, den humanitären Verpflichtungen nachzukommen.

Das neue Zuwanderungsgesetz, das »Gesetz zur Steuerung und Begrenzung der Zuwanderung und zur Regelung des Aufenthalts und der Integration von Unionsbürgern und Ausländern« vom 30. Juli 2004, das nach fast vierjährigem parlamentarischem Streit das Ergebnis eines mühsam erreichten Kompromisses war, wird diesem Anspruch nur partiell gerecht. Ein Paradigmenwechsel wurde eingeleitet und zugleich angehalten und abgebrochen. Es ist ein Anfang zu einem weiterzuführenden Prozess. Die Tür ist offen für einen umfassenden, kohärenten Richtungswechsel, der vor allem die Steuerung der quantitativen und qualitativen Zuwanderung betrifft.

Das neue Gesetz trägt in Teilen der gesellschaftlichen und politischen Realität Rechnung. Nach Jahrzehnten der Abwehr und Selbsttäuschung wird anerkannt, dass ein hoher Anteil unserer in den 50er und 60er Jahren angeworbenen Gastarbeiter wie auch ein erheblicher Teil der Flüchtlinge nicht temporär, sondern dauerhaft im Land verblieben sind. Ihre Kinder sind hier geboren und aufgewachsen.

Zukunftsweisend sind drei grundlegende Neuausrichtungen:

- Deutschland ist ein Einwanderungsland.
- Wer Zuwanderung zulässt, muss sie auch gestalten, muss Integration als Aufgabe einbeziehen, denn beide Prozesse sind untrennbar miteinander verbunden.
- Deutschland steuert um, weg von den Ungelernten hin zu den Hochqualifizierten und Selbstständigen.

Es wird akzeptiert und gesetzlich festgeschrieben, dass Deutschland ein Einwanderungsland ist, aber gleichzeitig wird der Anwerbestopp fortgesetzt. Es erfolgt keine Öffnung in Bezug auf qualifizierte Fachkräfte. Die Entscheidung soll über gezielte Anwerbung von Fachkräften – was die Auswahlkriterien und die Zahl betrifft – erst dann getroffen werden, wenn die Arbeitslosigkeit beseitigt ist. Auch demografisch bedingter Arbeitskräftemangel soll erst dann auf die politische Tagesordnung gesetzt werden, wenn die Folgen unabweisbar sind. Ursprünglich hat der Gesetzgeber die Anwerbung von dringend benötigten Fachkräften nach dem Vorbild des kanadischen oder auch australischen Punktesystems vorgesehen. Bei diesem System werden Punkte errechnet, die sich insbesondere aus Qualifikation, Berufserfahrung und Sprachkenntnissen der Bewerber herleiten. Dies wurde im Verlauf der Verhandlungen wieder gestrichen, weil eine gezielte Anwerbung von ausländischen Fachkräften mit der gegenwärtigen Arbeitsmarktsituation nicht vereinbar sei. Zunächst müsse die bestehende Arbeitslosigkeit abgebaut werden.

Das Argument, dass trotz hoher Arbeitslosigkeit ein Arbeitskräftemangel in einzelnen Branchen und Berufsgruppen besteht, der nicht kurzfristig durch einheimische Arbeitskräfte abgedeckt werden kann, wurde von Seiten der Politik zurückgewiesen. Der Hinweis, dass Arbeitsmigranten, vor allem Hochqualifizierte und Selbstständige, Arbeitsplätze schaffen, wurde zwar aufgenommen, aber die Bedingungen für Selbstständige so hoch angesetzt, dass bislang nur wenige nach Deutschland gekommen sind. In keinem anderen Land der Welt sind die Kriterien für eine Niederlassungserlaubnis ausländischer Selbstständiger so abwehrend festgelegt wie in Deutschland. Wer sich in unserem Land niederlassen möchte, hat eine Million Investitionskapital nachzuweisen und ist verpflichtet, mindestens zehn Arbeitsplätze zu schaffen. Soweit belastbare Zahlen aus dem Ausländerzentralregister zur Verfügung stehen, sind 2005 nur ca. 500 Selbstständige und 911 Hochqualifizierte nach Deutschland gekommen.

Wir sind ein Einwanderungsland mit Fortschreibung des Anwerbestopps von 1973. Bis Januar 2005 bestanden 27 Ausnahmeregelungen (ASAV). Im neuen Gesetz kamen noch weitere hinzu. Aber trotz offiziellen Anwerbestopps arbeiten in Deutschland jährlich mehr als 300 000 zeitlich befristete Arbeitskräfte mit Sonderregelungen in verschiedenen Branchen und Berufsgruppen. 2004 waren es 380 374.[66]

Erteilte Arbeitsgenehmigungen nach ASAV, 2001 bis 2004

Rechts-grundlage	Zweck des Arbeitsaufenthaltes	2001	2002	2003	2004
§ 2 Abs. 1	Aus- und Weiterzubildende, Fach- und Führungskräfte	2.524	2.534	1.998	1.935
§ 2 Abs. 2	Einarbeitung/Au-Pair	15.442	15.422	15.583	15.424
§ 2 Abs. 3	Gastarbeitnehmer	1.286	1.002	983	1.244
§ 2 Abs. 4	Praktika für Absolventen Universität/FH; Binationale Abkommen für Aus- und Weiterbildung	390	349	280	333
§ 3	Werkvertragsarbeitnehmer	69.411	55.244	55.666	44.729
§ 4 Abs. 1	Saisonarbeiter	248.614	270.574	269.780	289.752
§ 4 Abs. 2	Schaustellergehilfen	6.361	7.178	7.814	8.146
§ 4 Abs. 3	Montage-Arbeitnehmer	1.692	883	891	837
§ 4 Abs. 4	Muttersprachliche Lehrkräfte	189	159	160	125
§ 4 Abs. 5	Lehrkräfte zur Sprachvermittlung	570	10	12	17
§ 4 Abs. 6	Spezialitätenköche	1.072	1.177	1.017	1.099
§ 4 Abs. 7	Personalaustausch von Fachkräften	1.773	1.804	1.854	1.956
§ 4 Abs. 8	Fachkräfteaustausch zur Vorbereitung von Projekten	250	99	277	366
§ 4 Abs. 9	Ausländische Hausgestellte	14	55	36	9
§ 4 Abs. 9a	Ausländische Hausgestellte in inländischen Haushalten		740	552	119
§ 5 Nr. 1	Wissenschaftler in Forschung und Entwicklung (F&E)	91	65	56	52
§ 5 Nr. 2	Fachkräfte Universität/FH/vergleichbar	991	1.004	1.104	1.081
§ 5 Nr. 3	Leitende Angestellte in ausländischen Unternehmen	417	343	396	403
§ 5 Nr. 4	Leitende Angestellte in deutsch-ausländischen Gemeinschafts-unternehmen	3	6	6	7
§ 5 Nr. 5	Fachkräfte im Bereich Sozialarbeit	58	25	12	7
§ 5 Nr. 6	Seelsorger	13	7	5	2
§ 5 Nr. 7	Kranken- und Pflegekräfte	215	261	239	52
§ 5 Nr. 8	Künstler	4.743	4.238	4.584	4.323
§ 6	Grenzgänger	2.754	2.302	1.326	1.491
§ 7	Beschäftigte durch binationale Abkommen	16	14	9	42
§ 8	Beschäftigte auf Basis einer Ausnahmebefugnis	206	1.647	922	412
§ 10	Ehemalige Deutsche; Kinder ehemaliger Deutscher	40	18	17	26
	Sonstige	12.185	7.448	6.675	6.385
	Summe ASAV	371.320	373.868	372.254	380.374

Quelle: Bundesagentur für Arbeit 2005. Eigene Darstellung.
Arbeitsmarkt in Zahlen.

Es bleibt auch beim Vorrangprinzip für deutsche Arbeitskräfte. Ein offener Arbeitsplatz darf nur dann mit einem Drittstaatler, das heißt mit arbeitsberechtigten Migranten außerhalb der EU, besetzt werden, wenn er nachweislich mit keinem Deutschen und keinem EU-Angehörigen besetzt werden kann.

Hinter all den Begrenzungen und Restriktionen steht als Begründung an erster Stelle die Arbeitsmarkt-Situation. Damit ist die Befürchtung verknüpft, dass nicht einmal eine Öffnung des Arbeitsmarktes für Arbeitskräfte aus der erweiterten EU der deutschen Bevölkerung vermittelbar sei. Österreich und Deutschland sind die einzigen EU-Mitgliedsstaaten, die strikt an der siebenjährigen Übergangzeit festhalten. Das bedeutet Freizügigkeit für Produkte, offener Binnenmarkt, aber keine Freizügigkeit auf dem Arbeitsmarkt bis 2011. Alle anderen EU-Staaten haben diese Freizügigkeitsbegrenzung entweder verkürzt oder ganz aufgehoben.[67]

Die Empfehlungen der Unabhängigen Kommission Zuwanderung haben den Richtungswechsel beeinflusst, fanden allerdings im Gesetz bei den Maßnahmen zur Zukunftsgestaltung nur teilweise Eingang. Bereiche wie Migration und Globalisierung, Migration und Demografie sowie Migration und Innovation wurden nicht aufgenommen, auch nicht die Empfehlungen zu den Irregulären.

Anders sieht es mit der Übernahme der Vorschläge zur Integration aus. Die Integration der Migranten und Migrantinnen wird im Gesetz als entscheidende Zukunftsfrage gesehen. Zu lange hat die offizielle Rotationspolitik Integration vernachlässigt. Die Sprach-, Bildungs- und Ausbildungsprobleme sind vor allem eine Folge fehlgesteuerter Anwerbung von Migranten ohne oder mit geringer Schulausbildung und fehlender beruflicher Qualifikation sowie einer falschen Prioritätensetzung: Vorrang der Rückkehr oder Rückführung in die Heimatländer vor Integration für dauerhaften Verbleib. Die von der Unabhängigen Kommission Zuwanderung 2001 zu diesem Komplex ausgesprochenen Empfehlungen werden erst seit 2006 öffentlich breit thematisiert und noch keineswegs bundesweit umgesetzt.

Wo liegen die Gründe für den widersprüchlichen und verspäteten Umgang mit dieser zukunftsentscheidenden Thematik? Bringt sie uns zu sehr in Bedrängnis? Sind die damit verbundenen Risiken und Konflikte nicht beherrschbar? Oder sind die Brüche zwischen den in der Vergangenheit vertretenen politischen Positionen und den Gegenwarts- und Zukunftsanforderungen zu herausfordernd, eher überfordernd?[68]

Das neue Zuwanderungsgesetz schafft zunächst keine neue soziale Realität. Doch mit der politischen und rechtlichen Positionierung Deutschlands als Einwanderungsland geht es um mehr als Änderungen im Aufenthaltsrecht und den Verbund von Migration und Integration. Der Richtungswechsel beinhaltet: Deutschland stellt sich auf ein dauerhaftes Zusammenleben mit Menschen aus unterschiedlichen Kulturen ein.

Die Erklärung, dass Deutschland Einwanderungsland ist, war mehr als überfällig. Doch sie wird durch die Fortsetzung des Anwerbestopps auch gleich wieder relativiert. Es findet nicht Öffnung statt, sondern es bleibt bei der Begrenzung. Das trifft die Erwartung und Stimmungslage großer Teile der deutschen Bevölkerung.

Der Begriff Einwanderung wird in der politischen Diskussion bewusst vermieden, so auch in der Bezeichnung des Gesetzes. Es ist von Zuwanderung, nicht von Einwanderung die Rede. Richtig ist, dass Zuwanderung sowohl den zeitlich befristeten wie den dauerhaften Aufenthalt beinhalten kann und somit Einwanderung einschließt.

Aber dieser Begriff kommt im Gesetz nicht vor. Es werden weder Einwanderungszahlen angesprochen noch Auswahlkriterien oder Verfahren für Einwanderung festgelegt. Wir sind ein Einwanderungsland mit Anwerbestopp.

Auf diese Weise vermittelt sich der Eindruck, dass zwar eine neue Richtung eingeschlagen wird, aber alles beim Alten bleibt. Da liegt die Vermutung nahe, dass die Politik befürchtet, sie würden die Bürger mit einem Einwanderungsgesetz überfordern.

In der Tat ist die deutsche Gesellschaft zwar an die Anwesenheit von Migranten gewöhnt, aber auf einen Paradigmenwechsel nicht vorbereitet.

Das neue Zuwanderungsgesetz bringt nicht nur einen Richtungswechsel für die Migranten. Die weitreichenden Veränderungen betreffen beide, Migranten und Einheimische. Beabsichtigt ist offenbar ein sanfter, unauffälliger Übergang vom Rotations- zum Einwanderungsland. Hohe Arbeitslosigkeit in Deutschland und Integrationsprobleme eines zu hohen Anteils der bei uns seit langem lebenden Migranten bestärkt die Politiker in diesem Vorgehen.

Darin scheint es auch begründet zu sein, dass die Auseinandersetzung mit Themen, die in unmittelbarem Zusammenhang mit Migration stehen, wie Globalisierung, demografischer Wandel oder Innovation, unter vielen Aspekten diskutiert wird, aber nicht im Kontext von Zuwanderung.

Die Politik konzentriert sich auf Integration. Auch in diesem Bereich vermittelt die politische Debatte den Eindruck, es handele sich fast ausschließlich um Pflichten der Migranten. Die damit verbundenen Veränderungen für die Aufnahmegesellschaft werden kaum thematisiert. Auch das ist erklärbar. Der mit dem neuen Zuwanderungsgesetz eingeschlagene Richtungswechsel ist bei aller Vorsicht der Ausgestaltung in seinen Konsequenzen nicht zu unterschätzen. So sehr auch die Anpassungsleistungen der Migranten betont werden, die Aufnahmegesellschaft ist nicht weniger gefordert. Es geht um die Integration von Menschen und damit auch von Kulturen. Das ist ein tiefgreifender Prozess. Er macht eine Gesellschaft vielfältiger und reicher, aber das Zusammenleben zugleich anspruchsvoller und komplizierter. Vielfalt leben ist leichter gesagt als getan.

Warum ist das Wort »multikulturell« in Deutschland zu einem verbrannten Begriff geworden?

Gewiss nicht, weil er mit Beliebigkeit oder mit Parallelgesellschaft gleichgesetzt wird. Ausschlaggebend dürfte sein, dass »multikulturell« eine Aussage über die gesellschaftliche Wirklichkeit enthält. Diese ist nicht von einer, sondern von mehreren Kulturen mit Gemeinsamkeiten und Unterschieden geprägt. Das löst die

Frage aus, wie viel Pluralität eine Gesellschaft verträgt, wie viel an Gemeinsamkeit und Übereinstimmung notwendig ist. Diese Frage ist nicht nur berechtigt, sondern unverzichtbar. So erklärt sich auch, dass im Zusammenhang mit der politischen Kontroverse, ob Deutschland ein Einwanderungsland ist, die Diskussion um die deutsche Leitkultur entbrannte und zeitweilig die Medien beherrschte.[69]

Mit dem migrationspolitischen Richtungswechsel ist nicht nur ein partieller, sondern auch ein struktureller Veränderungsprozess in unserer Gesellschaft verbunden, der fast alle Lebensbereiche umfasst. Migrantinnen und Migranten sind weder eine spezielle Gruppe noch eine Randgruppe. Sie wollen am Leben der Deutschen teilhaben, hier arbeiten und ihre Leistungsfähigkeit einbringen. Kritiker und Gegner der Zuwanderung begründen ihre Einwände häufig mit den »Kosten«, die Migranten verursachen, und vernachlässigen die Gewinne, die sie erbringen. Sie dramatisieren und verfälschen die Zuwanderungszahlen anstatt zu fragen, wie Fehlsteuerungen der Vergangenheit in Zukunft vermieden werden können. Deutschland hat gegenwärtig eine so geringe Zuwanderung wie seit Jahren nicht mehr.[70] Sie lag 2005 bei 78 958, davon waren 55 217 Ausländer. Der Rückgang betrifft alle Gruppen: Spätaussiedler, jüdische Kontingentflüchtlinge und Asylbewerber.

Es kommen weniger Zuwanderer, als das Statistische Bundesamt 2003 in seiner Bevölkerungsprognose für 2050 zugrunde legte. Bei jährlich 100 000 Zuwanderern verringert sich die Bevölkerung Deutschlands angesichts der Relation von Geburts- und Sterberaten bis 2050 auf 67 Millionen, bei jährlich 200 000 auf 73 Millionen.[71] Daher ist es notwendig, den Paradigmenwechsel in unserem eigenen Interesse offensiv und nicht halbherzig zu vertreten.

Ein abgebrochener Paradigmenwechsel hat Langzeitfolgen negativer Art, wenn die entscheidende Zukunftsfrage der Zuwanderung und Integration nicht mit Blick auf die Interessen und Erfordernisse unseres eigenen Landes beantwortet wird. Es reicht nicht aus, die Bevölkerung durch defensive und restriktive Maßnahmen zu beruhigen.

Bürger und Bürgerinnen haben Anspruch auf eine umfassende tatsachenorientierte und realitätsgerechte Information. Sie werden nur dann die Notwendigkeit einer gezielten Zuwanderungs- und Integrationspolitik akzeptieren, wenn sie auch im Interesse der eigenen Zukunftsgestaltung zustimmen können.

V. Braucht Deutschland Zuwanderung?
Konsens und Kontroversen

Deutschland ist ein Einwanderungsland. Das ist ein Faktum, über das heute weitgehend Konsens besteht. Aber braucht es auch Zuwanderung von Arbeitskräften? Darüber besteht kein Konsens. Im Mittelpunkt der Debatte um das neue Zuwanderungsgesetz standen die Schlüsselbegriffe *Begrenzung* und *Steuerung* als Antwort auf eine vermeintlich *ungesteuerte* und *unbegrenzte* Zuwanderung. Das Ergebnis heißt kurz gefasst: Aufrechterhaltung des Anwerbestopps mit Ausnahme von Hochqualifizierten, Selbstständigen und Hochschulabsolventen. Das schließt logisch temporäre Zuwanderung und dauerhafte Einwanderung ein. Den Referenzrahmen für die Beibehaltung des Anwerbestopps bildeten die großen Flüchtlingszahlen der frühen 90er Jahre während des Krieges auf dem Balkan sowie der hohe Anteil gering qualifizierter angeworbener Arbeitskräfte, deren Chancen auf dem Arbeitsmarkt sich mit dem technischen und wirtschaftlichen Strukturwandel immens verschlechtert haben.

1. Gesteuerte Zuwanderung

An den Fakten kommt niemand vorbei. Die Frage ist allerdings, wie sie entstanden und welche Konsequenzen daraus zu ziehen sind. Klarzustellen ist zunächst: Die Bundesrepublik ist seit ihrem Bestehen kein ungesteuertes Zuwanderungsland. Das hat der Sachverständigenrat für Zuwanderung und Integration in seinem 2004 vorgelegten Gutachten ›Migration und Integration – Erfahrung nutzen, Neues wagen‹ systematisch nachgewiesen.[72] Das betrifft nicht nur die arbeitsmarktbezogene Zuwanderung, sondern ebenso die Steuerung von Asylsuchenden und Flüchtlingen, Spätaussiedlern, jüdischen Kontingentflüchtlingen wie auch den Familiennachzug. Die wirksamste Umsteuerung in den 90er Jahren betraf die Neuregelung des Asylrechts. Sie regelte, dass diejenigen, die in einem sicheren Drittstaat oder innerhalb der EU Aufnahme und Schutz gefunden haben, nicht mehr berechtigt sind, in Deutschland einen Asylantrag zu stellen.

Die Zahl der Asylanträge in Deutschland zeigt seitdem einen deutlichen Rückgang. Während es 1992 noch 438 000 Antragsteller waren, reduzierte sich die Zahl 2005 auf 43 000. Das ist die niedrigste Zahl der letzten zehn Jahre. Auch im Bereich der Aussiedler und Spätaussiedler wurde quantitativ gesteuert. Die Anfang der 90er Jahre durchgeführte Beschränkung auf 200 000 und später auf 100 000 erfolgte durch erschwerende Maßnahmen zur Antragsberechtigung und zur zeitlichen Steuerung der Antragsbearbeitung und Antragsbewilligung, die sich bis zu vier Jahren hinziehen konnte. Die jüngste Reduzierung der Spätaussiedlerzahlen wird offensichtlich stark beeinflusst durch die Vorschrift, dass alle Ausreisenden, nicht nur der Antragsteller, deutsche Sprachkenntnisse nachweisen müssen. Das ist entsprechend im neuen Zuwanderungsgesetz verankert.

Ein weiteres Beispiel für Steuerung ist die 2006 zwischen Bund, Ländern und dem Zentralrat der Juden erzielte Neuregelung für jüdische Kontingentflüchtlinge. An die Stelle des 1991 vereinbarten Kontingents, das eine jährliche Zuwanderung von maximal 20 000 umfasste, tritt ein Punktesystem. Danach muss für die Zulassung zur Zuwanderung eine bestimmte Punktzahl erreicht werden, für die Sprache, Alter und Beruf ausschlagend sind. Es sollen – abgesehen von den politisch Verfolgten – nur die zuwandern, die über deutsche Sprachkenntnisse verfügen und ohne Inanspruchnahme von Sozialleistungen für ihren Unterhalt sorgen können.[73]

An diesen ausgewählten Beispielen wird deutlich, dass die These vom *ungesteuerten Zuwanderungsland Deutschland* nicht haltbar ist. Die Öffentlichkeit weiß wenig von der Vielfalt der Steuerungsinstrumente, die durch Gesetz oder Verordnung in der Bundesrepublik eingesetzt wurden, um Zuwanderung zu steuern, zu begrenzen und zu kontrollieren. Diese Steuerungsprozesse erwiesen sich zum Teil als höchst wirksam.

Folgenschwere Fehlsteuerung
Ambivalenter sind die Ergebnisse in Bezug auf die Arbeitskräfte. Das betrifft vor allem die Spät- bzw. Langzeitfolgen bestimmter Steuerungsmethoden und Entscheidungen. In den 50er und den 60er Jahren reichten die deutschen Erwerbstätigen nicht aus, in einer Zeit starken Wirtschaftswachstums die Arbeitsmarktnachfrage zu erfüllen. Notwendig waren Arbeitskräfte, die in der Industrie und im Gewerbe Arbeitsplätze übernahmen, für die keine besondere berufliche Qualifikation erforderlich war. Hinzu kam, dass Deutsche diese körperlich stark belastenden Tätigkeiten, ob bei der Müllabfuhr, in der Gastronomie oder in der Landwirtschaft nicht mehr ausüben wollten.

Die landwirtschaftliche Erntearbeit – vom Spargelstechen bis zum Weintraubenernten – wird seit langem von ausländischen Saisonarbeitskräften ausgeführt. Das waren bis vor kurzem zu 90 Prozent Polen, die begehrt und geschätzt sind. Der Versuch, die Zahl der Saisonarbeitskräfte in diesem Bereich um 10–20 Prozent zu verringern, um stärker inländische Arbeitslose einzusetzen, ist weitgehend gescheitert. Die Bauernverbände fordern angesichts der gewonnenen Erfahrungen und der wirtschaftlichen Verluste die Rückkehr zur alten Regelung.

Es gibt also nach wie vor Bereiche, in denen Arbeitskräfte als Ungelernte oder Angelernte gebraucht werden. Aber aus heutiger Sicht war die Anwerbepolitik zwischen 1955 und 1973 eine Fehlsteuerung. Es wurde nicht in Betracht gezogen, dass trotz Anwerbung mit temporärem Aufenthalt und der erwarteten Rückkehr in die Heimatländer viele Zugewanderte zu Einwanderern wurden und dauerhaft in Deutschland blieben. Damals unterblieb eine Integrationspolitik. Gravierend war und ist, dass mit dem Wegfall der traditionellen Industriearbeitsplätze eine offensive Qualifizierungskampagne nachholender allgemeiner und beruflicher Bildung nicht erfolgte.

Heute ist die Arbeitslosigkeit bei ungelernten Deutschen und

Personen mit Migrationshintergrund extrem hoch. Sie machten im Dezember 2005 1,7 Millionen der Arbeitslosen aus. Insgesamt liegt die Arbeitslosenquote bei Migranten und Migrantinnen doppelt so hoch (20 Prozent) wie bei deutschen Arbeitslosen (10 Prozent). Die politisch notwendigen Konsequenzen wurden im neuen Gesetz gezogen: keine Anwerbung oder Öffnung für Ungelernte oder Geringqualifizierte. Das ist ein Steuerungsinstrument für die Zukunft, löst aber nicht die aktuell bestehenden Probleme der in Deutschland lebenden Migranten. Das gilt vor allem für deren Kinder und Enkel, die zu den Nichtintegrierten im Bildungs- und Ausbildungsprozess zählen, die an der Erwerbsarbeit nicht teilhaben und damit über kein eigenes Einkommen verfügen. Die in den 50er und 60er Jahren aus Eigeninteresse betriebene Zuwanderungspolitik führte also zu einer Fehlsteuerung, deren Folgen Politik und Gesellschaft heute weit mehr beschäftigen als eine zukunftsorientierte Neuausrichtung.

Begrenzung und Steuerung heute
Der gegenwärtig geltende Kompromiss zur Öffnung des Landes für Hochqualifizierte und Selbstständige führt weder zu dem gewünschten Ergebnis, noch wird die Begrenzung auf diese beiden Gruppen den Anforderungen der Wirtschaft und der notwendigen Wirtschaftsdynamik gerecht. Der Argumentation der Wirtschaft,[74] dass trotz hoher Arbeitslosigkeit ein Fachkräftebedarf in bestimmten Branchen besteht, der vom deutschen Arbeitsmarkt nicht abgedeckt werden könne, wird mit dem Einwand begegnet, die Wirtschaft müsse zunächst durch Aus- und Weiterbildung zum Abbau der Arbeitslosigkeit in Deutschland beitragen. Dann könne der Anwerbestopp für dringend benötigte Fachkräfte eingeschränkt werden. Die Wirtschaft hält dem entgegen, dass verstärkte Aus- und Fortbildung die Probleme mittelfristig, aber nicht kurzfristig löse. Unternehmen müssten Aufträge ablehnen, weil die notwendigen Fachkräfte fehlten oder sähen sich gezwungen, die Produktion in die Länder zu verlegen, in denen die Arbeitskräfte vorhanden und die Arbeitskosten ohnehin geringer sind als in Deutschland.

Die gegensätzlichen Positionen stoßen hart aufeinander. Die Wirtschaft macht die Politik verantwortlich für folgenschwere Versäumnisse in Bildung und Ausbildung, für zu hohe Lohnnebenkosten und unzureichende Maßnahmen zur Stärkung der Wettbewerbsfähigkeit Deutschlands in einer globalisierten Wirtschaft. Die Politik wirft der Wirtschaft vor, die mit der Globalisierung und dem demografischen Wandel verbundenen Probleme und Konflikte einseitig auf die Politik abzuwälzen, ohne in einem schwierigen und konfliktreichen Umstellungsprozess Gesamtverantwortung zu übernehmen und so der Verpflichtung gegenüber dem Gemeinwohl gerecht zu werden.

Die Politik argumentiert mit der Gesamtverantwortung, die sie gegenüber der Bevölkerung wie auch gegenüber Wirtschaft, Wissenschaft und Kultur hat. Sie habe für Verteilungs- und Beteiligungsgerechtigkeit zu sorgen, ein Auseinanderbrechen der Gesellschaft zu verhindern und friedliches Zusammenleben zu ermöglichen. Dazu müsse auch die Wirtschaft ihren Beitrag leisten. Angesichts des gegenwärtigen einschneidenden Strukturwandels seien alle in der Gesellschaft gefordert. Gegen die Erwartungen der Wirtschaft, ausländische Fachkräfte einstellen zu können, lautet der Einwand, das sei angesichts der Arbeitslosenquote der Bevölkerung nicht zu vermitteln. Diese Argumentation ist allerdings nur auf den ersten Blick einleuchtend, bei näherer Betrachtung aber nicht stimmig und nicht nachvollziehbar.

Es fehlt bisher eine breit ansetzende gemeinsame Anstrengung von Politik und Wirtschaft, flexiblere Lösungen der Bevölkerung, den Erwerbstätigen und den Erwerbslosen so zu vermitteln, dass sie die Vorteile einer begrenzten Öffnung zugunsten von Fachkräften für sich und ihre Familien erkennen und akzeptieren können. Es gibt allerdings auch positive Beispiele. Vertreter von mittelständischen und von Kleinunternehmen sind gemeinsam mit ihren Beschäftigten zu den Innenministerien von Baden-Württemberg, Hessen und Nordrhein-Westfalen vorgestoßen, um eine Rückführung ausländischer Arbeitskräfte zu verhindern, weil durch diese Maßnahme der Fortbestand ihrer Betriebe und damit der Arbeitsplätze insgesamt gefährdet worden wäre.

Die zwischen 2000 und 2005 angeworbenen 16 000 IT-Kräfte haben gezeigt, dass Hochqualifizierte zusätzliche Arbeitsplätze schaffen. Auf eine IT-Kraft kommen im Schnitt drei bis sechs neue Arbeitsplätze. Migranten und Migrantinnen, die sich in Deutschland selbstständig gemacht haben, sind eben nicht nur Einpersonenbetriebe oder Kleinstunternehmen im Dienstleistungsbereich. So haben die Türken mehr als 60 000 Unternehmen mit ca. 380 000 Arbeitsplätzen geschaffen. Deutschland braucht mehr Zuwanderer, die als Selbstständige Wirtschaftstätigkeit entfalten und Arbeitsplätze schaffen.[75]

Handlungsbedarf besteht daher nicht im Sinne einer unkontrollierten Öffnung Deutschlands für Zuwanderer, sondern in einer weniger starren Regulierung, bei der unsere Interessen und Vorteile transparent und nachvollziehbar gemacht werden. Die mittel- und längerfristige Steuerung der Zuwanderung ist entscheidend für unsere Innovationsfähigkeit und Wohlstandsentwicklung. Das schließt Reformen in den Bereichen Bildung und Weiterbildung sowie in der Sozial- und Arbeitsmarktpolitik zwingend ein, denn Zuwanderung ist nur ein Teil der Problemlösung, für sich allein aber nicht ausreichend.

Deutschlands Hauptsorge richtet sich auf die Begrenzung der Zuwanderung. Diese Begrenzung betrifft die Zahl der finanziell belastenden Migranten, das heißt jener, die Sozialleistungen in Anspruch nehmen. Aber sie betrifft auch Migranten, die als Ungelernte oder Fachkräfte arbeiten wollen. Kennzeichen dieser Steuerungspolitik ist die *Übersteuerung*, das heißt neben der Abwehr von Ungelernten und Fachkräften werden auch im Bereich der erwünschten Zuwanderung die Anforderungen für Hochqualifizierte und Selbstständige derart hoch angesetzt, dass Deutschland für diese Gruppen nicht attraktiv ist. Auch die Wirtschaft beanstandet das vom Gesetzgeber geforderte Gehaltsniveau für Hochqualifizierte. Der Evaluierungsbericht des Zuwanderungsgesetzes, der 2006 für das Bundesministerium des Innern erarbeitet wurde, greift die Forderung der Wirtschaft mit Verweis auf die Aussagen von DIHK und BDA nach Senkung der Einkommensgrenze von

84 000 Euro für Hochqualifizierte auf. Viele kleinere und mittelständische Unternehmen könnten sich die Einstellung ausländischer Hochqualifizierter zur Deckung des vorhandenen Bedarfs nicht leisten.[76] Darüber hinaus fordert die deutsche Wirtschaft die Senkung der Hürde zur Niederlassung zum Zweck der selbstständigen Tätigkeit in Deutschland (Investition von einer Million und Schaffung von 10 Arbeitsplätzen), um im Wettbewerb mit anderen EU-Staaten mehr Selbstständige für Deutschland zu gewinnen.[77] In diesem Bereich droht erneut eine Fehlsteuerung. Die für Deutschland im Minimalkonsens als notwendig und wünschenswert erachtete Zuwanderung bleibt aus.

Eine Begrenzung findet auch bei den Flüchtlingen statt, bei der Gruppe der jüdischen Migranten und bei den Spätaussiedlern. Die Zahl der Spätaussiedler hat sich seit 2003 halbiert: 2003 waren von 167 216 zugezogenen Deutschen 62 000 Spätaussiedler, 2004 waren von 177 993 zugezogenen Deutschen 50 000 Spätaussiedler und 2005 waren von 128 052 zugezogenen Deutschen 31 000 Spätaussiedler.[78]

2. Engpässe auf dem Arbeitsmarkt

Es fehlt an flexiblen praxisnahen Regelungen. Stattdessen wird primär darüber gestritten, ob es angesichts von 4,3 Millionen registrierten Arbeitslosen im Juni 2005 Engpässe auf dem Arbeitsmarkt gibt und wie diesen ohne Öffnung für Zuwanderung begegnet werden kann. Die Befragung des DIHK bei 20 000 Unternehmen unterschiedlicher Branchen und Größenordnung im Herbst 2005[79] weist die gegenwärtig bestehenden Engpässe aus. Das wichtigste Ergebnis lautet: Trotz hoher Arbeitslosigkeit und zurückhaltender Beschäftigungsplanung der Betriebe geben 16 Prozent der Unternehmen an, offene Stellen zumindest teilweise nicht besetzen zu können.

Verglichen mit der im Herbst 2001 durchgeführten Umfrage hat sich die Situation deutlich entspannt. 2001 teilten 30 Prozent der einbezogenen Unternehmen mit, offene Stellen nicht besetzen zu können. Dabei ist zu berücksichtigen, dass zum Zeitpunkt der Befragung 2001 ein mehrjähriges Wirtschaftswachstum von mehr als zwei Prozent pro Jahr vorausgegangen war. Für das Jahr 2005 ist zu beachten, dass die Befragung nach einer mehrjährigen Wirtschaftsstagnation erfolgte. Die Umfrageergebnisse der DIHK sind die jüngsten zur Verfügung stehenden Daten zum Arbeitskräftemangel.

Engpässe bestehen demnach in Unternehmen des verarbeitenden Gewerbes, insbesondere in der pharmazeutischen Industrie. 30 Prozent der Unternehmen melden hier erheblichen Fachkräftemangel an. Ähnlich problematisch ist die Situation im Maschinen- und Fahrzeugbau. Ein Viertel der Betriebe sucht nach geeigneten Bewerbern. Unter den IT-Dienstleistern und Unternehmen aus der Sicherheitswirtschaft melden 25 Prozent Vakanzen an, die sie nicht besetzen können. Zeitarbeitsunternehmen teilen mit, dass sie für 64 Prozent ihrer Kunden keine passenden Bewerber finden. Aus dieser Befragung ergibt sich ein differenziertes Bild der von der Wirtschaft ergriffenen und für notwendig erachteten Maßnahmen zur Behebung des bestehenden Arbeitskräftemangels.

56 Prozent der Betriebe setzen auf ein verstärktes Engagement in der Aus- und Weiterbildung sowie auf eine flexible Gestaltung der Arbeitszeit, um auf diese Weise dem Fachkräfteengpass zu begegnen. 16 Prozent der Unternehmen – und damit etwas mehr als vor vier Jahren – wollen verstärkt ältere Arbeitnehmer einstellen oder behalten. Die Daten einer im Juli 2006 veröffentlichten Studie des IAB bestätigen diese Tendenz. 59 Prozent der älteren Bewerber und Bewerberinnen auf offene Stellen werden eingestellt und das vor allem in Kleinbetrieben und mittelständischen Unternehmen.

Die Suche nach Arbeitskräften im Ausland ist für 6 Prozent der Betriebe eine Alternative. Ausländische Fachkräfte sind für die Unternehmen keine Standardlösung. Aber unabhängig von der Größenordnung sind ausländische Arbeitnehmer in Spezialfällen eine Option.

Aus der Untersuchung wird deutlich, dass Unternehmen in

Deutschland nicht auf eine breite Öffnung des Arbeitsmarktes für ausländische Arbeitskräfte setzen, sondern primär Lösungen mit inländischen Beschäftigten und älteren Beschäftigten suchen. Das mag unterschiedliche Gründe haben, zum Beispiel die Sorge vor Schwierigkeiten bei der sozio-kulturellen Integration von zugewanderten Arbeitskräften. Doch wichtiger dürfte die Widerlegung des pauschalen Vorwurfs sein, die deutsche Wirtschaft vernachlässige Aus- und Weiterbildung, setze auf ausländische Arbeitskräfte und verlagere ihre Produktion ins Ausland, ohne nach anderen Alternativen zu suchen.

Zutreffend ist, dass wirtschaftliche Aspekte nicht allein oder primär ausschlaggebend sein können für die Entscheidung, wie viel Zuwanderung nötig oder erstrebenswert ist. Das hängt von grundsätzlichen gesellschaftspolitischen Fragen ab wie dem Anteil der ausländischen Bevölkerung und dem Zusammenhalt der Gesellschaft.

Aber Engpässe auf dem Arbeitsmarkt sind ein hemmender Faktor für Wirtschafts- und Wohlstandsentwicklung. Sie entstehen dort, wo es einen Bedarf an Arbeitskräften einer bestimmten Berufsgruppe gibt, zu dessen Deckung nicht genügend Personen mit entsprechender Qualifikation zur Verfügung stehen.

Der Sachverständigenrat für Zuwanderung und Integration ging in seinem Bericht 2004 von 14 Berufsgruppen in Teilarbeitsmärkten mit Engpässen aus. Es waren vor allem der Gesundheitssektor, der Maschinen- und Fahrzeugbau (hier insbesondere Ingenieure) sowie die Maschinenbautechnik und der Dienstleistungsbereich (hier insbesondere qualifizierte Lebens- und Sachversicherungshandelsvertreter).[80]

Engpässe auf dem Arbeitsmarkt haben unterschiedliche Ursachen. Sie können in einer Art Missmatch zwischen Angebot und Nachfrage liegen, wenn erwartete und verfügbare Qualifikationen auseinanderklaffen. Hinzu kommen können Ablehnung einer vakanten Stelle wegen nicht akzeptierter Arbeitsbedingungen, zu niedrigem Gehalt, fehlender Mobilität oder auch Informationsdefizite, unzureichende Veröffentlichung oder Kenntnis der offenen Stellen. Arbeitskräftemangel kann jedoch auch verursacht sein

Offene Stellen insgesamt in Deutschland (in 1000)

	2006	2005	2004	2003	2002	2001	2000	1999	1998	1997	1996	1995	1994	1993	1992	1991
Januar	414,8	268,3	276,8	350,2	423,3	485,6	438,5	394,7	338,1	297,2	296,1	291,5	240,8	277,3	352,1	325,5
Februar	463,6	333,3	309,1	389,1	487,4	545,4	500,1	450,9	393,7	338,1	327,4	325,4	270,8	284,8	372,2	335,2
März	506,4	393,6	323,8	415,3	528,0	579,0	537,9	495,5	445,8	372,1	369,1	358,8	291,0	298,7	389,9	361,4
April	546,3	433,6	324,2	419,1	538,0	581,4	562,3	507,9	469,2	363,3	373,5	362,2	294,5	303,4	388,6	372,0
Mai	565,4	441,8	319,1	393,5	517,4	560,2	568,7	501,5	483,9	360,6	363,4	356,0	293,1	307,5	387,9	383,2
Juni	580,7	439,1	305,4	373,3	498,1	542,8	561,6	490,6	483,4	366,9	366,1	351,1	298,2	310,3	387,4	395,4
Juli		447,1	296,6	367,1	472,0	522,6	554,8	482,5	466,7	355,7	348,9	345,7	302,7	299,7	372,7	393,3
August		464,5	287,4	356,0	458,7	508,7	545,3	478,5	465,5	355,1	331,7	330,8	303,0	290,9	366,7	393,4
September		466,6	269,0	330,0	420,5	486,2	526,6	458,3	431,5	334,6	318,0	312,3	304,2	266,5	350,1	384,0
Oktober		453,2	245,4	297,0	378,3	443,7	492,8	430,8	392,5	311,0	293,7	289,3	297,2	238,7	320,5	361,8
November		421,5	229,0	275,2	344,6	408,4	469,2	411,7	364,3	303,6	276,0	273,1	280,2	230,8	290,4	334,9
Dezember		394,3	225,4	257,9	324,9	390,0	455,6	400,1	345,4	303,7	270,9	255,9	263,0	219,7	270,0	322,8
I. Quartal	461,6	331,7	303,2	384,9	479,5	536,6	492,1	447,0	392,5	335,8	330,9	325,2	267,5	286,9	371,4	340,7
II. Quartal	564,1	438,1	316,2	395,3	517,8	561,5	564,2	500,0	478,8	363,6	367,8	356,4	295,3	307,1	387,9	383,5
III. Quartal		459,4	284,3	351,0	450,4	505,8	542,2	473,1	454,6	348,5	332,9	329,6	303,3	285,7	363,2	390,2
IV. Quartal		423,0	233,3	276,7	349,3	414,1	472,6	414,2	367,4	306,1	280,2	272,9	280,1	229,7	293,6	339,8
Mittelwert	512,9	413,1	284,3	352,0	449,3	504,5										
Jahr		413,1	285,6	354,8	451,2	506,1	514,0	456,4	421,6	337,1	327,3	321,3	284,7	279,5	354,0	363,6

2003 = Vorjahresvergleich wegen gesetzlicher Änderungen nur eingeschränkt möglich
2005 = Durch die Einführung des SGB II haben sich die Grundlagen der Arbeitsmarktstatistik geändert
Quelle: Gesamtmetall. Die Arbeitgeberverbände der Metall- und Elektro-Industrie. Aktualisiert am 30. Juni 2006.

durch eine Abnahme des Arbeitskräftepotenzials einschließlich bestimmter Qualifikationen und Berufsgruppen. Dabei sind die demografischen Veränderungen sowie bestimmte Berufswünsche der nachwachsenden Generation von erheblicher Bedeutung.[81]

Es treffen kurz- und langfristige Veränderungen zusammen. Zum strukturellen Wandel gehört die Veränderung zur Wissensgesellschaft. Eine wissensbasierte Wirtschaft braucht anders qualifizierte Arbeitskräfte als die alte Industriegesellschaft. Von entscheidendem Einfluss sind der strukturelle Wandel, die deutlichen Verlagerungen vom warenproduzierenden zum Dienstleistungsgewerbe und der auffallend geringe Anteil der Landwirtschaft im Zeitraum 1991 bis 2015.

Eine Projektion des Instituts für Arbeitsmarkt- und Berufsforschung (IAB) ab 2000 geht von folgender Entwicklung aus:

Beschäftigte in Deutschland nach ausgewählten Wirtschaftsbranchen

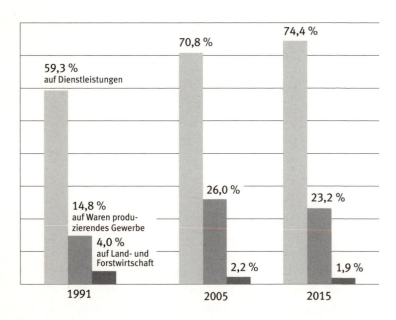

Quelle: IAB. Projektionen ab 2000: reales Wachstum 1,7 Prozent; Anstieg der Produktivität 1,5 Prozent.

Dieser strukturelle Wandel vollzieht sich parallel zu einer demografischen Entwicklung, die durch einen steigenden Altersquotienten gekennzeichnet ist.[82] Das heißt, der Anteil der aus Altersgründen aus dem Erwerbsleben Ausscheidenden nimmt zu und damit der Anteil der Erwerbsfähigen in der Bevölkerung ab. 2000 lag der Anteil der Rentner bei 23,5 Prozent und wird nach den Berechnungen des Instituts für Wirtschaftsforschung im Jahr 2030 bei 35,8 Prozent liegen. Zwischen 2010 und 2040 wird der Anteil an Erwerbstätigen jährlich durchschnittlich um 0,9 Prozent zurückgehen. Um diese demografische Entwicklung abzufedern, ist es notwendig, dass die nachwachsende Generation früher als bisher in das Erwerbsleben eintritt, der Anteil der Frauen an den Erwerbstätigen noch weiter erhöht wird, dass ältere Arbeitnehmer und Arbeitnehmerinnen über das 65. Lebensjahr hinaus erwerbstätig sind und von der Wirtschaft akzeptiert werden. Zurzeit sind allerdings nur noch 41 Prozent über das 60. Lebensjahr hinaus erwerbstätig.

Entscheidend sind angesichts der strukturellen wirtschaftlichen und demografischen Veränderungen gut ausgebildete Arbeitskräfte, hohe Produktivität und Innovationskraft. Aber gerade in diesem Bereich hat sich die Lage nicht verbessert. Bis Anfang der 90er Jahre, so die Expertenmeinung, hat sich eine klare Tendenz zu qualifizierten Berufsabschlüssen abgezeichnet. Der Anteil an ungelernten Arbeitskräften, der in den 60er und 70er Jahren noch beträchtlich war, nahm ab, der Anteil junger Menschen mit abgeschlossener Berufsausbildung stieg. Auch die Zahl der Hochschulabgänger hat zugenommen, aber es stagniert die Gesamtzahl an Abschlüssen in den Bereichen berufliche Ausbildung und Fachhochschule. Zwischen 1998 und 2015 ist mit einem Rückgang von bis zu zwei Millionen Arbeitskräften mit Berufsabschluss zu rechnen.[83]

Die Europäische Kommission stellt in ihrem Aktionsplan für Qualifikation und Mobilität 2002 fest,[84] dass die berufsfachliche und regionale Mobilität in Deutschland geringer sei, als in anderen EU-Ländern. Die starre berufsfachliche Ausbildung erschwere den Wechsel in eine andere Berufsgruppe. Für diese These zieht die EU Zahlen aus dem Jahr 1999 heran. Aber die Daten zur Binnenwanderung wie auch zur Auswanderung von Deutschen weisen in die entgegengesetzte Richtung. Gerade viele junge gut ausgebildete Menschen, vor allem Frauen, verlassen die östlichen Bundesländer, um im Süden oder Westen Arbeit zu finden. Und das Statistische Bundesamt meldet für 2005 die höchsten Auswanderungszahlen von Deutschen seit 1950.

Wirtschaft und Experten weisen auf bestehende und verstärkt zu erwartende Engpässe im Arbeitskräfteangebot hin, während das Institut für Arbeitsmarkt und Berufsforschung Analysen der Wirtschaft zurückweist. Danach zeigen die laufenden Beobachtungen zum Verhältnis offener Stellen und deren Wiederbesetzung, dass es keine Vakanzen über mehrere Monate gibt und von daher kein Handlungsbedarf für eine größere Öffnung des Arbeitsmarktes für qualifizierte Zuwanderer bestehe.[85]

In der Zukunftsvorsorge setzt die Politik auf familien-, bildungs- und sozialpolitische Maßnahmen. Ziel sind höhere Geburtenraten durch familienfördernde Anreize wie ein einkommenbezogenes Elterngeld, bessere Bildung, Ausbildung und Weiterbildung, Verbesserung der Beschäftigungsmöglichkeiten für ältere Arbeitnehmer und Förderprogramme zur Beschäftigung von Langzeitarbeitslosen. Bei diesen Maßnahmen sind die angestrebten Ziele nur bedingt steuerbar. Das gilt für die Steigerung der Geburtenraten ebenso wie für die Reformen im Bildungssektor. Sie sind unbedingt notwendig, lösen aber kurzfristig die Probleme aktueller Engpässe nicht. Zwar sind Prognosen über zukünftige Engpässe auf dem Arbeitsmarkt nur bedingt möglich, da in aller Regel nicht alle notwendigen Daten und Entwicklungen verfügbar sind. Aber könnte sich Deutschland nicht für eine begrenzte, zeitlich befristete Zuwanderung von Arbeitskräften entscheiden, um Wachstumsbranchen bei bestehendem Arbeitskräftebedarf gezielter zu unterstützen? Auf diese Weise würde zum Wirtschaftswachstum und zur Schaffung zusätzlicher Arbeitsplätze beigetragen werden. Die Abwehr solcher Maßnahmen wird durchgängig mit der nach wie vor schlechten Arbeitsmarktlage und dem hohen Anteil arbeitsloser Migrantinnen und Migranten in Deutschland begründet.

Integration von Migranten in den Arbeitsmarkt

Der von der OECD im November 2005 veröffentlichte Bericht ›The Labor Market Integration of Immigrants in Germany‹[86] dokumentiert die Integrationsdefizite von dauerhaft und temporär Zugewanderten in den Arbeitsmarkt. Ausgangspunkt bildet zwar der Tatbestand, dass Deutschland in den letzten 15 Jahren nach den USA den höchsten Zustrom an Einwanderern von allen OECD-Staaten gehabt hat, aber auffallend ist, dass Migranten in unserem Land unterdurchschnittlich in den Arbeitsmarkt integriert sind. In den ausgewählten OECD-Ländern gibt es im Vergleich von Inländern und Migranten fast durchgängig – abgesehen von den klassischen Einwanderungsländern Irland und dem Vereinigten Königreich – eine fast doppelt so hohe Arbeitslosenquote bei den Zuwanderern.

Deutschland hat zwar fünf Jahre nach dem Anwerbestopp 1978 das Amt eines Ausländerbeauftragten geschaffen, aber konzeptionell allenfalls »reaktive und subsidiäre« Maßnahmen ergriffen. Nach 1973 hat das Hauptziel der Migrationspolitik darin bestanden, Migranten durch ein kompliziertes System verschiedener Aufenthaltsregeln vom Arbeitsmarkt fernzuhalten. Dabei spielten restriktive Zugangsregelungen zum Arbeitsmarkt und Aufenthaltserlaubnis ohne Arbeitserlaubnis eine ausschlaggebende Rolle.[87] Als ein erster Schritt zur Integration für ausländische Arbeitskräfte wurden 1974 Sprachkurse eingeführt. Aber die Hauptursache für die Vernachlässigung der Integration ist in der offiziellen politischen Position begründet, dass Deutschland kein Einwanderungsland sei. Diese wurde auch 1996 noch in einer Antwort der Bundesregierung auf eine parlamentarische Anfrage vertreten. Statt für Integrationsprogramme wurden in den 80er Jahren Finanzmittel für freiwillige Rückkehrprogramme bereitgestellt.

Weder die Arbeitsmarktkrise der 70er noch die der 80er Jahre haben zu einer verstärkten Integrationspolitik geführt. Dieser Schritt erfolgte erst mit dem neuen Zuwanderungsgesetz von 2005. Eine Ausnahme bildeten die umfänglichen Integrationsmaßnahmen für Aussiedler und Spätaussiedler. Bis 1992 war deren Beteiligung am Arbeitsmarkt kein besonderes Problem. Aber die massive Einwanderungswelle von Deutschstämmigen ohne deutsche Sprachkenntnisse und die einschneidenden konjunkturellen und strukturellen Verschlechterungen auf dem Arbeitsmarkt haben die Arbeitslosenzahlen des Bevölkerungsanteils mit Migrationshintergrund, vor allem für Spätaussiedler, Türken und Migranten aus Drittstaaten hochschnellen lassen. Wie groß dieser Anteil ist, kann mit der amtlichen Statistik nicht präzise beantwortet werden. Sie unterscheidet zwischen Deutschen und Ausländern und nicht, wie in vielen anderen Ländern üblich, nach im Inland und im Ausland Geborenen. Erst eine Mikrozensus-Untersuchung gab 2006 nähere Aufschlüsse über den Personenkreis mit Migrationshintergrund. Der Anteil der Ausländer betrug 2005 8,2 Prozent der Gesamtbevölkerung. Der Anteil der Personen mit Migrationshintergrund liegt bei circa 19 Prozent.

Angesichts des hohen Zustroms von Migranten in den 90er Jahren setzte die Politik zwei Prioritäten: Reduktion des Zustroms und äußerst restriktiver Zugang zum Arbeitsmarkt. Das erklärt zu einem wesentlichen Teil die im Vergleich zu anderen OECD-Ländern sehr niedrige Beteiligung der Migranten am Arbeitsmarkt, vor allem der Frauen als Zuwanderer im Rahmen des Familiennachzugs. Auch in den Arbeitsmarktprogrammen des Bundes sind Migranten unterrepräsentiert. Das gilt nicht nur bei den abhängig Beschäftigten, sondern vor allem auch für die geförderten Selbstständigen. Das Potenzial, das Migranten für Wirtschaftswachstum und Wirtschaftsdynamik einbringen, wurde nicht beachtet und gefördert. Das schlägt sich nieder in der Nichtanerkennung von Berufsabschlüssen im Herkunftsland, im erschwerten Zugang zu Bank- und Förderkrediten, in fehlenden Sonderprogrammen zur Existenzförderung von Migranten.

Im neuen Zuwanderungsgesetz findet ein Umdenken statt. Aber die Ansätze zu einer konsequenten nachholenden Integration wie auch zu einer erfolgreichen Anwerbung von Migranten, die wir dringend brauchen, werden immer wieder neu relativiert durch hohe und verschärfte Hürden im Zugang zum Arbeitsmarkt. Die Diskussion konzentriert sich auf die Kosten der Integration, auf die Probleme der Integrationsunwilligen und Integrationsverweigerer, auf die nicht wahrgenommene Eigenverantwortung der Migranten der ersten Generation in Bezug auf die Integration ihrer Kinder und Enkelkinder.

Das alles vermittelt nicht den Eindruck, dass Deutschland sich im konzeptionellen Umbruch befindet und bereit ist, Migranten verstärkt auch als einen Gewinn zu betrachten. Hier muss dringend gehandelt werden, wenn die erwünschte Zuwanderung stattfinden soll. Sowohl die OECD-Studie zur Integration ausländischer Arbeitskräfte in Deutschland wie auch die im Juli 2006 vorgelegte Evaluierung des »Gesetzes zur Steuerung und Begrenzung der Zuwanderung« des BMI lassen erkennen, dass eine Umsteuerung der Zuwanderung eingeleitet werden muss. Die Öffnung für Hochqualifizierte und Selbstständige verläuft defensiv und schleppend, so dass Zukunftsplanung nur bedingt zu erkennen ist. Die erfolgreiche Steuerung der Zuwanderung ist nicht nur für Deutschland, sondern für den gesamten europäischen Kontinent von größter Bedeutung. Von ihr hängt es ab, ob wir im globalen Wettbewerb bestehen können.

3. Der deutsche und der europäische Arbeitsmarkt

Europa ist ein Kontinent mit einer alternden, quantitativ stagnierenden und zukünftig stark abnehmenden Bevölkerung. Die EU weist geringes wirtschaftliches Wachstum und für die meisten Mitgliedsstaaten eine hohe Arbeitslosigkeit aus. Der Zuwachs der Bevölkerung der EU beruht weitgehend auf starker Zuwanderung aus ärmeren Regionen Europas und der Welt. In den letzten Jahren hat die Bevölkerung der EU jährlich um 1,5 bis 2,0 Millionen zugenommen. In der EU leben 40 Millionen Migranten aus Drittstaaten, ihr Anteil an der EU-Bevölkerung beträgt 8,9 Prozent. Nach den Berechnungen der Europäischen Kommission[88] verliert die EU ab 2005 20 Millionen Menschen im erwerbsfähigen Alter, weil die »babyboomers« in Rente gehen, die Lebenserwartungen steigen und die Sterberaten höher sind als die Geburtenraten. Auf

127

diese Entwicklungen sind viele Mitgliedsstaaten der EU noch nicht vorbereitet und eingestellt. Die Diskrepanz zwischen Realität und Wahrnehmung erschwert das gemeinsame politische Handeln und damit eine proaktive Zuwanderungs- und Integrationspolitik. Solange primär die Nachteile und Belastungen durch Migranten gesehen werden, öffnen sich die EU-Mitgliedsländer nicht für einen Perspektivwechsel, für eine gezielte Anwerbung von Migranten, die in unseren Staaten zum Erhalt der Wirtschaftskraft, der Innovation und der Wirtschaftsdynamik dringend erforderlich sind. In den letzten Jahrzehnten waren es mehr humanitäre als wirtschaftliche Gründe, die die Öffnung für dauerhaften Aufenthalt von Flüchtlingen bestimmten. Gegenwärtig ist ein Umdenken erst in Umrissen erkennbar. Vorrangig dürfen nicht mehr die Kosten, der Verdrängungswettbewerb auf dem Arbeitsmarkt, die Gefährdung der nationalen Identität und des gesellschaftlichen Zusammenhalts sein, sondern die Defizite der Integration, die Probleme und Konflikte des Zusammenlebens von Menschen unterschiedlicher ethnischer, kultureller und religiöser Herkunft.

Migration und Integration sind seit Ende der 90er Jahre verstärkt Themen auch der EU-Politik. Es geht darum, die Möglichkeiten und Grenzen einer gemeinsamen Politik in diesem Feld auszuloten. Ziel ist eine effizientere Steuerung und eine bessere Integration. Die wirtschaftliche Lage ist in den Mitgliedsstaaten zwar unterschiedlich, aber die demografischen Probleme sind vergleichbar. Unterschiedlich ist auch der Grad der Bildungs- und Arbeitsmarktbeteiligung. In beiden Bereichen befindet sich Deutschland am unteren Ende der Skala. Insgesamt zeigen die Beschäftigungsraten in den EU-Mitgliedsstaaten eine zu niedrige Beteiligung der Migranten am Arbeitsmarkt. Das Humanpotenzial wird bei weitem nicht ausgeschöpft. Auch gut ausgebildete Migranten sind in den Aufnahmeländern unterbeschäftigt.[89]

Vor allem betroffen sind Frauen. Die Europäische Kommission wie auch die Global Commission zur Internationalen Migration schlagen daher die besondere Berücksichtigung der gender-spezifischen Belange und der sozialen Situation der Frauen vor. Außerdem spielt die ethnisch-kulturelle Herkunft eine gewichtige Rolle beim Zugang zum Arbeitsmarkt. Das wirkt sich hemmend und diskriminierend für weibliche Angehörige muslimischer Kulturen aus. 2003 wiesen die türkischen und nordafrikanischen Immigrantinnen den niedrigsten Anteil am Arbeitsmarkt aus. Je nach Mitgliedsland erreichte er zwischen 25,4 Prozent und 30,5 Prozent. Damit entsprach er der Hälfte der EU-Beschäftigten und nur einem Drittel im Vergleich zu den männlichen Beschäftigten. Zu beachten ist allerdings, dass die Beschäftigungsraten eingebürgerter muslimischer Frauen bei 40 Prozent liegen.

Insgesamt positiver sieht die Beschäftigungssituation von Drittstaatlern in den südeuropäischen Ländern der EU sowie in Irland und Großbritannien aus. Diese Länder haben einen offeneren Arbeitsmarkt und sind stärker auf Arbeitsmigranten ausgerichtet. Dort ist die Arbeitslosenrate der Einheimischen höher als die der Arbeitsmigranten.[90]

Die Europäische Kommission kommt in ihrer Untersuchung zu dem Befund, dass 60 Prozent der Drittstaatler im Alter von 15–24 Jahren Geringqualifizierte und nur 5 Prozent Hochqualifizierte sind. In der »*Gemeinsamen Agenda für Integration, 2005*« unterstreicht die Europäische Kommission den hohen Bedarf an berufsqualifizierenden Integrationsprogrammen. Sie sind keine Garantie für die Vermeidung von ethnischen und kulturellen Vorurteilen und von Diskriminierung am Arbeitsmarkt. Aber sie tragen zur Verringerung von sozialer Ausgrenzung und Marginalisierung bei. Je ausgeprägter die Gettoisierung, desto größer ist die Gefahr eskalierender gewaltsamer Konflikte, wie sie unlängst in Frankreichs Großstädten ausgetragen wurden.

Aber das Hauptinteresse der EU muss auf den Beitrag der Migranten zur wirtschaftlichen Entwicklung und der damit verbundenen wirtschaftlichen und sozialen Sicherung gerichtet sein. Die EU braucht angesichts ihrer wirtschaftlichen und demografischen Lage Menschen mit hoher allgemeiner und fachlicher Bildung. In einer wissensbasierten Wirtschaft ist das Humanpotenzial die wichtigste Ressource. Sie wird in der EU dringend gebraucht.

Zweifellos spielt die unterschiedliche Arbeitsmarktlage der EU-Staaten eine Rolle. Aber Umdenken und Umsteuerung bedeuten, dass man auf einseitige Problemlösungsansätze verzichtet. Solange die politische Blickrichtung vorrangig oder fast ausschließlich auf die Belastung des Arbeitsmarktes durch Migranten gerichtet ist, verengen sich die staatlichen Maßnahmen auf Abschottung der Arbeitsmärkte. Wir können von Ländern wie Kanada, Australien, USA und Neuseeland, aber auch von EU-Mitgliedsstaaten wie Irland, Vereinigtes Königreich, Tschechien oder Slowenien lernen, wie gezielte Zuwanderung zur Stärkung des Wirtschaftswachstums, der Wirtschaftsdynamik und der internationalen Wettbewerbsfähigkeit genutzt werden kann. Im Europäischen Entwurf des Verfassungsvertrages ist im Artikel III-267 eine gemeinsame Einwanderungspolitik vorgesehen.

4. Öffnung ohne Risiko – Zukunftshandeln auf später verschieben

Eine solche Neuausrichtung braucht Zeit und erfolgt in der Regel nicht widerspruchsfrei. Für Deutschland zeigt der im Juli 2006 vorgelegte Evaluierungsbericht zum neuen Zuwanderungsgesetz die Widerstände gegenüber risikobehafteten Neuorientierungen auf. Die generelle Bewertung lautet: »Die mit dem Zuwanderungsgesetz verfolgten Ziele wurden, soweit es gesetzgeberisch möglich ist, erreicht. Nur punktuell besteht Optimierungsbedarf«.[91] Die Beibehaltung des Anwerbestopps mit den gesetzlich verankerten Ausnahmeregelungen wird zwar kritisiert, aber insgesamt von den Verbänden mitgetragen und vor dem Hintergrund der Arbeitsmarktlage wird keine Veränderung vorgeschlagen. Die Öffnung für Hochqualifizierte, Selbstständige und Hochschulabsolventen wird grundsätzlich positiv bewertet. Die Forderungen nach Absenkungen des Jahresverdienstes für Hochqualifizierte von 84 000 auf 64 000 Euro sowie die Absenkung der Anforderungen an Selbstständige verbunden mit einem unbefristeten Aufenthaltsrecht von Anfang an werden als Anregungen in den Evaluierungsbericht aufgenommen und im Rahmen des Gesetzentwurfs zur Umsetzung von Richtlinien der EU geprüft.

Es ist daran zu erinnern, dass die öffentliche Diskussion zum Thema Zuwanderung im Februar 2000 durch den bestehenden Mangel an einheimischen IT-Spezialisten ausgelöst wurde. Die Einführung einer Green-Card-Regelung sollte Abhilfe schaffen. In diesem Kontext wurden andere Wirtschaftsbereiche diskutiert, für die eine vergleichbare Lösung angeregt wurde. Damit kam der seit 1973 geltende Anwerbestopp, der mit der Anwerbestoppausnahmeverordnung unterlaufen wurde, auf den Prüfstand. »War noch im Gesetzentwurf vorgesehen, den Anwerbestopp mit seinen nahezu starren Ausnahmeregelungen zugunsten flexibler Zulassungselemente, die sich allein an den Bedürfnissen des Arbeitsmarktes orientieren sollten, aufzugeben, wurde er unter dem Eindruck der sich verschärfenden Arbeitsmarktlage fortgeschrieben.«[92] Die gesteuerte Öffnung des Arbeitsmarktes, die die Neuorientierung der Zuwanderungspolitik widerspiegeln sollte, erfolgte wiederum mit weiteren Ausnahmekatalogen. Die mit Blick auf die demografischen Veränderungen der nächsten Jahre zu empfehlende Steuerung der Zuwanderung im Auswahlverfahren – Punktesystem – wurde ebenfalls im Vermittlungsverfahren ersatzlos gestrichen, weil die strikte Begrenzung der Zuwanderung durch das Punktesystem gefährdet sei. Dennoch sollte mit dem Zuwanderungsgesetz das Ziel der Zuwanderung von beruflich qualifizierten Arbeitnehmern unter ausdrücklicher Berücksichtigung der wirtschaftlichen und arbeitsmarktpolitischen Interessen der Bundesrepublik weiterverfolgt werden. Vorrang haben die arbeitssuchenden Inländer, aber es sollte möglich sein, nicht zu besetzende Stellen im Interesse der Wirtschaft durch Arbeitsmigranten zu besetzen.

Von dieser Möglichkeit konnte schon deswegen wenig Gebrauch gemacht werden, weil von 1996–2005 allein 690 000 Menschen im Rahmen des Familiennachzugs oder aus humanitären Gründen Aufnahme fanden. Eine Rekrutierung nach beruflicher Qualifikation fand nicht statt. Die Zugewanderten hatten keine Arbeitserlaubnis, die Berufsqualifikationen wurden nicht anerkannt oder die entsprechende Berufsausbildung fehlte. Zwischen 1993 und 2004 kamen mehr als 190 000 jüdische Emigranten aus der ehemaligen Sowjetunion nach Deutschland und von 1990–2004 230 000 Ausländer aus humanitären Gründen. Hinzu kamen mehr als zwei Millionen Spätaussiedler, von 1988 bis 1995 waren es jährlich über 200 000. Die Spitze wurde 1990 mit 397 000 Spätaussiedlern erreicht. Durch gezielte Steuerung wurde die Zahl ab 1995 auf 200 000 und dann auf 100 000 gesenkt. 2005 belief sich die Zahl der zugewanderten Spätaussiedler und deren Familienangehörigen nur noch auf 35 522 Personen. Da die Zuwanderung nach Deutschland in allen Bereichen stark rückläufig ist, geht der Evaluierungsbericht davon aus, dass der »Steuerung der Zuwanderung zum Zweck der Erwerbstätigkeit damit zukünftig eine größere Bedeutung zukommen wird, insbesondere vor dem Hintergrund des aufgrund des demografischen Wandels zu erwartenden Rückgangs des Erwerbspersonenpotenzials«.

Die bei den durchgeführten Anhörungen angesprochenen Mängel werden nur insoweit auf Abänderung geprüft, als sie keine erhöhte Zuwanderung zur Folge haben. Das ausschlaggebende Kriterium bleibt die Arbeitsmarktlage. Außerdem unterstreicht der Bericht, dass die Ausnahmeverordnungen genügend Spielraum für die Beseitigung von Engpässen lassen. Es wird auch darauf verwiesen, dass bei der Einstellung von Personen ohne qualifizierte Berufsausbildung eine zeitlich befristete Beschäftigung möglich ist. Das gilt für Angestellte in Haushalten mit Pflegebedürftigen und für Saisonarbeiter in der Landwirtschaft und in der Gastronomie. Doch solange Arbeitslosigkeit nicht abgebaut ist, werden weder schnellere noch unbürokratischere Verfahren zur Wiederbesetzung von offenen Stellen genehmigt werden. Auch wenn es heißt, das neue Zuwanderungsgesetz habe sich bewährt, so kann auch im Evaluierungsbericht nicht außer Acht gelassen werden, dass die Zuwanderung der erwünschten Gruppen hinter den Erwartungen zurückbleibt.

2005 konnten 1300 Studienabsolventen eine adäquate Beschäftigung aufnehmen. Nach vorläufiger Auswertung des BAMF haben circa 900 Hochqualifizierte eine Niederlassungserlaubnis erhalten. 2004 waren im Rahmen der Green-Card circa 2300 IT-Fachkräfte nach Deutschland gekommen. Daraus sei nicht unbedingt ableitbar, dass die Zuwanderung von Hochqualifizierten zurückgegangen sei, da die Gruppen nicht vergleichbar wären. Die Hochqualifizierten sind nicht exakt definiert. Beispielhaft nennt § 19 Absatz 2 des Aufenthaltgesetzes: Wissenschaftler mit besonderen fachlichen Kenntnissen, Lehrpersonen in herausgehobener Funktion, zum Beispiel Lehrstuhlinhaber von Universitäten und andere Spezialisten und leitende Angestellte.

Angesichts der nachdrücklichen Forderung der Wirtschaft, die Investitionsanforderungen für Selbstständige zu senken und ihnen von Anfang an ein unbefristetes Aufenthaltsrecht einzuräumen, ist die Bundesregierung bereit, die Investitionssumme und die Zahl der zu schaffenden Arbeitsplätze zu senken, aber das Aufenthaltsrecht zunächst weiterhin zu befristen. Die Bundesländer haben berichtet, dass in vielen Fällen die Regelgrenze nicht erreicht wurde und eine Bewertung im Einzelfall erfolgte. Nach bisheriger Auswertung haben in 2005 etwas über 500 Migranten eine Aufenthaltserlaubnis zum Zweck der selbstständigen Tätigkeit erhalten. Die nach eineinhalb Jahren erfolgte Evaluierung macht deutlich, dass eine Öffnung des Arbeitsmarktes nur nach strenger Überprüfung der gegebenen Arbeitsmarktsituation erfolgt. Sie erscheint nur dann vertretbar, wenn die Wirtschaft boomt und das Angebot an Arbeitsplätzen größer ist als die Nachfrage. Dass eine stärkere Anwerbung von qualifizierten Fachkräften und Selbstständigen mehr Wirtschaftswachstum und mehr Arbeitsplätze schaffen könnte, stößt in der Politik bislang nicht auf Zustimmung.

Deutschland ist lernfähig

Die jüngsten Meldungen vom August 2006 zeigen: Deutschland ist lernfähig. Wurden noch im Juli die Forderungen nach erleichterter Zuwanderung für Hochqualifizierte und Selbstständige wie auch die Einführung des Punktesystems als Auswahlverfahren zurückgewiesen, so wird im August eine Gesetzesnovellierung für den Herbst angekündigt, die diesen Forderungen nachkommen soll. »Die derzeitigen Bestimmungen im Zuwanderungsgesetz sind zu restriktiv und bürokratisch«, erklärten die Abgeordneten Dieter Wiefelspütz (SPD) und Hans-Peter Uhl (CDU/CSU).

Sie leiten die koalitionsinterne Arbeitsgruppe, die Vorschläge für Änderungen beim Zuwanderungsgesetz macht. Durch das neue Zuwanderungsgesetz sollte die Bundesrepublik attraktiver für Hochqualifizierte und Selbstständige werden. Aber 2005 sind laut Auskunft des Arbeitsministeriums nur 911 Spezialisten nach Deutschland gekommen, nachdem 2004 auf der Grundlage der Greencard noch 2300 IT-Fachleute angeworben werden konnten.

Der Präsident des Deutschen Industrie- und Handelskammertages, Ludwig Braun, plädierte für die Einführung des Punktesystems, das aus dem Entwurf des neuen Zuwanderungsgesetzes auf Verlangen der damaligen Opposition ersatzlos gestrichen worden war, und erklärte, »Das Instrument ermöglicht es der Politik, je nach Bedarf unterschiedliche jährliche Zuwanderungszahlen festzulegen und dann die Topfachkräfte anzuwerben. Das alles könnte schnell, unbürokratisch und wirtschaftlich gehen.«[93] Gegenwärtig seien die Hürden nach geltendem Recht zu hoch. Bundesinnenminister Wolfgang Schäuble und Integrationsminister Armin Laschet von Nordrhein-Westfalen unterstützen die vorgeschlagenen Erleichterungen. Die Anforderungen für Hochqualifizierte und Selbstständige seien im Interesse der Bundesrepublik Deutschland zu senken. Ohne eine Erleichterung der Anforderungen wird es nicht gelingen, am erfolgreichen internationalen Wettbewerb um gut ausgebildete Fachkräfte und Selbstständige, die Arbeitsplätze im Land schaffen, teilzunehmen.

Fünf Jahre zuvor hatte die Unabhängige Kommission Zuwanderung genau diese Zuwanderungspolitik empfohlen. Neues Denken braucht Zeit, nicht selten zu viel Zeit. Die jüngsten Wortmeldungen aus Politik und Wirtschaft lassen hoffen, dass Veränderung möglich wird. Das setzt Realitätssinn, politische Führungs- und Überzeugungskraft voraus. Insofern kommt erneut Bewegung in die Zuwanderungspolitik.

Das demografische Argument

In Kürze werden auch die demografischen Argumente eine größere Zustimmung finden. Gegenwärtig konzentrieren sich die Maßnahmen auf eine Geburtensteigerung, insbesondere, weil die amtliche Statistik 2005 die niedrigste Geburtenrate seit Bestehen der Bundesrepublik ausweist, nämlich 685 000. Von 1950 bis 1970 hatte die alte Bundesrepublik einen Geburtenüberschuss. Die Fertilität der Frauen lag bei 2,4 Geburten, also über der Bestandszahl von 2,1. Von 1969 bis 1982 sank die Geburtenzahl auf 1,28, stieg danach auf 1,4 und liegt gegenwärtig bei 1,34. Solche Entwicklungen werden zum Anlass genommen, ein dramatisch düsteres Zukunftsbild für Deutschland an die Wand zu malen. Die Schlagzeilen lauten entsprechend: »Die Deutschen sterben aus«, »Frauen bekommen keine Kinder mehr«, »Deutsche werden in unseren Städten zur Minderheit«. Zutreffend ist die unausgeglichene Alterspyramide. Die Bevölkerung der Bundesrepublik altert und schrumpft wie in den meisten Industrieländern. Aber es handelt sich nicht um ein Problem der letzten 10 Jahre. Die Geburtenrate liegt seit 30 Jahren auf einem niedrigen Niveau und wird sich auch nur geringfügig steigern lassen, da sich die Lebensverhältnisse grundlegend gewandelt haben.[94] Wir haben es mit Fakten und Entwicklungen zu tun, die seit den 80er Jahren bekannt sind, auf die aber nicht reagiert wurde. Die Gegensteuerung setzte zu spät ein. Die rückläufigen Geburtenraten wurden faktisch durch Zuwanderung ausgeglichen. Die tabuisierte demografische Herausforderung ist durchaus mit der Realitätsverweigerung in der Einwanderungsfrage vergleichbar.

Die gegenwärtigen Probleme Deutschlands sind nur bedingt demografisch begründet. Sie sind entscheidend auf die unzureichende Umstellung unseres Landes auf veränderte weltwirtschaftliche Rahmenbedingungen und auf Versäumnisse in den Bereichen Bildung, Arbeit und soziale Sicherung zurückzuführen. Trotzdem bringt der demografische Wandel in bestimmten gesellschaftlichen Teilbereichen schon heute einschneidende Veränderungen mit sich: Schließung von Kindergärten und Schulen, Wohnungsleerstand, der durch Binnenwanderung noch verstärkt wird. Städte verlieren zum Teil 20 Prozent ihrer Bevölkerung, weil gut ausgebildete junge Frauen und Männer dorthin wandern, wo sie Arbeit finden. Dieser Prozess ist nicht nur in den östlichen, sondern auch in westlichen Regionen der Bundesrepublik, zum Beispiel im Ruhrgebiet, zu beobachten.[95] Es wäre schon viel erreicht, wenn die Familienpolitik dazu beitrüge, dass junge Paare auch ihre Kinderwünsche erfüllen können. Aber mehr Kinder allein schaffen nicht schon mehr Wohlstand. Sie brauchen gute Zukunftsperspektiven, eine gute Bildung und die Chance, einen Arbeitsplatz zu finden. Gegenwärtig verstärkt sich bei akademisch wie nichtakademisch ausgebildeten Jugendlichen der Eindruck, dass sie in unserer Gesellschaft keinen Platz haben, nicht gebraucht werden. Und das betrifft jugendliche Migranten in ganz besonderer Weise. Bildung und Arbeit haben daher höchste Priorität. Es gibt in unseren Großstädten zum Teil 40 Prozent und mehr junger Migrantinnen und Migranten. Das ist eine Tatsache, sie sind Teil unserer Gesellschaft. Die große Mehrheit ist hier geboren und aufgewachsen. Sie sind für unsere Zukunft ebenso entscheidend wie die deutschen Jugendlichen.

Dass die Gesamtbevölkerung heute dennoch bei 82 Millionen liegt, ist auf die Wiedervereinigung und auf die Zuwanderung von Aussiedlern und Spätaussiedlern sowie auf die in Deutschland verbliebenen Gastarbeiterfamilien mit ihren zunächst höheren Kinderzahlen zurückzuführen. Die Annahme, dass Migranten heute noch die höheren Geburtenraten aufweisen, trifft so pauschal nicht zu. Die Anzahl der Kinder pro Frau liegen bei Spanierinnen, Italienerinnen und Griechinnen unter dem statistischen Durchschnitt der deutschen Frauen. Und auch die Frauen aus der Türkei bekommen heute durchschnittlich weniger Kinder. Ihre Geburtenrate nähert sich immer mehr der der deutschen Frauen an.

Selbst wenn Deutschland alle notwendigen Reformen durchführt, kann es die Folgen der Schrumpfung und Alterung seiner Bevölkerung nicht kurzfristig abwenden. Begrenzte und gesteuerte Zuwanderung ist notwendig, um die Folgen dieser Entwicklung abzumildern. Wir brauchen beides: eine innovative Familienpolitik und eine gut gestaltete Zuwanderung.

Diejenigen, die meinen, Zuwanderung könne vor allem durch eine Binnenwanderung innerhalb der EU erfolgen, haben die demografische Lage unserer westlichen und östlichen Nachbarn noch nicht zur Kenntnis genommen. Höher als in Deutschland sind die Geburtenraten in Frankreich (1,9), Irland (1,9) und Großbritannien (1,8). Es folgen Schweden (1,6) Niederlande, Dänemark, Norwegen und Finnland (mit jeweils 1,7). Dabei ist auffallend, dass ein stetig steigender Anteil der Geburten auf ledige Mütter entfällt. Länder mit sehr niedrigen Geburten wie Spanien, Italien und Griechenland weisen eine geringere Zahl von ledigen Müttern aus. Diese Länder haben bereits eine weitgehende Öffnung ihres Landes für Zuwanderung vorgenommen. In Großbritannien, Irland oder auch den skandinavischen Ländern ist die starke Anwerbung ausländischer Arbeitskräfte vor allem auf die positive Wirtschaftslage zurückzuführen. Es besteht Arbeitskräftemangel. Ohne Zuwanderung würde sich die Bevölkerung in Italien bis 2050 von 58 Millionen auf 28 Millionen Menschen verringern.

Abgesehen von Polen und Litauen liegen die Geburtenraten in den östlichen EU-Mitgliedsstaaten extrem niedrig. Auch Russlands Bevölkerungszahl ist gesunken und zwar von 180 auf 139 Millionen Menschen und wird nach den Prognosen unter 100 Millionen fallen. Die Geburtenraten in Tschechien, Ungarn oder Lettland liegen bei 1,15 und 1,18. Die Befürchtungen, es erfolge eine starke Zuwanderung aus den neuen EU-Mitgliedsstaaten, haben sich nicht erfüllt. Einige dieser Länder werben selbst um Zuwanderer. So hat Tschechien weitgehend das deutsche Zuwanderungsgesetz in seinem ersten Entwurf übernommen, einschließlich des Auswahlverfahrens auf der Grundlage des Punktesystems. Auch Deutschland braucht Zuwanderung aus demografischen Gründen. Wir sollten uns der demografischen Realität nicht länger verweigern. Ohne Zuwanderung würde sich die Bevölkerung Deutschlands von heute 82 Millionen auf 58 Millionen Menschen in 2050 verringern.[96]

Dabei kommt es nicht in erster Linie auf die Bevölkerungszahl, sondern auf die mit dem demografischen Wandel verbundenen Übergangsprobleme wie Erwerbspotenzial und soziale Sicherung in unserer Gesellschaft an.

VI. Schlüsselthema Integration

1. Was meint Integration?

Mit dem Begriff Integration verbinden sich unterschiedliche Vorstellungen und Erwartungen. Es gibt keine einheitliche Definition. Integration versteht sich nach Auffassung der meisten Experten als Gegenbegriff zur Desintegration, zur Ab- und Ausgrenzung. Es geht um individuelle und gesellschaftliche Teilhabe und Zugehörigkeit. Leitbild ist eine plurale Gesellschaft, die auf der Grundlage einer für alle verbindlichen Werte- und Normenordnung ein Zusammenleben ohne Ausgrenzung anstrebt. Integration von Zuwanderern ist in der Regel ein mittel- bis langfristiger, mitunter sogar mehrere Generationen umfassender kultureller und sozialer Prozess. Dieser hat bei aller Planung eine ausgeprägte Eigendynamik. Er kann durch eine gute Integrationspolitik gefördert und begleitet werden. Integration liegt nicht nur im Interesse der Zugewanderten, sondern auch im Interesse der Mehrheitsbevölkerung.[97]

Integrationspolitik erstreckt sich auf viele Lebensbereiche und ist ein exemplarisches Feld für eine breit angelegte Querschnittspolitik. Sie umfasst die Bereiche Bildung, Arbeit, Wirtschaft und Soziales, Recht, Kultur, Religion, Gesundheit und Wohnen.

Besonders relevant für Integration sind Bildung und Arbeit. Ziel ist die Verwirklichung von möglichst guten und breiten Beteiligungsmöglichkeiten in allen Lebensbereichen.

Unterschiedliche Auffassungen und Erwartungen bestehen in Bezug auf den Grad der Annäherung und Anpassung an die kulturellen, politischen und sozialen Werte und Normen des Aufnahmelandes. Während für die einen der Integrationsprozess im Kern ein Assimilationsprozess ist, der in der weitgehenden oder gänzlichen Übernahme der Kultur, der Lebensformen und Lebensweise der Aufnahmegesellschaft besteht, betont die Gegenposition ihr Integrationsverständnis auf der Basis kultureller Vielfalt bei Anerkennung der Verfassung und der Gesetze des Aufnahmelandes.

2. Politische und gesellschaftliche Rahmenbedingungen

Integration ist eine Gemeinschaftsaufgabe von Bund, Ländern und Gemeinden. Wichtige Rahmenbedingungen der Integrationsförderung werden durch den Bund und die Länder gesetzt. Entscheidend für das Gelingen ist die kommunale Ebene, sind die Menschen vor Ort, weil dort Integration praktiziert wird oder nicht stattfindet.

Gesetzgeberisch und finanziell sind viele Akteure beteiligt, aber es fehlt bisher ein »umfassendes, bedarfsorientiertes Rahmenkonzept der Integrationsförderung, das Zuständigkeiten regelt, Aufgaben und Angebote koordiniert, Qualität sichert und Doppelstrukturen vermeiden hilft.«[98] Gelingende oder misslingende Integration ist der Prüfstein für ein Zusammenleben, das einerseits von kultureller und ethnischer Vielfalt, andererseits von Zusammenhalt ohne Aus- und Abgrenzung gekennzeichnet ist.

Integration könnte zum Wort des Jahres 2006 werden. Anlass für eine hitzige öffentliche Debatte war eine Meldung in den Medien, die die Menschen aufschreckte. Die Berliner Rütli-Hauptschule, eine Schule mit sehr hohem Migrantenanteil, forderte öffentlich ihre Auflösung, weil die Konflikte zwischen Schülern und Lehrern nicht mehr beherrschbar erschienen. Es trat ein, was in solchen Situationen häufig der Fall ist: Integration wurde zum nationalen Schlüsselthema. Ins Zentrum rückte *die These von der gescheiterten Integration*. Für diese wurden einerseits die Integrationsunwilligen und die Integrationsverweigerer und andererseits die politischen Anhänger einer multikulturellen Gesellschaft verantwortlich gemacht. Gefordert wurden Sanktionen. Nicht beachtet blieb zunächst, dass fehlende deutsche Sprachkenntnisse zwar ein Hindernis für produktives Lernen sind, dass aber die Ursachen von Schulversagen und Schulschwänzen vielschichtiger sind und nicht primär mit Sanktionen beseitigt werden können. Um eine kooperative und konstruktive Suche nach Problemlösungen auf der Basis einer vertieften Ursachenanalyse ging es zunächst nicht. Migrantinnen und Migranten, Integrierte und Nichtintegrierte, erfuhren einmal mehr, dass sie ein Problem, eine Belastung für die Mehrheitsbevölkerung sind. Wer von Wertschätzung und Anerkennung ihrer Leistungen für Deutschland oder von den bereichernden Migranten sprach, ging im Getöse der negativen Szenarien unter.

Erst nachdem sich die Welle der Empörung gelegt hatte, erhielten differenzierende Stellungnahmen eine Chance. Zwar fand die Debatte ihre Fortsetzung in der Diskussion der Frage, wer dauerhaft in Deutschland bleiben könne und welche Anforderungen an Einbürgerung zu stellen seien, aber es wurde nicht mehr vorrangig von Sanktionen gesprochen. Es mehrten sich die konstruktiven Vorschläge zur Verbesserung der Sprachkompetenz, der Bildungschancen, der beruflichen Qualifikation und der Teilhabe am Arbeitsmarkt. Bund, Länder und Gemeinden, aber auch die Akteure der Zivilgesellschaft meldeten sich zu Wort und machten öffentlich, welche integrationsfördernden Maßnahmen inzwischen mit Erfolg in Gang gekommen sind.

Darüber hinaus wurde überlegt, wie ein Zusammentreffen Beteiligter und Betroffener, politisch und zivilgesellschaftlich Verantwortlicher auf höchster politischer Ebene organisiert werden könne.

Der Integrationsgipfel am 14. Juli 2006 bei Bundeskanzlerin Angela Merkel setzte ein wichtiges politisches Zeichen und vertrat eine klare Botschaft mit der Aufforderung zu einer gemeinsamen Bearbeitung der Probleme. Es ging um wechselseitiges Zuhören, um Erfahrungs- und Problemaustausch auf Augenhöhe. Das wichtigste Signal war: Die politisch Verantwortlichen stellen sich ein auf ein dauerhaftes Zusammenleben mit eingebürgerten Migranten und Ausländern. Sie wollen die Integration, kein Nebeneinander, sondern ein friedliches und produktives Miteinander. Es kommt jetzt entscheidend auf die Umsetzung dieser Ankündigung an.

Rotation statt Integration
Integration war in der Vergangenheit kein zentrales Thema, weil der temporäre Aufenthalt und dementsprechend die Rückkehr der Migranten im Zentrum der Ausländerpolitik standen. Die Tatsache, dass viele, vor allem die Gastarbeiter und ihre Familien, seit zwanzig und dreißig Jahren in Deutschland lebten, änderte daran wenig. Die Gastarbeiter wurden nicht wie Einwanderer behandelt. Sie sollten nicht als gleichberechtigte Bürger in die deutsche Gesellschaft integriert werden. Das Aufenthaltsrecht mit seinen zeitlichen Befristungen, der eingeschränkte Zugang und teilweise auch der Ausschluss vom Arbeitsmarkt für bestimmte Personengruppen, die bis 1990 bestehenden restriktiven Einbürgerungsregelungen mussten den Zugewanderten den Eindruck vermitteln, dass von ihnen Wohlverhalten, aber nicht Integration erwartet wurde.

Ein erster wichtiger Schritt erfolgte im Ausländergesetz von 1990 unter Federführung des damaligen Bundesinnenministers Wolfgang Schäuble. Es bot die Einbürgerungsmöglichkeit für die in den Jahren 1956 bis 1973 angeworbenen Ausländer und ihre Nachkommen. Allerdings kam diese Neuregelung angesichts der fremdenfeindlichen Übergriffe 1992/93 mit brennenden Heimen und Wohnungen von Asylsuchenden und Flüchtlingen nicht voll zum Tragen.[99] Die Einbürgerungen in den 90er Jahren stiegen bis zum Regierungswechsel 1998 nicht signifikant, sie blieben unterhalb der Grenze von 100 000. Erst mit der im Jahr 2000 in Kraft getretenen Novellierung des Ausländergesetzes, der Verkürzung der Aufenthaltsdauer von Ausländern für eine Einbürgerung von 15 auf 8 Jahre und der Möglichkeit, in Deutschland geborenen Kindern unter bestimmten Voraussetzungen die deutsche Staatsbürgerschaft zu geben, begann eine Politik der Ausrichtung auf dauerhaften Verbleib. Insgesamt wurde jedoch die Gastarbeiterkonzeption, das heißt die seit 1984 geltende Anwerbestoppausnahmeverordnung für zeitlich befristete Zuwanderung bis heute

**Einbürgerungen von Ausländern von 1994 bis 2004
(Anzahl der Personen)**

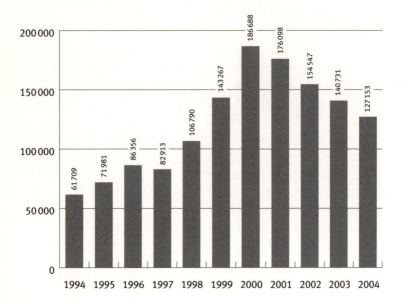

Quelle: Bundesamt für Migration und Flüchtlinge
(http://www.bundestag.de/blickpunkt/101_Debatte/0604/0604044.htm)

beibehalten. Es blieb bei einer Politik der strikten Abwehr ohne unbefristetes Bleiberecht mit weit reichenden negativen Folgen für die Integration. Umfassende Integrationsmaßnahmen fanden nur für Aussiedler und Spätaussiedler statt. Anspruch auf Sprachkurse hatten außerdem Asylberechtigte und Kontingentflüchtlinge. Bis zur Wiedervereinigung im Jahr 1990 waren bereits 1,7 Millionen ethnische Deutsche als Staatsbürger anerkannt.[100] Danach kamen weitere drei Millionen Spätaussiedler hinzu. Ihre Integration wurde durch Sprachkurse, Eingliederungshilfen in den Arbeitsmarkt und andere staatliche Hilfen intensiv unterstützt. Von diesem Integrationskonzept ist viel Positives zu lernen und weiterzuführen.

Einbürgerung nach vorheriger Staatsbürgerschaft von 1995 bis 2004

	1995	1996	1997	1998	1999	2000	2001	2002	2003	2004
Türkei	31.578	46.294	42.240	59.664	103.900	82.861	76.573	64.631	56.244	44.465
Iran	874	649	1.171	1.529	1.863	14.410	12.020	13.026	9.440	6.362
Serbien und Montenegro*	3.623	2.967	2.244	2.721	3.444	9.776	12.000	8.375	5.504	3.539
Afghanistan	1.666	1.819	1.475	1.200	1.355	4.773	5.111	4.750	4.948	4.077
Marokko	3.288	2.918	4.010	4.981	4.312	5.008	4.425	3.800	4.118	3.820
Libanon	595	784	1.159	1.782	2.491	5.673	4.486	3.300	2.651	2.265
Kroatien	2.479	2.268	1.789	2.198	1.536	3.316	3.931	2.974	2.048	1.689
Bosnien-Herzegowina	2.010	1.926	995	3.469	4.238	4.002	3.791	2.357	1.770	2.103
Vietnam	3.357	3.464	3.129	3.452	2.270	4.489	3.014	1.482	1.423	1.371
Polen	10.174	7.872	5.763	4.968	2.787	1.604	1.774	2.646	2.990	7.499
Russische Föderation						4.583	4.972	3.734	2.764	4.381
Ukraine						2.978	3.295	3.656	3.889	3.844
Irak	364	363	290	319	483	984	1.264	1.721	2.999	3.564
Israel	1.025	–	584	–	802	1.101	1.364	1.739	2.844	3.164
Insgesamt	71.981	86.356	82.913	106.790	143.267	186.688	178.098	154.547	140.731	127.153

bis 3. Februar 2003 Bundesrepublik Jugoslawien

Quelle: Statistisches Bundesamt

Die heute beklagten und kritisierten Bildungsdefizite sind nicht einseitig den Migranten und deren mangelnden Bildungsanstrengungen anzulasten, sondern entscheidend in den politischen und gesellschaftlichen Rahmenbedingungen mitbegründet. Es gab bis zum Ende der 90er Jahre keine offiziellen Signale dafür, dass Deutschland sich als Einwanderungsland auf ein dauerhaftes Zusammenleben mit Flüchtlingen und Arbeitsmigranten einstellen würde. Die Debatte der 90er Jahre konzentrierte sich ganz auf die Frage, wie der Flüchtlingsstrom nach Deutschland abgewehrt und insbesondere Bürgerkriegsflüchtlinge so schnell wie möglich in ihre Heimatländer zurückgeführt werden könnten.

In der Tat stieß Deutschland durch den starken Zustrom von Bürgerkriegsflüchtlingen vom Balkan und von Millionen Spätaussiedlern und Kontingentflüchtlingen an die Grenze seiner Aufnahmekapazität. Hinzu kam als Folge der Wiedervereinigung die Binnenwanderung. Es fehlte zunehmend an Wohnraum und Arbeit. Nach Beendigung des Balkankrieges kehrte zwar die große Mehrheit der Bürgerkriegsflüchtlinge in ihre Heimat zurück. Die vorherrschende Wahrnehmung aber blieb: *Das Boot ist voll,* die Aufnahmekapazität ist erschöpft. Deutschland hat wegen der großen Zahl der Migranten aus humanitären Gründen keine weitere Aufnahme- und Integrationskapazität.

Angesichts ständig steigender Arbeitslosigkeit ab 1993 verschlechterten sich die Chancen auf dem Arbeitsmarkt dramatisch. Sie betrafen vor allem die Geringqualifizierten Migranten. Aber auch zunehmend mehr Deutsche wurden arbeitslos. Der überproportional hohe Migrantenanteil an den insgesamt 1,6 Millionen Arbeitslosen ohne Schulabschluss und berufliche Qualifikation macht deutlich, welche Langzeitfolgen die Anwerbung ungelernter Migranten und die bildungspolitischen Versäumnisse nach sich zogen. Die negativen Entwicklungen auf dem Arbeitsmarkt und der gravierende Anstieg der Sozialkosten erklären zu einem großen Teil die restriktive Zuwanderungspolitik dieser Jahre. Gleichzeitig verbreitete sich Anfang der 90er Jahre eine Ausländer ablehnende Haltung, vor allem gegenüber Armutsflüchtlingen.

Priorität Integration

Es dauerte noch mehrere Jahre, bis einzelne Bundesländer, Kommunen oder auch Parteien Integration zum Schlüsselthema machten. Die Reaktion auf die Forderung nach einem konzeptionellen Richtungswechsel in der Zuwanderungspolitik lautete Ende der 90er Jahre: *Integration statt Zuwanderung.* Dabei spielte die Befürchtung eine große Rolle, dass die sich abzeichnenden Desintegrationsprozesse, die Spaltung der Gesellschaft in diejenigen, die Arbeit, und diejenigen, die keine Arbeit und somit kein Erwerbseinkommen haben, zu erheblichen Konflikten in der Bundesrepublik führen könnte. Hauptquelle für sich aufstauende und nachfolgend eskalierende Konflikte und Gewalt sind oft soziale und wirtschaftliche Perspektivlosigkeit. Das haben uns die Revolten mit brennenden Autos in den Vorstädten von Paris und auch in anderen Großstädten Frankreichs vor Augen geführt. Jugendliche ohne Zukunftsperspektiven sind bei fehlendem sozialen Rückhalt für radikalisierte Formen des Protestes und des Widerstandes ansprechbar. Nicht nur Zukunftsperspektiven, sondern Wertschätzung ist notwendig, um dies zu verhindern.

Politisch wie gesellschaftlich fehlt es Deutschland an Wertschätzung der Zugewanderten. Sie erfahren in aller Regel nicht, dass sie willkommen sind und gebraucht werden. Integrationswille von Seiten der Migranten ist an die Voraussetzung gebunden, dass ihre Anwesenheit im Aufnahmeland auf Akzeptanz und Zustimmung und nicht vorrangig auf Duldung und Desinteresse beruht. Im Gegensatz zu den USA oder auch Kanada müssen Migranten ständig begründen und rechtfertigen, warum sie ausgewandert sind. Das verstärkt das Gefühl, nicht willkommen zu sein, ebenso wie die Tatsache, dass man hier, anders als dort, von vorneherein davon ausgeht, dass sie nur auf Zeit im Lande sind.

Politisch und gesellschaftlich hat das Themenfeld Integration seit Ende der 90er Jahre sehr an Bedeutung gewonnen. Integration statt neuer Zuwanderung war eine nachdrücklich vertretene Position gegen eine Öffnung Deutschlands für weitere Arbeitsmigranten. Nachdem die Zuwanderungszahlen inzwischen sehr niedrig

sind, gibt es zwar rein quantitativ gesehen den stets geforderten
Spielraum für eine gezielte Anwerbung von Hochqualifizierten,
Selbstständigen und Fachkräften, aber die Probleme des inländischen Arbeitsmarktes und hier insbesondere der viel zu hohe Anteil arbeitsloser Migrantinnen und Migranten bestehen fort.

Die Arbeitsmarktlage ist aber nur ein Faktor, wenn auch ein
höchst wichtiger für die Integration. Das Entscheidende sind die
gesellschaftlichen, die kulturellen und sozialen Spannungen und
auszutragenden Konflikte. Integration als politische und gesellschaftliche Querschnittsaufgabe geht weit über den Bereich Wirtschaft und Arbeit hinaus. Sie ist vor allem eine sozial-kulturelle
und insofern eine interkulturelle Aufgabe von weit reichender
Bedeutung. Im neuen Zuwanderungsgesetz § 1 wird dieser Zusammenhang ausdrücklich betont. Es geht um die Integrationskapazität. Dabei spielen nicht nur die Zahlen, sondern auch die
Herkunftsregionen mit vergleichbaren oder sehr unterschiedlichen Kulturen, der Bildungsstand, die Religion und Mentalität
sowie die Fähigkeit der Mehrheitsgesellschaft, mit dieser Vielfalt
umzugehen, eine zentrale Rolle. Konflikte treten verstärkt in solchen Städten und Quartieren auf, in denen die Probleme kumu-
lieren: mit einer hohen Konzentration von Migranten in schwieriger sozialer Lage, das heißt wirtschaftliche Armut aufgrund von
Arbeitslosigkeit, Sprachbarrieren und Kriminalität.

Allerdings sind oft Städte und Regionen mit einem hohen Anteil an Migranten konfliktfreier als Regionen ohne oder mit einem
verschwindend geringen Anteil an Migranten. Je höher der Bildungsstand und die berufliche Qualifikation, desto geringer sind
die Integrationsprobleme. Das zeigen Beispiele wie Frankfurt/
Main, München oder Stuttgart. Das Beispiel der Stadt Stuttgart,
mit einem Ausländeranteil von 22 Prozent und einzelnen Schulen
mit 80 Prozent Ausländern aus 76 Nationen, zeigt, dass diese Situation durch ein breites Aktionsbündnis von Haupt- und Ehrenamt-
lichen trotzdem beherrschbar ist. In Stuttgart gibt es keine Gettos.
Die Stadt versucht die Stadtbezirke mit interkulturell gemischten
Nationalitäten zu belegen. In den problematischen Bezirken küm-
mern sich Jugendarbeiter um auffällig gewordene Jugendliche.

Kindergärten und Schulen bieten Sprachförderungsprogramme an. Studenten und Senioren geben Hauptschülern Nachhilfe oder unterstützen sie bei der Arbeitssuche. Auch Stuttgart kennt angesichts des wegbrechenden produzierenden Gewerbes die Probleme fehlender Ausbildungs- und Arbeitsplätze. Aber daran arbeitet das von Oberbürgermeister Wolfgang Schuster 2000 geschaffene *Bündnis für Integration mit der Wirtschaft.* Er handelt mit seinem Integrationsbeauftragten Gari Pavkovic nach der Maxime: Jeder soll die Chance haben, ein guter Stuttgarter zu werden, egal welchen Pass er hat.[101]

Die Fragen der Integration betreffen in gleichem Maße die Zugewanderten wie die Mehrheitsgesellschaft, wenn auch in unterschiedlicher Weise. Sie begegnen uns in den individuellen Aussagen, in den Einzelbiografien der Migranten. Gerade diese Mikroebene an Erfahrungen und Einsichten kann dazu beitragen, die häufig realitätsfernen politischen Debatten und Entscheidungen in den Alltag zu holen. In den Gesprächsdokumenten und den individuellen Stellungnahmen vieler Migrantinnen und Migranten wird immer wieder deutlich, welche Konflikte beispielsweise die Forderung nach einer Leitkultur bei ihnen auslöst, wenn darin ihre Herkunft, ihre Identifikation mit Werten der Herkunftskultur wie hohe Wertschätzung der Familie, der Tradition und religiöser Bindung keine Anerkennung finden. Aussagen wie, die multikulturelle Gesellschaft sei gescheitert, sei weder Realität noch Leitbild, wirken auf sie wie eine harte Absage an die Herkunftskultur und wie die Erwartung, diese aufgeben und sich in die Mehrheitskultur einpassen zu müssen.

Die Bundesrepublik ist aber ein Land mit pluralem Gesellschaftsverständnis, die sich zur Vielfalt bekennt auf der Grundlage einer gemeinsamen Werteordnung. National wie europäisch gilt der Grundsatz *Vielfalt in Einheit.*[102]

Migrantinnen und Migranten sind ein Teil dieser Vielfalt in Einheit. Diese hat zugenommen, die Gesellschaft ist komplexer geworden. Doch diese Entwicklung darf nicht mit Überfremdung verwechselt werden. In unseren Großstädten leben ein Drittel bis

40 Prozent Zugewanderte oder hier geborene Migranten.[103] Aber sie leben nicht in Deutschland, um unser Land zu überfremden. Sie suchen hier ihr Zuhause, wollen in ihrer großen Mehrheit ein Teil dieser Gesellschaft sein. Natürlich haben viele weiterhin Kontakt zu ihrer Heimat, aber ein Teil spricht besser Deutsch als die Herkunftssprache. Den meisten geht es nicht darum, vor allem ihre ethnische oder kulturelle Andersartigkeit zu betonen. Sie haben mehr Interesse am Verbindenden als am Trennenden. Dazu gehören der Schutz für Leib und Leben, die Sicherheit der Existenz, die Gesundheitsfürsorge, eine Wohnung, Bildung, Arbeit, Schutz vor Willkür und Gewalt, Meinungs- und Glaubensfreiheit, gleiche Rechte für Mann und Frau, Respekt und Toleranz gegenüber den Andersdenkenden.

Natürlich möchten Migrantinnen und Migranten auch in ihrer Andersartigkeit akzeptiert sein, sich in ihren erworbenen Kulturformen, im Tanz, in der Kunst, im Handwerk und anderen Techniken darstellen und einbringen können, und das nicht nur im abgeschlossenen privaten Bereich, sondern auch in der Öffentlichkeit. Was aber viele bedrückt, ist die Erfahrung, dass die mitgebrachte oder von der Familie vermittelte Sprache und Kultur als rückständig und minderwertig bewertet werden oder im Aufnahmeland wenig interessieren.[104]

Das Zusammenleben von Menschen, die sich sprachlich nicht sicher verständigen und austauschen können, die zugleich Rückhalt suchen in der mitgebrachten Kultur und sich neu orientieren müssen im Alltag des Aufnahmelandes, ist mit Spannungen und Konflikten verbunden. Fremdheit, fehlende sprachliche, kulturelle und religiöse Kenntnisse auf Seiten der Mehrheitsgesellschaft und der Migranten hemmen oder verhindern wechselseitiges Kennenlernen und Kontakteknüpfen. Besonders schwierig ist die Integration im Aufnahmeland für jene, die in ihrer Heimat keine oder nur wenige Jahre schulische Bildung erfahren haben.

Wir verkennen die Probleme vieler Familien und insbesondere der Frauen, die beispielsweise Südostanatolien quasi als Analphabeten verlassen haben und von denen in Deutschland erwartet wird, dass sie die entscheidende Unterstützung bei der Bildung und Ausbildung ihrer Kinder leisten. Sie können aber ihren Kindern kaum helfen, eher helfen die Kinder umgekehrt den Müttern. Die große Nachfrage von Frauen nach Sprachkursangeboten zeigt das Interesse, deutsch zu lernen. Das wird jetzt verstärkt durch die Verpflichtung zum Erwerb deutscher Sprachkenntnisse und es ist für viele betroffene Frauen ein wichtiger Schritt zur eigenständigen Lebensführung durch Bildung.

Die Zusammenarbeit mit den Eltern der Migrantenkinder ist eine unverzichtbare Komponente der Integrationspolitik. Der Stellenwert von Kindergarten und Schule für den Abbau der Bildungsbenachteiligung und die Erhöhung individueller Bildungsförderung ist von größter Bedeutung und umfassend neu zu bestimmen. Der entscheidende Befund der PISA-Studie, dass in keinem anderen der 41 untersuchten Vergleichsländer der OECD die Bildungschancen von Kindern und Jugendlichen so stark vom sozialen Status der Eltern abhängen wie in Deutschland, hat eine bildungspolitische Diskussion entfacht. Die Bildungsinstitutionen kompensieren die ungleichen Bildungschancen nicht. Das betrifft alle Kinder und Jugendlichen, aber vor allem jene mit Migrationshintergrund.[105]

Schlechte Schulabschlüsse, hohe Schulabbrecherquoten und Schulschwänzen sind seit den Ergebnissen der PISA-Studie kein tabuisiertes oder bildungspolitisch vernachlässigtes Thema mehr. Alarmiert haben insbesondere die Befunde über die Lern- und Schulleistungen der Kinder und Jugendlichen mit Migrationshintergrund. Das deutsche Bildungssystem mit seiner spät einsetzenden Bildungsförderung sowie seinen frühen Selektionen und Zuweisungen an Sonderschulen, Hauptschulen, Realschulen und Gymnasien sei nicht in der Lage, herkunftsbedingte ungleiche Bildungschancen auszugleichen. Das gilt auch für viele deutsche Kinder ohne Migrationshintergrund, die am Ende ihrer Schulpflichtzeit nicht oder nur bedingt ausbildungsfähig sind. Die notwendigen Reformen betreffen das Bildungssystem insgesamt. Die gezielte Frühförderung der Drei- bis Sechsjährigen, vor allem die sprachliche Förderung, wird seit 2002 in mehreren Bundesländern bereits praktiziert. Vorreiter waren hier Hessen und Bayern. Anstatt die Kinder zu Sonderschulen zu schicken und damit eine erste und oft irreversible Ausgrenzung aus dem Regelschulsystem zu exerzieren, muss die vorschulische Sprachförderung intensiviert werden, um die Bildungschancen durchgreifend zu verbessern.

Nicht nur die Bildungspolitiker sehen die Notwendigkeit zur Reform des Bildungswesens und unterstützen den Aus- und Aufbau von Ganztagsschulen sowie neuen Lehr- und Lernmethoden. Es sind verstärkt die Kommunalpolitiker, die sich integrationspolitisch engagieren. Sie sind sich inzwischen bewusst, wie sehr die Zukunft ihrer Kommunen von einer gut ausgebildeten jungen Generation abhängt.

Das Interesse an den demografischen Kennzahlen der Kommunen ist in kurzer Zeit in einem Maße gestiegen, wie es noch nie der Fall war. Die demografische Entwicklung, über Jahrzehnte verdrängt und wesentlich durch Zuwanderung ausgeglichen, ist kein Tabu mehr, sondern ein Thema von hoher Priorität. Schon heute sind 20 bis 25 Prozent der nachwachsenden Migrantengeneration in Deutschland geboren. Jeder Fünfte hat einen türkischen Migrationshintergrund. Die demografischen Fakten zwingen zum Umdenken, zur verstärkten Integration der Zugewanderten. Gelingt ihre Integration nicht, dann steigt die Zahl der Ungelernten und Geringqualifizierten, und das verschärft die ökonomischen und sozialen Probleme in den Kommunen.

Seit langem sind die Erziehungs- und Lernprobleme an deutschen Schulen bekannt. Sie sind kein primäres Migranten- und Ausländerproblem. Schulversager, Schulschwänzer, Schulabbrecher und Gewalt treffen wir auch in Schulen ohne oder mit einem sehr geringen Ausländeranteil an. Aber wo Schulen in sozialen Brennpunkten mit hoher Arbeitslosigkeit und einem überproportional großen Anteil an Migrantenkindern aus bildungsfernen Schichten konfrontiert sind, ist es fast unmöglich, diesen Schülern entwicklungsfördernde Lernumwelten zu bieten. Die soziale Ungleichheit ist ein massives Integrationshindernis.

Der Vergleich der sozialen Situation von Deutschen und Ausländern ergibt signifikante Ergebnisse. Die Arbeitslosenquote der Deutschen liegt bei 11,5 Prozent, die der Ausländer liegt bei 20,5 Prozent. 29 Prozent der deutschen Erwerbstätigen sind Arbeiter, von den Ausländern sind es 53 Prozent. 53 Prozent der deutschen Erwerbstätigen sind Angestellte, bei den Ausländern sind es 36 Prozent. 44 Prozent der ausländischen Kinder und Jugendlichen besuchen die Hauptschule, 14 Prozent das Gymnasium. Bei deutschen Kindern und Jugendlichen liegt der Anteil der Hauptschüler bei 19 Prozent und bei Gymnasiasten bei 32 Prozent.

Die ausländischen Schulabgänger haben zu 20 Prozent keinen Schulabschluss im Vergleich zu 8 Prozent der deutschen. 10 Prozent erreichen eine Hochschul- oder Fachhochschulreife im Vergleich zu 25 Prozent der deutschen. Dabei schneiden ausländische Mädchen besser ab als ausländische Jungen: Sie erzielen bessere Schulabschlüsse, mehr Mädchen besuchen Realschule und Gymnasium, weniger verlassen die Schule ohne Schulabschluss. Ihre Eltern investieren mehr in die Bildung, und die Mädchen haben eine höhere Bildungsmotivation. Trotz überwiegend niedrigem sozialem Status der Migrantenfamilien ist die Aufwärtsmobilität der jungen Migrantinnen groß.[106]

Vergleicht man die Schulabgänger ohne Schulabschluss bzw. mit Abitur in ausgewählten Bundesländern, so zeigen sich auch erhebliche Unterschiede zwischen den Bundesländern mit Abweichungen von über 10 Prozent. Nach den Angaben des Statistischen Bundesamts von 2001/2002 ist das Schulversagen von Migrantenkindern in Ländern wie Niedersachsen, Bayern und Berlin sehr viel häufiger, nämlich über 20 Prozent, während es in Bremen und Nordrhein-Westfalen bei 14 Prozent liegt.

Im Februar 2006 hat der Bildungsexperte Vernor Muñoz aus Costa Rica im Auftrag der UN Deutschland bereist und erneut die hohe Abhängigkeit der Bildungschancen von der sozialen Herkunft und die besondere Benachteiligung von Migrantenkindern und Jugendlichen im deutschen Bildungssystem festgestellt und kritisiert. Wir haben es nicht mit einer Verbesserung der Bildungs- und Berufschancen in der zweiten und dritten Generation zu tun, sondern mit einer Verschlechterung. In der PISA-Sonderauswertung, in der die Schulleistungen von Schülern und Schülerinnen mit Migrationshintergrund in 17 OECD-Ländern untersucht wurden, schneidet Deutschland schlecht ab.[107]

Untersucht wurden die Leistungen der 15-jährigen Schüler und Schülerinnen mit Migrationshintergrund in den Fächern Mathematik und Lesekompetenz, in den Naturwissenschaften und in Bezug auf Problemlösungsfähigkeiten. Gefragt wurde ferner, wie sich die Lernenden selbst einschätzen und wie sie generell zur Schule eingestellt sind. Positiv ist, dass Schüler mit Migrationshintergrund im Schnitt eine hohe Lernmotivation und eine positive Einstellung zur Schule haben. Aber im Ausland geborene Schüler liegen ein Jahr hinter dem Leistungsstandard der einheimischen Schüler zurück. In den drei klassischen Einwanderungsländern Australien, Kanada und Neuseeland werden hingegen von den verschiedenen Gruppen vergleichbare Leistungen erreicht. Hier zeigt sich sehr deutlich der Einfluss der Kenntnisse der Landessprache auf den Schulerfolg. Dort, wo fest etablierte Sprachförderungsprogramme mit relativ klar definierten Zielen und Standards bestehen, haben Schüler und Schülerinnen eine größere Chance, in das Bildungssystem integriert zu werden.

Deutschland liegt auf dem letzten Platz der 17 untersuchten Länder. Bei allen methodischen Einwänden im Hinblick auf die Vergleichbarkeit der ausgewerteten Daten kann es doch keinen Zweifel an der Grundausrichtung der Ergebnisse geben. Der Handlungsbedarf ist groß, wenn 47 Prozent der in Deutschland geborenen Migrantenkinder der zweiten Generation in der Mathematik nicht das Niveau erreichen, das sie für eine Berufsausbildung brauchen. Von den neu ins Land gekommenen Kindern und Jugendlichen ist es ein Drittel. Ähnlich sind die Ergebnisse für die Lesekompetenz. Um dies zu ändern, kann man nicht darauf verweisen, dass die Eltern ihre Kinder besser unterstützen müssen. Eltern mit Migrationshintergrund haben im Schnitt fünf Jahre weniger Schulausbildung als deutsche Eltern. Sie können diese unterstützende Aufgabe kaum leisten.

Eingeleitete Reformmaßnahmen

Die PISA-Ergebnisse haben nicht nur die Integrationsdebatte weiter angeheizt, sondern vor allem zu breit einsetzenden Reformmaßnahmen auf der Ebene des Bundes, der Länder und der Kommunen geführt. Das neue Zuwanderungsgesetz mit seiner erstmaligen systematischen Verknüpfung von Migration und Integration hat dabei richtungweisend gewirkt. Diese Richtungsänderung war im Hinblick auf die Integrationsanstrengungen eindeutiger und konsequenter als im Hinblick auf die Zuwanderung. Migranten und Migrantinnen können daraus ableiten, dass Deutschland endlich ein Angebot zur Aufnahme in die deutsche Gesellschaft macht.

Das betrifft verschiedene Ebenen: das Aufenthaltsrecht, die Integrationsmaßnahmen, Sprach- und Orientierungskurse in den Bereichen Rechtsordnung, Geschichte und Kultur Deutschlands sowie die Einbürgerung. Die Integrationsangebote und -verpflichtungen richten sich an Neuzuwanderer und schon lange in Deutschland lebende Migranten mit Integrationsbedarf. Ausdrücklich wird von nachholender Integration gesprochen. In diesem Begriff drücken sich zugleich Versäumnis und Angebot aus, vergleichbar der zweiten Chance im Bildungswesen: 600 Stunden Sprachangebot, 30 Stunden Orientierungskurse für Migrantinnen und Migranten ab 21 Jahren, von der Bundesregierung finanziert, organisiert vom Bundesamt für Migration und Flüchtlinge in Nürnberg. Die Befürchtung, die Kurse würden vor allem von denen nicht in Anspruch genommen, die über geringe Schulbildung und Deutschkenntnisse verfügen, hat sich nicht erfüllt. Zwar wurden die verfügbaren Finanzmittel von 208 Millionen Euro im ersten Jahr nicht voll ausgeschöpft, aber insgesamt haben fast 170 000 Anspruchsberechtigte die Kurse wahrgenommen. Die meisten stammen aus der Türkei und Russland. Der Anteil der Frauen liegt bei fast 60 Prozent. Die Abschlussprüfung ist bislang freiwillig. Nur knapp die Hälfte aller Teilnehmer unterzieht sich dem Test und von diesen besteht ihn nur ein Drittel.[108] Daher plant die Koalition von Union und SPD, das Angebot von jetzt 630 auf 900 Stunden auszubauen und das Entgelt für den Unterricht zu erhöhen, um gut ausgebildete Lehrkräfte zu gewinnen. Ziel ist, durch verbesserte deutsche Sprachkenntnisse die Berufschancen am Arbeitsmarkt zu erhöhen.[109] Diese Erhöhung der Stundenzahl soll – sofern die Finanzierung nicht voll gelingt – zumindest für Jugendliche und Frauen durchgesetzt werden.

Die geplante Aufstockung auf 900 Stunden zeigt, dass Integrationsförderung inzwischen für Parlament und Regierung einen herausgehobenen Stellenwert hat und aktiv vorangetrieben wird. Das ist relevant für die Wirtschaft, relevant für den sozialen Frieden, vor allem aber für unsere Zukunftsfähigkeit. Wenn die Untersuchung der OECD von 2001 zu dem Ergebnis kommt, dass 20 bis 25 Prozent der jungen Generation in Deutschland nur bedingt ausbildungsfähig sind, dann ist das bereits ein höchst alarmierender Befund. Wenn hinzukommt, dass der Anteil der jugendlichen Migranten doppelt so hoch ist, dann ist zu fragen, wie Deutschland seinen Bedarf an gut ausgebildeten Nachwuchskräften abdecken will. Wir verfügen zum einen über ein brachliegendes Potenzial bei den gut ausgebildeten Migrantinnen und Migranten, deren Abschlüsse im Herkunftsland wir nicht anerkennen, und haben zum anderen auch die Fähigkeiten und Stärken jener zu erschließen und zu fördern, die wir bislang als nicht lern- und bildungsfähig eingestuft haben.

Bundesweit ist ein Prozess in Gang gekommen, der sich in verstärkten Reforminitiativen oder Planungen niederschlägt. Schwerpunkte sind:

- intensiver Ausbau der vorschulischen Sprachförderung mit Sprachstandtests im Alter von vier und fünf Jahren, um Defizite gezielter auszugleichen
- flexiblere Schuleingangsphasen und eine enge Zusammenarbeit zwischen Kindergarten, Kindertagesstätten und Grundschulen
- Intensivierung der Elternarbeit
- Ausbau der Ganztagsschulen, um ganzheitlich in den verschiedensten Bereichen, musisch, sportlich, kulturell und sozial, zu

fördern und Migrantenkindern mehr Gelegenheit zu geben, deutsch zu sprechen und soziale Kontakte aufzubauen
– interkulturelle Kompetenzen in der Lehrerausbildung systematisch und verpflichtend zu verankern und auch mehr pädagogische Fachkräfte mit Migrationshintergrund in allen Bildungsinstitutionen einzustellen
– zusätzlichen Förderunterricht für Schülerinnen und Schüler mit unzureichenden Deutschkenntnissen einzurichten

Die Umsetzung dieser Reformmaßnahmen verträgt keinen Aufschub. Wir haben es zugleich mit dramatischen Bildungsdefiziten und einem massiven Rückgang der Schülerzahlen zu tun. Im Osten Deutschlands sind die Schülerzahlen zwischen 1995 und 2003 um 25 Prozent auf 2,3 Millionen zurückgegangen und die Prognosen gehen davon aus, dass die Zahlen dort bis 2020 um weitere 25 Prozent abnehmen werden. Eine von der Prognos AG im Auftrag der Bosch-Stiftung und der ›Welt‹ durchgeführte Studie, die im Juli 2006 unter dem Titel *Demografie als Chance* veröffentlicht wurde, kommt zu dem Ergebnis, dass die Zahl der Schüler im Zeitraum 2003 bis 2020 in Deutschland insgesamt um zwei Millionen und damit um 17 Prozent zurückgeht.[110] Der Rückgang verläuft in den einzelnen Bundesländern prozentual unterschiedlich. Damit werden Gelder in Milliardenhöhe freigesetzt. Die Berechnungen und Schätzungen werden mit 80 Milliarden und mehr angesetzt. Von diesen Mitteln könnten entscheidende Verbesserungen im Bildungssystem finanziert und so die Bildungsförderung der jungen Generation zukunftsweisend verbessert werden.

Einzelne Bundesländer fordern einheitliche Standards bei den zu erzielenden Sprach- und Bildungsleistungen, ein vergleichendes Bildungsmonitoring der Leistungsergebnisse zwischen den Bundesländern. Solche Aktionspläne sind in Arbeit. Der nordrhein-westfälische Minister für Integration, Armin Laschet, hat bereits vor dem Integrationsgipfel einen 20-Punkte-Plan zur Integration erarbeitet, der gemeinsam mit Migrantenorganisationen, Wohlfahrtsverbänden, Musik- und Sportvereinen umgesetzt werden soll.[111] Eine Schlüsselrolle kommt den Kommunen zu. Alle wichtigen Bereiche werden einbezogen: Bildung, Arbeit, Gesundheit, Wohnen, die kulturelle und politische Partizipation, Elternarbeit, muslimischer Religionsunterricht, aber auch alle anderen Bereiche wie die verstärkte berufliche Mitarbeit von Migrantinnen und Migranten bis hin zur Werbekampagne für mehr Einbürgerung von Ausländern. Die Absicht der Bundesregierung, einen nationalen Aktionsplan zu erarbeiten, sollte die vielen Initiativen aus der Zivilgesellschaft berücksichtigen, die entscheidende Erfolge und Innovation bewirkt haben.

3. Integration kann gelingen – der Beitrag der Zivilgesellschaft

In Deutschland hat die Zivilgesellschaft den entscheidenden Beitrag zur Integration der Migranten geleistet. Von diesen Leistungen und den Beispielen gelungener Integration wird zu wenig gesprochen. Das ist unverständlich. Integrationsbereitschaft und Integrationsanstrengungen würden sich verstärken, wenn nicht nur Defizite, sondern auch Integrationserfolge öffentlich zur Sprache kämen. Das Erreichte ist das Ergebnis der Integrationsanstrengungen der Migranten sowie der positiven Begleitung und Unterstützung durch die verschiedenen zivilgesellschaftlichen Gruppen. Gerade die Zusammenarbeit in Integrationsprojekten hat zu positiven Erfahrungen, Annäherung und Kontakten geführt. Gewiss, es gibt auch die gescheiterten Projekte, die negativen Beispiele in der Zusammenarbeit. Aber das ist nicht migrantenspezifisch und kein Grund aufzugeben, sondern gerade auch aus dem Scheitern zu lernen. Das bürgerschaftliche Engagement spricht für soziale Qualitäten jener in der Gesellschaft, die die Verantwortung für Migrantinnen und Migranten nicht auf staatliche Institutionen abschieben wollen.

Die oft behauptete, aber nicht belegte allgemein negative Einstellung zu Ausländern wird immer wieder als Begründung für eine restriktive Zuwanderungs- und eine rigide Integrationspolitik instrumentalisiert. Zwar ist Ausländerfeindlichkeit ein Faktum in vielen Staaten und Gesellschaften. Aber demoskopische Erhebungen zeigen auch positive Einstellungen und Entwicklungen.

Das bestätigt eine im Januar 2006 veröffentlichte Umfrage des ›Reader's Digest‹, die in acht europäischen Ländern durchgeführt wurde: in Belgien, Deutschland, Großbritannien, Holland, Portugal, Schweden, der Schweiz und Spanien. Von den 7800 Befragten ist fast jeder Zweite der Überzeugung, dass Einwanderer ein Gewinn für sein Land sind. 46 Prozent verneinen das. 49 Prozent befürworten, dass muslimische Frauen in der Schule oder am Arbeitsplatz ein Kopftuch tragen dürfen, 48 Prozent lehnen es ab. In Deutschland liegt die Zustimmung zum Kopftuch allerdings nur bei 37 Prozent, in Großbritannien bei 64 Prozent. Groß, nämlich 73 Prozent, ist der Anteil der in den acht Ländern Befragten, die angeben, im Alltag positive Erfahrungen mit Einwanderern gemacht zu haben. Hoch sind die Erwartungen der Aufnahmegesellschaft an die Integrationsleistungen der Migranten. Die dauerhafte Aufenthaltsgenehmigung für Zuwanderer soll an die Voraussetzung gebunden sein, dass sie sich mit der Sprache, der Geschichte und Kultur des Landes vertraut gemacht haben. Das erwarten 80 Prozent aller Befragten und 93 Prozent der Befragten in Deutschland.

Diese Erwartungshaltung wird in der Forsa-Umfrage vom März 2006 bestätigt. 95 Prozent der Deutschen halten die Beherrschung der deutschen Sprache, 96 Prozent die Anerkennung der Verfassung und der bürgerlichen Freiheitsrechte und 89 Prozent die Respektierung der Werte und Normen der Gesellschaft für wichtig.

Je nach persönlicher Lebenslage und in Abhängigkeit von persönlichen Kontakten und Erfahrungen kommt es zu differenzierten Einstellungen zu Migranten. Deren Anwesenheit ist selbstverständlicher und wird zunehmend seltener als ein Ausnahmezustand wahrgenommen. Negativ ist die Sicht der Deutschen in Wohnquartieren mit Gewaltkonflikten, Vandalismus, Alkohol- und Drogenproblemen. Arbeitslose, vor allem Geringqualifizierte, sehen in Ausländern Konkurrenten auf dem Arbeitsmarkt, die sie bedrängen und verdrängen.

Aber insgesamt ist unsere Gesellschaft offener für Fremde geworden. Diese Offenheit schlägt sich auch in der steigenden Zahl der binationalen Ehen und Partnerschaften nieder. Nach Angaben des Statistischen Bundesamts vom August 2006 haben die Partnerschaften zwischen Deutschen und Ausländern deutlich zugenommen. Es sind 1,3 Millionen deutsch-ausländische Paare, 612 000 mehr als 1956. Sie machen 6,3 Prozent aller Paare in Deutschland aus. Die binationalen Ehen sind gute Beispiele für kulturelle Vielfalt in der kleinsten sozialen Einheit, der Familie mit ihren wechselseitigen Bereicherungen und ihren Alltagskonflikten.

Die während der Kontroversen um das neue Zuwanderungsgesetz vertretene Position, die deutsche Gesellschaft sei noch nicht »reif«, für ein dauerhaftes Zusammenleben mit Zugewanderten aus aller Welt, ist in dieser Pauschalität nicht haltbar und trägt nicht dazu bei, die Bereitschaft zu interkultureller Öffnung zu erhöhen.

Diese Position steht auch im Widerspruch zu den Leistungen, die gerade die Zivilgesellschaft in der Bundesrepublik für die Integration erbringt. Zivilgesellschaft ist ein Begriff ohne übereinstimmende Definition. Den Kern der Zivilgesellschaft bilden nach dem hier zugrunde liegenden Verständnis nicht-staatliche Zusammenschlüsse, die freiwillig zustande kommen, wie beispielsweise Bürgerforen, Bürgerinitiativen, Selbsthilfegruppen, Verbände, Vereine, kulturelle Vereinigungen, Wohlfahrtsverbände, Arbeitgeberverbände, Gewerkschaften, Kirchen, Stiftungen und Nichtregierungsorganisationen. Diese Zusammenschlüsse wirken durch ihre Aktivitäten meinungsbildend, indem sie direkt oder indirekt an der öffentlichen Kommunikation teilnehmen und Öffentlichkeit schaffen.[112]

Integration ist nicht nur eine Aufgabe des Staates, der Wirtschaft und der Wissenschaft, sondern vor allem auch der Zivilgesellschaft. Und sie hat in Deutschland Vorbildliches geleistet. Immer wieder hat sie durch gute Praxisbeispiele gezeigt, dass Integration gelingen kann. Die Migrationsforschung hat über Jahrzehnte mit ihren Forschungsergebnissen den Reformbedarf in diesem Feld artikuliert und öffentlich begründet. Die Wirtschaft hat ihrerseits den Nachweis geführt, dass ausländische Arbeitskräfte so lange kein Integrationsproblem sind, wie Arbeitsplätze angeboten werden können und die Qualifikationen der Migranten der Nachfrage entsprechen.

Im Unterschied zu den 50er und 60er Jahren brauchen die Unternehmen heute gut ausgebildete Fachkräfte. Viele Großbetriebe investieren finanziell in Sprachförderung und Erweiterung der Berufsfachkenntnisse. Angehörige verschiedener Ethnien, Kulturen und Religionen haben in den Betrieben wenig Konflikte untereinander. Die größeren Unternehmen nehmen Rücksicht auf die Feiertage der verschiedenen religiösen Gruppen, verständigen sich mit den Beschäftigten muslimischen Glaubens auf die Regelungen zur Wahrnehmung ihrer Gebetspraktiken. Die mittelständischen und die kleineren Betriebe klären diese Fragen auf individueller Basis. Wirtschaft und Gewerkschaften sind stets gemeinsam gegen Ausländerfeindlichkeit aufgetreten, haben in ihren Betrieben öffentlich klar Stellung bezogen. In den Betriebsräten waren Migranten und Migrantinnen früher vertreten als in den meisten Mitbestimmungsgremien der öffentlichen Verwaltung oder der Bildungsinstitutionen. Erst jetzt wird verstärkt dazu aufgefordert, Berufsbereiche für Migrantinnen und Migranten zu öffnen.

Den Vereinen in den Kommunen ist es immer wieder gelungen, bei ihren Mitgliedern Zustimmung zur Aufnahme erwachsener und jugendlicher Migranten zu erhalten. Migranten können in Sport-, Musik- und Theatergruppen oder bei der Feuerwehr Kontakte knüpfen, mit Einheimischen in der Kommune aktiv sein und Akzeptanz erfahren. Sozialverbände, Kirchengemeinden und Nachbarschaften helfen den zugewanderten Familien bei Behördengängen, Arztbesuchen, Kontaktaufnahmen zu Kindergärten und Schulen und nicht zuletzt bei den Hausaufgaben.

Exemplarisch für viele Initiativen auf kommunaler Ebene steht das gemeinsame Projekt der Arbeitsgemeinschaft der Freien Wohlfahrtsverbände des Rhein-Kreises Neuss *Integration von Zuwanderern im Rhein-Kreis Neuss*.[113] Der Kreis hat 446 526 Einwohner, von denen 50 996 ausländischer Staatsangehörigkeit sind. Das ist ein Ausländeranteil von 11,42 Prozent der gesamten Einwohnerzahl. Die Freien Wohlfahrtsverbände im Rhein-Kreis Neuss führen seit vielen Jahren problem- und stadtteilbezogene Ausländerberatung sowie soziale, kulturelle und wirtschaftliche Maßnahmen durch, weil sie davon überzeugt sind, dass aus der Anwerbung von Arbeitnehmern auch eine soziale Verpflichtung erwächst. Der Rhein-Kreis Neuss unterstützt ihre Arbeit finanziell. Wegen der wachsenden Integrationsprobleme und der im Zuwanderungsgesetz ausdrücklich formulierten Verpflichtung des Staates, die Integration von Zuwanderern, die rechtmäßig auf Dauer in Deutschland leben, wirtschaftlich, kulturell und gesellschaftlich zu fördern, hat sich die Arbeitsgemeinschaft neu ausgerichtet. Die Verbände wenden sich zur Initiierung des Integrationsprozesses während des Integrationskurses mit einem Beratungsangebot an Neuzuwanderer. Für länger in Deutschland lebende, aber noch nicht integrierte Migranten geht es bei der nachholenden Integration um Angebote in den verschiedenen Lebensbereichen.

Die vielfältigen Beziehungsstrukturen, in denen Migranten leben, sind nicht konfliktfrei. Hier setzt die sozialräumlich orientierte Integrationsarbeit der Verbände an, indem sie sich auf das jeweils konkrete Lebensumfeld einlassen. Die ethnischen, familiären, nachbarschaftlichen und religiösen Vernetzungen werden für die Integrationsarbeit genutzt.

Auf Länder- und Kommunalebene hat eine intensive Sprachförderung eingesetzt. Hessen hat mit seiner Sprachstandserhebung ein Jahr vor der Einschulung und mit gezielten Sprachförderungsmaßnahmen bei Kindern mit Sprachdefiziten die Aufnahmechancen in die Regelgrundschule stark erhöht. Andere Bundesländer sind diesem Ansatz inzwischen gefolgt.

Bahnbrechend ist das START-Projekt.[114] Ausgangspunkt war die Erfahrung, dass Migrantenkinder mit guten Schulleistungen häufig nur deswegen nicht für den Besuch der Realschule oder des Gymnasiums vorgeschlagen werden, weil Lehrer und Lehrerinnen davon ausgehen, dass diese Kinder keine häusliche Unterstützung erhalten und folglich scheitern werden. Durch das START-Programm, das von der Hertie-Stiftung finanziert wird, erhalten begabte Kinder eine Chance, qualifizierte Schulabschlüsse an weiter-

160

führenden Schulen zu erreichen. Die Stiftung vergibt Stipendien für begabte Jugendliche mit Migrationshintergrund ab der 8. Klassenstufe. Gezahlt wird ein monatliches Bildungsgeld und außerdem wird ein Computer mit Internetzugang zur Verfügung gestellt. START wird derzeit in 14 Bundesländern praktiziert. An diesen Förderprogrammen beteiligen sich die Bertelsmann Stiftung, die Bosch-Stiftung und die Vodafone-Stiftung. Die Mercator-Stiftung fördert in zehn Bundesländern einen außerschulischen sprachlichen und fachlichen Unterricht für Schüler.

Warum sind die Beispiele gelungener Integration so wichtig? Sie sind Türöffner zu alternativen Integrationsansätzen und unverzichtbar, um fest verwurzelte Vorurteile zu überwinden. Die Ansicht, Integration sei mit Migrantenkindern aus bildungsfernen Schichten ohne Arbeit und Erwerbseinkommen nicht möglich, lässt sich in erster Linie durch erfolgreiche Projekte entkräften. Initiativen in Kindergärten und Schulen, ideenreiche Projekte im Rahmen von bürgerschaftlichem Engagement, innovative Bürgermeister und Projekte von Stiftungen haben überzeugende Integrationserfolge erreicht. Auf diese Weise gelang es, Skeptiker zu widerlegen und auch die Politik für alternative Ansätze zu gewinnen. Insbesondere Stiftungen haben einen neuen Start in der Ausrichtung der Integrationsförderung bewirkt.

Es war die Hertie-Stiftung, die mit ihrem Projekt zur Förderung der deutschen Sprache im Kindergarten die hessische Landesregierung davon überzeugen konnte, dass auf diese Weise Kinder von Migranten im Vorschulalter hinreichend deutsche Sprachkenntnisse erwerben und ohne Barrieren am Regelunterricht in der Grundschule teilnehmen können. Solche Projekte führen in kurzer Zeit zu positiven Ergebnissen, zeigen in der Praxis, dass Integration möglich ist und gerade die Schule maßgeblich Einfluss auf die Leistungen der Schülerinnen und Schüler nehmen kann. Das erfordert konzeptionelle und personelle Hilfe von außen, zumindest für eine Übergangszeit.

Kommunen wie Stuttgart, Arnsberg, Solingen und viele andere zeigen, dass durch die Bündelung der Kräfte unter Einbeziehung der örtlichen Jugendhilfe, der Eltern, der örtlichen Wirtschaft, der

Migrantenorganisationen und der Senioren der Anteil der Schüler mit Schulabschluss, mit Zugang zu Ausbildung und Arbeit, mit Bereitschaft zu bürgerschaftlichem Engagement erhöht werden kann. Die Arbeit der verschiedenen Organisationen und Gruppen im Feld der Integration ist breit gefächert. Eine systematische Bestandsaufnahme steht noch aus. Es fehlt auch an Wissen über die Zahl der intensiv mitwirkenden Migranten selbst.[115] Allein Nordrhein-Westfalen ermittelte 1999 durch eine Umfrage des Ministeriums für Arbeit, Soziales und Stadtentwicklung mehr als 2400 Organisationen. Es sind zu einem Teil kulturelle und religiöse Vereinigungen sowie auf Freizeitgestaltung ausgerichtete Gruppen. Sie sind kulturell, religiös und ethnisch stark homogen zusammengesetzt und bieten vor allem der älteren Generation eine Heimat.

Ihre Bedeutung für den Integrationsprozess ist groß. Es wird immer wieder kritisch angemerkt, dass diese Gruppen Integration verhindern, weil sie unter sich bleiben und sich von der Mehrheitsgesellschaft abschotten. Diese Gefahr besteht, aber die meisten unterstützen die Integration. Der Integrationsgipfel hat die Motivation dazu verstärkt. Der deutsch-türkische Bund und die deutsch-türkische Gemeinde werben öffentlich für die Teilnahme an Sprachkursen. Sie positionieren sich zugunsten eines muslimischen Religionsunterrichts durch in Deutschland ausgebildete Imame.

Im Jahr 2002 rief der damalige Bundespräsident Johannes Rau einen Wettbewerb zur Integration von Zuwanderern aus. Beteiligen sollten sich nur Initiativen und Gruppen, die ihre Projekte ohne öffentliche Förderung durchführten. Beworben haben sich 1300 Gruppen und Initiativen. Die Bertelsmann Stiftung förderte diesen Wettbewerb und führte ihn durch. Die meisten Projekte wurden von Deutschen und Zugewanderten gemeinsam betrieben. Sie erstreckten sich über das gesamte Spektrum kultureller, sozialer, ökologischer, politischer, sportlicher und musischer Aktivitäten.[116]

Auch der von Bundesinnenminister Otto Schily 2004 ausgeschriebene Wettbewerb zu beispielhaften und nachahmenswerten Integrationsansätzen in den Kommunen hat gezeigt, dass viele

Kommunen an einer aufeinander abgestimmten und vernetzten Integration arbeiten.[117] Vernetzung ist erforderlich, weil die kommunal Verantwortlichen selbst oft nicht wissen, was durch wen zur Integration geschieht. Keine Kommune behauptet von sich, problem- und konfliktfrei zu arbeiten. Aber mit der Aktivierung der Bürgerschaft und der Einbeziehung der Migranten gelingt der Zugang zu Bildung, zu erfolgreichem Erwerb deutscher Sprachkenntnisse, zur Akzeptanz der Zugewanderten und zu Respekt vor- und füreinander.

Das zivilgesellschaftliche Engagement findet auf sehr unterschiedlichen Ebenen und in unterschiedlichen Formen statt. Es betrifft unmittelbar das Zusammenleben vor Ort. Die meisten Initiativen haben lokalen Charakter. Wettbewerbe machen diese Projekte bekannt. Das war so bei den »Internationalen Gärten« und bei der Rostocker Vietnamesengruppe, die es sich zur Aufgabe machte, nach den ausländerfeindlichen Ausschreitungen in Mölln und Lichtenhagen ein Ansprechpartner und Helfer für Migranten gleich welcher ethnischer Herkunft zu sein.

Die PAREA-Initiative des münsterländischen Wohnungsbauunternehmens Sahle entwickelte das Konzept der Mieteraktivierung in sozialen Brennpunkten und Wohnvierteln mit einem hohen Ausländeranteil unterschiedlicher Nationalitäten. Vandalismus wurde eingedämmt und beseitigt durch Jugendliche, die verantwortlich an der Gestaltung und Kontrolle ihres Wohnquartiers beteiligt wurden.[118]

Die Anfänge solcher Initiativen sind mühsam, aber der Einsatz lohnt sich insbesondere dann, wenn alle miterleben, wie destruktive Energie in konstruktive verwandelt werden kann. Immer kommt es auf Menschen mit Führungskraft und sozialem Engagement an, auf Menschen, die sich nicht abbringen lassen von der Überzeugung, dass Veränderungen erreichbar, Probleme lösbar sind.

Gebraucht wird beides: konkrete Projekte vor Ort, die Unterstützung erfahren, und konzeptionelle Projekte, die die Gesellschaft für neues Denken und Handeln öffnen und die politischen Entscheidungen beeinflussen.

Die Stiftungen stehen für unterschiedliche Arbeitsschwerpunkte. Die operativ arbeitende Bertelsmann Stiftung entwickelt konzeptionell Problemlösungen, die sie mit staatlichen und/oder privaten Partnern in der Praxis erprobt. Es kann sich dabei um die nationale oder europäische Gesetzgebung zur politischen Gestaltung von Migration und Integration handeln, um Projekte zur demokratischen Erziehung und zur Stärkung des bürgerschaftlichen Engagements oder um konkrete Stellungnahmen zur Integration, die sich auf den Bildungsbereich konzentrieren.[119]

Die zivilgesellschaftlichen Projekte sind häufig näher an den Alltagskonflikten als die Behörden. Sie arbeiten an konkreten Lösungen, betreiben aufsuchende Integrationsarbeit, hören auf das, was die Migranten selbst zu ihren Problemlösungen zu sagen und beizutragen haben.

Ein zentrales Anliegen der Körber-Stiftung ist es, ein neues Miteinander in der Gesellschaft zu fördern, das mentale Barrieren zwischen Einheimischen und Migranten überwindet und praktische Solidarität übt. Sie will mit guten Beispielen zeigen, wie jeder Integration fördern kann. Die Körber-Stiftung will die Kraft der Zivilgesellschaft durch Bewusstseinsbildung und Modellförderung aktivieren. Sie weiß um die Notwendigkeit von Strukturen. Aber das Strukturelle bleibt blutleer ohne das Individuelle, ohne die intensive Berücksichtigung der biografischen Dimension. Klischees, Etiketten und Vorurteile können am wirksamsten durch die Begegnung mit konkreten Lebens- und Alltagsgeschichten der Migranten abgebaut werden. Ethnische Herkunft ist nur eine Form von Anderssein in der Gesellschaft. Andere Merkmale wie Alter, Geschlecht, religiöse oder weltanschauliche Orientierung, Behinderung und sexuelle Orientierung sind Angaben zur Andersartigkeit, die oft ausschlaggebender sind als Ethnizität. Die Körber-Stiftung folgt der These ihres Autors Ömer Erzeren, der in seinem Buch ›Eisbein in Alanya‹ in der edition der Körber-Stiftung schreibt: »Jeder Mensch hat multiple Identitäten. Die Reduktion auf eine kollektive Identität ist ein Lügenkonstrukt.«[120]

Die eigene Befangenheit und die eigenen Vorurteile können am besten durch konkrete Begegnungen und Informationen widerlegt werden. In den Migrations- und Integrationsprojekten der Körber-Stiftung erleben Schüler authentisch die Berührungsängste zwischen Migranten und Einheimischen. Sie lernen, wie schwierig es für beide Seiten ist, interkulturelle Kontakte herzustellen. Gelingt es jedoch, über schwierige Erfahrungen in einen dauerhaften Kontakt zu treten, so wird dieser Prozess zu einem prägenden Erlebnis. Die Jugendlichen gewinnen Einblick in die Befindlichkeiten von Eltern und jungen Menschen, die sich beispielsweise zwischen der Türkei und Deutschland bewegen. Die Migranten der Einwanderungsgeneration schildern als ein existenziell wichtiges Problem ihre Entfremdung von der alten Heimat und von ihren in Deutschland aufgewachsenen Kindern. Türkische Jungen und Mädchen sprechen von der sozialen Benachteiligung und Entfremdung, die sie erfuhren und durchlebten, und zeigen zugleich große Dankbarkeit gegenüber Deutschen, die sich ihrer als Paten oder als Ersatzgroßeltern angenommen haben.

Jugendliche, die im Rahmen der Rückführungsbewegung in die Türkei gegangen sind, berichten nostalgisch über ihre Deutschlanderfahrungen. Sie fühlen sich jetzt in der Türkei als Fremde und sind keineswegs glücklich. Diese auf Begegnung ausgerichtete Arbeit der Körber-Stiftung konzentriert sich auf Projekte, die nach der Open-Space-Methode, einem Konferenzmodell für große Gruppen, Migranten und Einheimische miteinander ins Gespräch bringen.

Viel ist in Bewegung geraten: öffentlich und privat, im Bildungssektor, in den Bemühungen um Zugang zu Ausbildung und Arbeitsmarkt, in der Beteiligung an dem breiten gesellschaftlichen Aufgabenspektrum. Arbeitgeber fragen häufiger nach den Stärken der jungen Migranten als nach ihren Defiziten. Über Erfolgserlebnisse während der Praktika in Betrieben sollen sie die Möglichkeit erhalten, aus dem Teufelskreis des Schulversagens herauszukommen und zu erleben, dass sie durchaus etwas zu leisten vermögen. Engagierte Gruppen und Einzelpersonen haben es geschafft, Migrantinnen und Migranten in ihrem Selbstwertgefühl zu stärken und an der Integrationsarbeit zu beteiligen.

Migranten zeigen als erfolgreiche Unternehmer und Unternehmerinnen, welches Potenzial in ihnen steckt, mit welch hoher Motivation sie in Deutschland arbeiten und Arbeitsplätze schaffen. Es nützt allen, wenn das Humanpotenzial der Zugewanderten wahrgenommen, ihre Berufs- und Studienabschlüsse anerkannt werden und von ihren Kompetenzen Gebrauch gemacht wird. Erfolgreiche Migranten sind in Deutschland zahlreich zu finden. Sie haben einen deutschen Pass, aber noch wichtiger ist ihnen, auch als Deutsche wahrgenommen und anerkannt zu werden.

Die Mehrheit der Eingewanderten ist integriert. Dazu hat die Zivilgesellschaft den entscheidenden Beitrag geleistet.

Bund, Länder und Gemeinden müssen die Rahmenbedingungen für dieses Engagement schaffen, um den wichtigen Bereich der Integrationsarbeit durch die Zivilgesellschaft auf Dauer zu sichern. Die Enquete-Kommission des Deutschen Bundestages zur »Zukunft des bürgerschaftlichen Engagements« stellt 2002 in ihrem Bericht fest: »Für den Integrationsprozess von Minderheiten in die Aufnahmegesellschaft und die gleichberechtigte Existenz unterschiedlicher Lebensformen kommt dem bürgerschaftlichen Engagement eine wichtige und bislang unterschätzte Rolle zu«.[121] Die freiwillig Aktiven brauchen Anerkennung und Wertschätzung und darüber hinaus einen Rahmen und Strukturen für ihre Arbeit.

Eine Sammlung von »Best-Practice«-Beispielen aus dem Bereich der Zivilgesellschaft hat die Bertelsmann-Stiftung veröffentlicht.[122] Die Wohlfahrtsverbände haben seit Jahrzehnten entscheidende Hilfe durch unterschiedlichste Aktivitäten – Sozialberatung, Jugendarbeit, Sozialdienste – zur Integration geleistet. Wohlfahrtsverbände unterstützen die Migrantenorganisationen in ihrer Selbsthilfearbeit und sie übernehmen häufig auch eine öffentliche Anwaltschaft für Migrantinnen und Migranten.

4. Integration in Europa und weltweit

Auch in der Europäischen Union ist die Integration zu einer ebenso wichtigen politischen Gestaltungsaufgabe geworden wie die Migration. Analog zu den USA und anderen klassischen Einwanderungsländern ging ein Teil der EU-Staaten lange Zeit davon aus, dass sich Migranten früher oder später selbst integrieren (Frankreich, Vereinigtes Königreich) oder dass sie in ihre Heimatländer zurückkehren (Benelux-Länder, Deutschland, Österreich). Länder wie Schweden oder die Niederlande haben früher als die Bundesrepublik staatliche Integrationsprogramme, Sprachkurse und Integrationskurse für Immigranten angeboten und verpflichtend gemacht. Die Niederlande nahmen schon zu Beginn der 90er Jahre eine Umorientierung von der Politik des Minderheitenschutzes und der Multikulturalität zu einer stärkeren Ausrichtung auf Integration vor. Es war die Antwort auf wachsende Integrationsprobleme und Konflikte in Städten wie Rotterdam und Amsterdam, auf steigende Migrantenzahlen mit längerem oder dauerhaftem Verbleib auf hohe Quoten arbeitsloser Migranten und Migrantinnen ohne niederländische Sprachkenntnisse und berufliche Qualifikation. Die Niederlande hatten ebenso wie Deutschland primär Geringqualifizierte in ihr Land geholt, keine gezielte Auswahl bei den Arbeitsmigranten praktiziert, durch restriktive Maßnahmen den Zugang zum Arbeitsmarkt eingeschränkt und damit zugleich die Sozialkosten beträchtlich erhöht.

Die staatliche Politik antwortete auf die krisenhaften Entwicklungen mit Sprach- und Orientierungskursen. Ziel war eine größere Vertrautheit mit dem Aufnahmeland, seiner Rechtsordnung, Geschichte, Kultur und Verfassung. Diese Ausrichtung findet sich auch in der Integrationspolitik des flämischen Teils Belgiens, in Dänemark, Finnland, Frankreich, Norwegen und Schweden.[123] Die stärkere Gewichtung der Integration erfolgte nicht nur aus sozioökonomischen Gründen, sondern vor allem auch, weil der soziale Zusammenhalt gefährdet war und immer mehr Migranten vom Arbeitsmarkt und damit auch weitgehend vom Sozial- und Kulturleben ausgeschlossen waren. Marginalisierung, Fremd- und Selbstausgrenzung, Rückzug von der Mehrheitsgesellschaft sind die unerwünschten Folgen unterlassener Integration.

Staaten wie Schweden oder die Niederlande wissen inzwischen, dass Sprach- und Integrationskurse ohne Maßnahmen zur Aufnahme in den Arbeitsmarkt nicht nachhaltig zu Integrationserfolgen führen. Bildung und Arbeit, sprachliche und berufliche Kompetenzen haben die höchste Priorität. Deutscher, niederländischer oder französischer Staatsbürger zu sein schützt nicht vor faktischer Marginalisierung, Ausgrenzung von Berufsausbildung und Arbeitsmarkt. Die sozialen und politischen Rechte müssen einhergehen mit sozialer Teilhabe. Dänemark und die Niederlande fordern von ihren Zuwanderern, dass sie vor der Einreise Kenntnisse der Landessprache im Herkunftsland nachweisen. In diesem Test muss außerdem Grundwissen über die Geschichte des Landes abgeprüft werden. Wer den Test nicht besteht, erhält kein Visum. Wer einreist, hat nach einigen Jahren erneut eine Prüfung zum Nachweis eines höheren Sprachniveaus abzulegen. Ohne die bestandene Prüfung soll es keine unbefristete Aufenthaltsgenehmigung geben.

Rotterdam hat 2002 den weiteren Zuzug von Armutsmigranten gestoppt, die Wohngettos durch Umsiedlung aufgelöst und in 2006 einen Rotterdamer Verhaltenskodex, den *Rotterdam-Code*, verbindlich gemacht, nach dem in der Schule, am Arbeitsplatz, auf der Straße und im Nachbarschaftszentrum niederländisch gesprochen werden soll. Sprache, so der Rotterdamer Bürgermeister Ivo Opstelteer, sei die Grundlage der Integration. Allein 55 000 Neu-Rotterdamer, rund 10 Prozent der Bevölkerung, sprechen kein Niederländisch. Das Sprachgebot wird von Teilen der Rotterdamer Bürger kritisiert, begrüßt wird hingegen »hartes Vorgehen gegen Dealer, Jugendbanden und Verwahrlosung«. Es geht vor allem um den Stadtteil Charlois mit 70 Prozent Migranten. Mit viel Polizeieinsatz, Sanierungsprogrammen, Einschränkung der Niederlassungsfreiheit soll dieses Viertel wieder lebenswert werden. Aber die entscheidende Frage lautet: Wie kommen die dort lebenden Migranten aus ihrer Armut heraus?

Auch Frankreich verschärfte seine Zuwanderungsregelungen als Reaktion auf die gewalttätigen Ausschreitungen während mehrerer Wochen im Jahr 2005, in denen Tausende von Autos und öffentliche Gebäude in Brand gesetzt wurden; zumeist von jungen Franzosen arabischer und afrikanischer Herkunft, ohne Arbeit und sozial marginalisiert. Diese Ausschreitungen haben in Frankreich eine breite Debatte über die Einwanderungs- und Integrationspolitik ausgelöst. Frankreich will nach dem Willen von Innenminister Nicolas Sarkozy zukünftig eine »selektive Einwanderung«, keine Einwanderer, die »niemand auf der Welt mehr haben will«.[124] Immigranten haben einen Bürgervertrag zu unterschreiben, in dem sie sich verpflichten, Verfassung und Gesetze des Landes sowie die in Frankreich geltende Trennung von Staat und Kirche mit allen daraus resultierenden Konsequenzen einzuhalten.

Nicht nur in den Niederlanden, auch in Frankreich ist die Kluft zwischen den Bevölkerungsgruppen tiefer und das Klima aggressiver geworden. Der französische Staat, der stets auf Integration durch Einbürgerung gesetzt hat, erschwert sie jetzt. Das neue Gesetz beschränkt die Familienzusammenführung und schafft das automatische Bleiberecht nach 10-jährigem Aufenthalt ab. Ausländische Ehepartner sollen zukünftig nicht mehr zwei, sondern erst drei Jahre nach ihrer Hochzeit die zehnjährige Aufenthaltsgenehmigung beantragen können. Nachzug von Familienangehörigen wird nur gestattet, wenn ausreichendes Einkommen und Wohnraum nachgewiesen werden. Neuzuwanderer werden wie bereits in mehreren EU-Staaten verpflichtet, Sprach- und Staatsbürgerkundekurse zu besuchen. Für langfristigen Aufenthalt werden Sprach- und Gesinnungstests Pflicht. Hochqualifizierte Fachkräfte, Studierende und Forscher aus Drittstaaten sollen zunächst für drei Jahre unbürokratisch Aufnahme in Frankreich erhalten. Diese Änderungen wurden von Kirchen, Menschenrechtsgruppen und der Opposition scharf kritisiert, aber mit großer Mehrheit von der französischen Nationalversammlung im Mai 2006 angenommen.

Verschärfungen der Zuwanderungsregelungen hindern wirtschaftlich erfolgreiche Länder wie Irland, Vereinigtes Königreich, die skandinavischen Länder und auch die Niederlande nicht, gezielt Hochqualifizierte und Fachkräfte zum dauerhaften oder temporären Verbleib anzuwerben. Sieben der 15 EU-Mitgliedstaaten haben 2006 die Übergangsregelungen für den eingeschränkten freien Personenverkehr der 2004 beigetretenen EU-Staaten von maximal sieben Jahren schon nach zwei Jahren aufgehoben, weil sie Arbeitskräfte brauchen.

Die europäische Integrationsagenda

Integration fällt bisher nicht in den Zuständigkeitsbereich der EU. Im Amsterdamer Vertrag von 1997 waren zunächst die Bereiche Visa-, Einwanderungs- und Asylpolitik als Gemeinschaftspolitik festgelegt worden.

Doch seit der Bearbeitung dieses politischen Aufgabenfeldes wurde deutlich, wie untrennbar Migration und Integration miteinander verbunden sind.

Öffnung und Begrenzung der Zuwanderung sind abhängig von der Aufnahmekapazität, d.h. den Integrationsmöglichkeiten. Integration beeinflusst maßgeblich Akzeptanz oder Abwehr von Migranten im Aufnahmeland und sie ist ausschlaggebend für die rechtliche und soziale Lage der Migranten.

Auf EU-Ebene sind die Bemühungen um mehr Kooperation und Koordination in der Integrationspolitik intensiviert worden. Im Europaparlament und in den Europäischen Kommissionen wird der Bereich Integration inzwischen eingehend bearbeitet.[125]

Beispielhaft anzuführen sind die Richtlinien zur Familienzusammenführung, zum Status der langfristig aufenthaltsberechtigten Drittstaatsangehörigen bis hin zu den Integrationsvorschlägen für Studierende, Personen in beruflicher Aus- und Weiterbildung und Arbeitsmigranten.

Es wurden jährliche Integrationsberichte auf EU-Ebene vereinbart, um regelmäßig über den Stand der Integration in den Mitgliedsstaaten unterrichtet zu sein. Erarbeitet wurde ein Handbuch zur Integration mit allgemeinen Empfehlungen und guten Beispielen aus der Praxis.

So unterschiedlich auch die Integrationsmaßnahmen in den EU-Mitgliedsstaaten sein mögen, notwendig ist ein gemeinsamer normativer Rahmen, in dem Ziele und Anforderungen an Integration sowie Rechte und Pflichten der Migranten festgelegt werden.

Die in mehreren EU-Staaten eingetretenen Verschärfungen der Zuwanderungsbedingungen, des Daueraufenthaltsrechtes und der Einbürgerung sind Reaktionen auf Integrationsprobleme in den Mitgliedsstaaten. Erhöhte Anforderungen sind auch in Deutschland geplant.

Abnehmende Aufnahmezahlen in den Arbeitsmarkt der Länder mit hoher Arbeitslosigkeit sowie soziale Probleme und Konflikte aufgrund interkultureller Spannungen erschweren die Integration. Politische Auseinandersetzungen in den Heimatregionen der Migranten dringen häufiger bis zu den Aufnahmeländern vor und werden dort vermehrt ausgetragen.

Integration, das ist inzwischen die Überzeugung der 25 EU-Staaten, ist eine Kombination von Gestaltung und Selbstregulierung, von normativen Vorgaben und integrationsoffenem, gesellschaftlichem Klima. Diesen Tatbeständen wie auch den erhöhten Sicherheitsanforderungen trägt die Integrationsagenda der EU vom 1. September 2005 Rechnung.

In dieser Agenda wurden für alle Mitgliedsstaaten Integrationsprinzipien und Maßnahmen zur Anwendung auf nationaler und europäischer Ebene formuliert.[126] Der Katalog umfasst 11 Forderungen und Empfehlungen:

1. Die Eingliederung ist ein dynamischer, in beide Richtungen gehender Prozess des gegenseitigen Entgegenkommens aller Einwanderer und aller in den Mitgliedstaaten ansässigen Personen.
2. Die Eingliederung erfordert die Achtung der Grundwerte der Europäischen Union.
3. Die Beschäftigung ist eine wesentliche Komponente des Eingliederungsprozesses und für die Teilhabe von Einwanderern, für ihren Beitrag zur Gestaltung der Aufnahmegesellschaft und für die Verdeutlichung dieses Beitrags von zentraler Bedeutung.
4. Grundkenntnisse der Sprache, Geschichte und Institutionen der Aufnahmegesellschaft sind eine notwendige Voraussetzung für die Eingliederung: Einwanderer können nur dann erfolgreich integriert werden, wenn sie die Möglichkeit erhalten, diese Grundkenntnisse zu erwerben.
5. Im Bildungswesen müssen Anstrengungen unternommen werden, um Einwanderer und vor allem auch deren Nachkom-

men zu einer erfolgreicheren und aktiveren Teilhabe an der Gesellschaft zu befähigen.

6. Entscheidende Voraussetzung für eine bessere Integration ist, dass Einwanderer zu denselben Bedingungen wie Einheimische gleichberechtigten Zugang zu den Institutionen sowie zu öffentlichen und privaten Gütern und Dienstleistungen erhalten.

7. Ein wichtiger Integrationsmechanismus sind häufige Begegnungen zwischen Einwanderern und Bürgern der Mitgliedsstaaten. Diese können durch gemeinsame Foren, durch interkulturellen Dialog, durch Aufklärung über die Einwanderer und ihre Kultur sowie durch integrationsfreundliche Lebensbedingungen in den Städten gefördert werden.

8. Die Europäische Grundrechtecharta garantiert die Achtung der Vielfalt der Kulturen und das Recht auf freie Religionsausübung, sofern dem nicht andere unverletzliche europäische Rechte oder einzelstaatliches Recht entgegenstehen.

9. Durch die Beteiligung von Einwanderern am demokratischen Prozess und an der Konzipierung integrationspolitischer Maßnahmen, insbesondere auf lokaler Ebene, wird ihre Integration unterstützt.

10. Die Einbeziehung von Integrationsmaßnahmen in alle wichtigen politischen Ressorts und auf allen Ebenen der öffentlichen Verwaltung ist ein wichtiger Gesichtspunkt bei der Gestaltung und Durchführung der jeweiligen Politik.

11. Es bedarf klarer Ziele, Indikatoren und Evaluierungsmechanismen, damit die Maßnahmen angepasst, die Integrationsfortschritte bewertet und die Informationsflüsse effizienter gestaltet werden können.

Nationale Politiken, Strategien und Maßnahmen müssen dringend evaluiert werden, wenn aus Erfolgen und Misserfolgen gelernt werden soll. Das Identifizieren von »Best-practice«, das Formulieren gemeinsamer Grundannahmen und Standards im Migrations- und Integrationsmanagement ist für europäisch und international koordinierte Ansätze unverzichtbar. Ob OECD oder

UN, international wird der Zusammenhang von Migration und Integration verstärkt zum Gegenstand von Recherchen und politischen Empfehlungen.

Eine von der Bevölkerungsabteilung der Vereinten Nationen erstellte Studie hat ergeben, dass die Integration von Migranten in die Aufnahmegesellschaften in erster Linie von der Sprachkompetenz, einem angemessen bezahlten Arbeitsplatz, der rechtlichen Stellung, der Teilname am bürgerlichen und politischen Leben sowie dem Zugang zu Sozialleistungen abhängig ist. Integration ist kein schneller, einfacher oder sich linear vollziehender Prozess. Sie braucht Zeit und unterliegt Rückschlägen. Erfolgreiche Integrationspolitik, das verdeutlichen die Beispiele, gelingt besser in den Staaten, wo unter den politischen Parteien ein breiter Konsens in diesem Politikbereich besteht. Gelungene Integrationsansätze in Kanada oder den USA zeigen, dass der uneingeschränkte Zugang der Migranten zum Arbeitsmarkt eine notwendige Voraussetzung für soziale Integration ist. Die klassischen Einwanderungsländer signalisieren den Ein- und Zugewanderten, dass sie gebraucht werden und willkommen sind. Zwar ist Arbeit ein zentraler Integrationsbereich, aber notwendig ist ein umfassendes Integrationskonzept. Dazu zählen Transparenz und Rechtsstaatlichkeit, aktive Antidiskriminierung, Zugang zu Bildung und Arbeitsmarkt mit angemessener Bezahlung, Teilnahme an der Zivilgesellschaft und Repräsentanz der Migranten, Festlegung der Rechte und Pflichten, besondere Berücksichtigung der Migrantinnen, ein ausgewogener öffentlicher Diskurs über Migration und Integration.

Wir leben in einer Welt, in der in immer mehr Ländern, in Großstädten und kleineren Kommunen Menschen mit unterschiedlichen Sprachen, Sitten, Gebräuchen und Religionen in Kontakt treten. Der ethnisch homogene Nationalstaat mit einer einheitlichen Kultur ist überholt. 1970 wiesen 48 Staaten mehr als 10 Prozent Migranten in ihren Bevölkerungen aus, 2000 waren es 70 Länder.[127]

Es ist bekannt, dass kulturell vielfältige Gesellschaften dynamisch, technisch und kulturell innovativ und sowohl wirtschaftlich als auch sozial außerordentlich erfolgreich sein können. Die

Vielfalt bzw. Multikulturalität, die einhergeht mit der internationalen Migration, bietet Chancen neuer Art, aber sie ist auch eine Herausforderung für den Zusammenhalt in den Aufnahmeländern. Alle offenen Gesellschaften haben mit widerstreitenden Wertesystemen, internationalem Wettbewerbsdruck und Verteilungskämpfen zu tun.

Je mehr Migranten in kurzer Zeit in ein Land einwandern, desto stärker fühlen sich die Einheimischen »bedroht«, vor allem dann, wenn diese illegal ins Land gekommen sind und als Billigarbeitskräfte den inländischen Arbeitsmarkt zu überfluten scheinen. In den USA sind ein Drittel aller Migranten Irreguläre, 11 bis 12 Millionen, davon die Mehrheit Latinos.[128]

Die Global Commission fordert für die Integrationspolitik die Einhaltung der fundamentalen Menschenrechte und der arbeitsrechtlichen Mindeststandards. Dazu gehören die Versammlungsfreiheit, die Meinungs- und Religionsfreiheit, aber auch Arbeitsschutz und angemessene Bezahlung. Ohne verbindliche Rechte und Pflichten der Migranten wird ein friedliches Miteinander nirgendwo in der Welt gelingen. Ein kohärenter Integrationsansatz erfordert eine aufeinander abgestimmte Zusammenarbeit zwischen lokalen und nationalen Behörden und der Zivilgesellschaft.

Integrationspolitik erfordert Transparenz

International wie national gilt: Migrations- und Integrationspolitik braucht Transparenz. Regierungen haben die Pflicht, diese mit den Bürgern öffentlich, fair und nachvollziehbar zu diskutieren. Sie haben der Öffentlichkeit zu vermitteln, warum sie Migranten und Flüchtlinge aufnehmen und wie viele aufgenommen werden. Es ist zu erklären und nachvollziehbar zu machen, warum es im Interesse der Einheimischen wie der Migranten liegt, in den Integrationsprozess zu investieren. Viele Staaten haben nicht die Mittel, die notwendigen Integrationshilfen wie Sprachschulung, berufliche Qualifizierungsmaßnahmen und Beschäftigung anzubieten. Dazu sind in den ärmeren Staaten der Welt Projekte und Programme erforderlich, die mit internationalen Mitteln gefördert werden. Um das Humanpotenzial der Migranten produktiv einzusetzen, ist es außerdem notwendig, Abkommen zwischen Aufnahmeland und Herkunftsland zu schließen, in denen die dort erworbenen Qualifikationen anerkannt werden. Notwendig ist nicht nur der kulturelle und religiöse Dialog, sondern der breite Austausch über Gemeinsamkeiten, um wechselseitiges Verständnis und interkulturelle Kompetenz zu erhöhen.[129]

Es gibt keine einfache und keine einheitliche Lösung. So vielfältig wie die Menschen unterschiedlicher Ethnien und Kulturen sind auch die Integrationsprozesse. Integration vollzieht sich in erster Linie auf lokaler Ebene. Es bedarf der Abstimmung und Übereinkunft der sowohl lokalen als auch international geltenden Standards. Aber die Praxis kommt ohne situationsspezifische Strategien und ohne die Berücksichtigung der Lage und der Eigenarten der Migrantengruppen wie der ortsansässigen Bürgerinnen und Bürger nicht aus. Integration ist weltweit ein wechselseitiger Annäherungsprozess, verbunden mit großen Anstrengungen, Erfolgen und Rückschlägen, die jedoch vielerorts gelingt, auch in Deutschland.

VII. Miteinander der Kulturen statt Kampf der Kulturen

1. Vielfalt – eine soziale und kulturelle Realität

In den vergangenen Jahrzehnten haben sich viele Gesellschaften Europas durch angeworbene Arbeitskräfte und Flüchtlinge ethnisch und kulturell verändert. Zunächst hat sich dieser Prozess eher unbemerkt vollzogen. Zum Beispiel haben die Gastarbeiter in Deutschland bis 1973 ihre mitgebrachte Kultur und Religion nicht öffentlich gelebt. Das geschah erst, als sich viele entschieden, nach dem Anwerbestopp in Deutschland zu bleiben und ihre Familien nachzuholen.

Mit der Globalisierung sind mehr Menschen als je zuvor aus fernen Regionen und Kulturen nach Europa gekommen. Nach den vorliegenden Daten[130] sind von den circa 200 Millionen Migranten weltweit circa 56 Millionen nach Europa gewandert. Sie kommen aus Asien, dem Nahen Osten und Afrika. Der Anteil der Muslime wird auf 15 bis 20 Millionen allein in den EU-Staaten geschätzt. In Frankreich leben sechs Millionen Muslime, in Deutschland drei Millionen, darunter 1,8 Millionen Türken. Gekommen sind auch Angehörige anderer Religionen aus dem asiatischen Raum, deren Zahl und Sichtbarkeit weitaus geringer und unauffälliger ist. Das Bild unserer Großstädte hat sich stark verändert. Sie sind ethnisch und kulturell durch Vielfalt geprägt. Der sprachlich und kulturell homogene Nationalstaat ist eine Fiktion.

Diese Heterogenität ist alltägliche Wirklichkeit, aber dennoch nicht vertraut und nicht selbstverständlich. Internationale Unternehmen, Forschungsinstitute und Hochschulen, Kunst und Musik, Sport und Medien haben damit weniger Probleme als Menschen in Wohnquartieren mit einem hohen Ausländeranteil, die konfrontiert werden mit immer mehr Zuwanderern aus armen Ländern, mit ihren Gebräuchen und Lebensweisen, die für sie fremd und unverständlich sind. Sprachliche Verständigung ist in vielen Fällen nicht möglich. Das Zusammenleben in Großfamilien, die rückständige Rolle der Frauen und Mädchen, die bei uns schon vergessene ungleiche Stellung von Mann und Frau, die patriarchalische, autoritäre Erziehung, Berichte von Zwangsehen und Ehrenmorden, das alles stößt auf Befremden, Unverständnis und Ablehnung. Unterschiedliche zivilisatorische Entwicklungen treffen aufeinander, werden als unvereinbar erlebt und geraten in Spannung zueinander.

Gerade die Entwicklung in den 80er Jahren hat dazu beigetragen, dass statt Integration der Muslime und ihrer Religion in unsere Gesellschaft verstärkt Eigenwelten mit der Tendenz zu Parallelgesellschaften entstanden sind. Die bis 1998 anhaltende Rückkehrpolitik sowie die Verdrängung vom Arbeitsmarkt haben vor allem die zweite Migrantengeneration in erhebliche Identifikationsschwierigkeiten gebracht. Zu viele gerade der bildungsfernen Schichten machten die Erfahrung, dass Deutschland sie nicht als Bürger und Bürgerinnen wollte. Daraus folgte eine verstärkte Rückorientierung auf die Herkunftskultur.

Angebote zur kulturellen Identitätsbildung und -erhaltung wurden vor allem von islamischen Vereinigungen und Organisationen mit starker religiöser Traditionsverhaftung gemacht. Sie erlebten ab 1980 eine rasche Ausbreitung und es kam zur Gründung von Dachverbänden. 1986 wurde der Islamrat gegründet, der von der islamistischen Gemeinschaft Milli Görüş (IGMG) dominiert ist. 1994 bildete sich der Zentralrat der Muslime in Deutschland, der die Linie der Muslimbrüder vertritt. Diese Organisationen verstehen sich als offizielle Vertretungen der Muslime, die in dieser Funktion jedoch erst mit der integrationspolitischen Neuausrichtung der Bundesregierung nach 1998 als Ansprechpartner akzeptiert wurden.[131]

Die kulturelle Herausforderung

Der Islam ist zu einer sozialen und kulturellen Realität geworden, die eine besondere Herausforderung für die Mehrheitsgesellschaften, aber auch für die in Deutschland und Europa lebenden Muslime ist. Dabei ist zu unterscheiden zwischen dem politischen Islam und den Angehörigen der verschiedenen muslimischen Glaubensrichtungen.

Samuel P. Huntington hat 1996 in einer provozierenden Veröffentlichung, ›Kampf der Kulturen. Die Neugestaltung der Weltpolitik im 21. Jahrhundert‹, den politischen Zusammenstoß der westlichen und der muslimischen Welt als den Hauptkonflikt der Zukunft prognostiziert. Die muslimischen Gesellschaften sieht Huntington im Kampf gegen den Westen mit seinen aufgeklärt säkularisierten, freiheitlichen und pluralen Lebensformen, seinen technischen Entwicklungen, seiner Wirtschaftsdynamik sowie seinem weltweiten Überlegenheitsanspruch. Bestimmend ist dabei die Auseinandersetzung zwischen Tradition und Moderne, Abgrenzung und Konfrontation, Protest und Widerstand gegen die Vorherrschaft des Westens. Fragen der politisch-kulturellen Identität werden vor allem in Gesellschaften, die hohem wirtschaftlichem und sozialem Druck aufgrund von Armut ausgesetzt sind, virulent. Sie setzen religiöse und kulturelle Werte im Kampf gegen ihre ideologischen Feinde ein. Es ist der Kampf zwischen der »Welt des Islam« und »dem Westen«. Dabei spielt die Erfahrung von Ungleichwertigkeit, von Demütigung und Diskriminierung, die Herabsetzung des Islams mit seinen Werten verglichen mit anderen Kulturen, eine entscheidende Rolle. Ungleichwertigkeit bestimmt auch die Spannungen und Konflikte zwischen Muslimen und Nichtmuslimen in Deutschland und einer Reihe EU-Staaten.[132]

Nach den brutalen Terroranschlägen durch islamistische Fundamentalisten in New York, Madrid und London wurden die Thesen Huntingtons in allen westlichen Medien diskutiert. Im Zusammenhang mit diesen Ereignissen kam es zum Generalverdacht gegenüber den Muslimen, ohne ihn einer genaueren Prüfung und Kritik zu unterziehen. Die Ängste vor verdeckten, äußerlich hoch angepassten Fundamentalisten, die entschlossen sind, ihr eigenes

Leben bei terroristischen Anschlägen einzusetzen, breitete sich schlagartig aus. Der Hinweis, dass es sich hier um eine Minderheit handelt, nahm weder der Mehrheitsbevölkerung noch den Muslimen den Druck, bedroht zu sein. Von den Muslimen wurde eine öffentliche Abgrenzung, die Verurteilung der Anschläge und ein Bekenntnis zur Werte- und Rechtsordnung der Aufnahmegesellschaften erwartet. Die europäischen Regierungen achteten sorgfältig darauf, zwischen gefährlichen Fundamentalisten und der Mehrheit der sich friedlich und tolerant verhaltenden Muslime zu unterscheiden. Dennoch nahm die politische und gesellschaftliche – zum Teil hoch kontroverse und polemische – Auseinandersetzung um zivilisatorische Gegensätze zwischen den Kulturen, um Rückständigkeit und Modernität an Schärfe auch in Europa zu. Die Ermordung des Holländers Theo van Gogh 2003 als Reaktion auf dessen polemisch zugespitzte Angriffe gegen den Islam ist ein Beispiel, ein anderes ist der militante Karikaturenstreit 2006.

Multikulturalität als friedliches, sich wechselseitig respektierendes Nebeneinander brach nicht nur in den Niederlanden in sich zusammen. Überdeutlich zeigte sich die Fremdheit zwischen den Kulturen, die Unkenntnis von muslimischen Glaubens- und Kulturrichtungen.[133]

Die zentrale Frage lautet heute, wie Konfrontation vermieden, mehr Kenntnis voneinander ermöglicht sowie ein wechselseitiger Annäherungs- und Verständigungsprozess in Gang gesetzt werden kann.

Diese Themen gehören bislang nicht zu den staatlich vorgegebenen Pflichtinhalten schulischer und beruflicher Bildung. Es war die Zivilgesellschaft, die in diesem Feld sehr früh die Initiative ergriff: die Kirchen, vor allem die christlich-islamischen Gesellschaften, die Wohlfahrtsverbände, die Akademien, die zahlreichen NGOs. Erst seit wenigen Jahren, vor allem nach den Terroranschlägen, erfährt das Programm zum Dialog der Kulturen mit seinen interreligiösen und interkulturellen Gesprächsforen verstärkt auch eine breite Resonanz und Unterstützung durch die Politik.

Interkulturelles Lernen findet seit Jahrzehnten in der Praxis des Zusammenlebens mit Migranten statt, aber das Verständnis von interkulturellem Lernen als Aufgabe für die gesamte Gesellschaft, das bereits in den 70er Jahren Gegenstand der Bildungs- und Sozialforschung war, erhält erst jetzt im Kontext der Integrationspolitik den notwendigen Stellenwert. Für das Miteinander von Menschen aus unterschiedlichen Kulturen geht es um mehr als interkulturelle Kenntnisse in den verschiedenen praktischen Bereichen des Alltagslebens. Notwendig ist ein tieferes Verständnis fremder Kulturen. Das trifft insbesondere auf den Islam zu, der in seinen unterschiedlichen Ausprägungen und bei Anerkennung einer demokratischen freiheitlichen Grundordnung auch von Muslimen in Europa gelebt werden will.

2. Vielfalt in muslimischen Kulturen

Kenntnisse über den Islam sind in unserer Bevölkerung kaum vorhanden. Der Islam ist nicht homogen, sondern wir haben es mit unterschiedlichen Strömungen zu tun: mit der liberalen, der reformorientierten, der gemäßigt konservativen und der traditionalistischen. Die für Aufklärung und unterschiedliche Auslegung des Korans eintretenden Muslime sind zwar noch eine Minderheit, aber der Reformprozess ist in der arabisch-muslimischen Welt in Gang gekommen, nicht ohne heftigen Streit. Am stärksten sind die Veränderungen bei den Anhängern der so genannten Ankaraner-Schule in der Türkei,[134] die inzwischen an 24 Fakultäten arbeitet. Der Zusammenprall der Zivilisationen vollzieht sich heute vor allem innerhalb der muslimischen Welt zwischen den verschiedenen Glaubensrichtungen und den politischen Positionen. Es ist ein Kampf zwischen Tradition und Moderne innerhalb des Islam. Die Traditionalisten bekämpfen die Moderne, die mit westlicher Säkularisierung und Technisierung, mit rationalem Diskurs und einer liberalen Bürgergesellschaft, mit pluralen Lebensformen und einer starken rechtlichen Stellung des Individuums mit dem Anspruch auf selbstbestimmte Lebensführung gleichgesetzt wird.

Die Religion hat in den muslimischen Gesellschaften einen hohen Stellenwert. Die Traditionalisten halten eine Trennung von Staat und Religion im westlichen Sinne für inakzeptabel, denn für sie ist die höchste Autorität Gott. »Wenn Gott der Souverän ist, kann es das Volk nicht sein.« Das gilt auch für die religiöse Rechtsordnung, die Scharia, die aus der Glaubenslehre des Korans abgeleitet wird. Während die Liberalen und Reformer im Koran kein Hindernis für demokratische Gesellschafts- und Staatsformen sehen, halten Traditionalisten und vor allem Fundamentalisten unverrückbar am muslimischen Gottesstaat fest. Die Konflikte sind voll entbrannt.

Der Westen gilt als das negative Gegenbild zur muslimischen Wertewelt und ist insoweit auch in diesen Konflikt involviert.

Die Auseinandersetzung in der islamischen Welt steht im Kontext der Globalisierung und ist Teil der Auseinandersetzung mit der eigenen Armut und dem Kampf um Erhalt und Anerkennung der muslimischen Kulturen. Das Wiedererstarken des Religiösen und der Religion ist besonders dort ausgeprägt, wo extreme Armut herrscht, Bildung und Arbeit fehlen, wo aber gleichzeitig der Anteil der jungen Generation 60 und selbst 80 Prozent der Bevölkerung ausmacht. Es vermischen sich oft die armutsbedingten mit den ideologischen sowie machtpolitischen Konflikten. Die Verlierer der Globalisierung, unabhängig davon, ob sie in ihren Herkunftsländern oder außerhalb leben, suchen als Entwurzelte oder auch Rebellen Rückhalt im Eigenen, in ihrer Religion. Perspektivlosigkeit erhöht die Gefahr der Radikalisierung, der offenen Konfrontation, des Einsatzes militanter Gewalt. Die Ausgrenzung von Entwicklung und Wohlstand, von den Vorteilen der Globalisierung zieht die Abwertung der westlichen Zivilisation nach sich. Die eigene Kultur gilt als höherwertig. Mit ihr wird die Identifikation verstärkt gesucht.

Die Zustimmung von Muslimen zu westlichen Werten und Lebensformen ist dort am stärksten, wo der Zugang zu Bildung und Arbeit gegeben ist, wo sich eine Mittelschicht von Unternehmern und abhängig Beschäftigten herausbildet, die die freiheitlichen Lebensformen nicht mehr aufgeben möchten. Sie wollen zugleich als Europäer und Muslime leben.

Jüngste Umfragen eines amerikanischen Instituts[135] zu den Auswirkungen der Terroranschläge in Madrid, London und in Frankreich auf das Zusammenleben von Muslimen und Nichtmuslimen in Europa zeigen, dass es nach den Anschlägen nicht zu extremen Spannungen und Konflikten gekommen ist. Diese Untersuchung wurde zwischen dem 31. März und dem 14. Mai 2006 durch das Pew Global Attitudes Project in 13 europäischen Ländern durchgeführt. Die Ergebnisse zeigen folgende Tendenzen:

Die Muslime fürchten vor allem um ihre wirtschaftliche Zukunft in Europa, sehen sich durch wachsende Vorbehalte und Sicherheitsbedürfnisse vom Arbeitsmarkt verdrängt. Diese Sorge steht an erster Stelle, dann folgen kulturelle und religiöse Aspekte.

Muslime machen sich mehr Sorgen um ihren Arbeitsplatz als um religiöse und kulturelle Fragen

	Muslime in			
	England	Frankreich	Deutschland	Spanien
% machen sich Sorgen über ...	%	%	%	%
Arbeitslosigkeit	46	52	56	55
Islamischen Extremismus	44	30	23	22
Niedergang der Religion	45	21	18	18
Einfluss der Pop-Kultur	44	17	18	17
Rolle der Frau	22	16	9	10

Quelle: Pew Research Center (2006)

Die Befragungsergebnisse bestätigten nicht die Annahme, dass die extremistischen Anschläge insgesamt zu einer Konfrontation der Mehrheitsgesellschaft mit den Muslimen geführt hat. Die Zunahme fundamentalistischer Aktivitäten wird von Muslimen und Nichtmuslimen als eine erhebliche Gefahr wahrgenommen, der gemeinsam begegnet werden muss. Die Befragung nimmt Bezug auf die Anschläge in Madrid, London und die Gewaltausschreitungen in Frankreich. Sie zeigt aber auch, dass die Religion für die Identität der Muslime in Europa von zentraler Bedeutung ist. Sie sympathisieren mit einem gemäßigten Islam und sehen die Hauptkonflikte innerhalb der Muslime und mit den Fundamentalisten.

Muslime verstehen sich in Europa wie auch in ihren Herkunftsländern vor allem als Muslime und erst dann als Staatsbürger eines
europäischen Landes. Das europäische Staatsverständnis ist vielen
fremd. Deutsche, Briten, Russen, Franzosen und Spanier verstehen sich in erster Linie als Staatsbürger und sehr nachgeordnet als
Angehörige einer Glaubensgemeinschaft. Eine Ausnahme bilden
hier nur die USA mit starker Betonung der Religionszugehörig-
keit.[136]

Es gibt keinen Beleg für eine wachsende Gegen-bewegung gegen muslimische Immigranten			
	Die Immigration aus dem Nahen Osten und Nordafrika ist ...		
	gut	schlecht	weiß nicht
Öffentliche Meinung in ...	%	%	%
Spanien	62	33	5
Mai 2005	67	26	7
Frankreich	58	41	1
Mai 2005	53	45	2
November 2002	44	53	3
England	57	32	11
Mai 2005	61	30	10
November 2002	53	40	7
Deutschland	34	59	7
Mai 2005	34	57	9
November 2002	33	59	8

Quelle: Pew Research Center (2006)

Positiv bewertete die Mehrheit ihre Lebensbedingungen in den
europäischen Aufnahmeländern, vor allem die Situation der muslimischen Frauen. Muslime in Deutschland haben in dieser Befragung am stärksten die Erfahrungen mit Diskriminierung und
Ausländerfeindlichkeit hervorgehoben. Während Spanier, Franzosen und Briten Zuwanderung aus dem Nahen Osten und Afrika
mit einer Mehrheit zwischen 62 und 57 Prozent positiv bewerten,
trifft das nur auf 34 Prozent der Deutschen zu. 59 Prozent bewer-

ten sie negativ. Die Ergebnisse lassen auf Konflikte schließen, jedoch nicht auf einen Kampf der Kulturen. Das friedliche Miteinander ist ein gemeinsames Anliegen, aber noch kein erreichtes Ziel.

3. Sozial-kulturelle Konflikte

Die hochentwickelten Länder sind Hauptziel der Migranten. Die USA sind für sie die Nummer eins; dort ist jeder Vierte ein Einwanderer, Europa ist die Nummer zwei, dort ist es jeder Dritte.[137] Im Zeitraum 1990 bis 2005 hat die Zuwanderung in einigen Ländern zugenommen, in anderen abgenommen.[138]

Wir lesen Berichte mit Zahlen über Migranten und analysieren Statistiken über Migration, ohne dass wir uns bewusst machen, was es für einen Menschen bedeutet, von einer Kultur in die andere zu wechseln. Migranten und Aufnahmegesellschaft werden sich in der Regel mit Vorbehalten, Ängsten und Distanz begegnen. Insbesondere für junge Migranten stellt sich das Kernproblem in besonderer Schärfe. Sie müssen Position in Bezug auf Werte und Normen beziehen, die zwei unterschiedliche Kulturen anbieten und einfordern. Besonders erschwerend ist es, wenn Elternhaus und Aufnahmegesellschaft sehr verschiedene Wertesysteme vertreten und die Ablösung von der Kultur der Familie zu belastenden Spannungen führt. Gelingt dieser Prozeß der Selbstvergewisserung und Entscheidungsfindung, so dient er der Stabilisierung der eigenen Identität. Aber nicht jeder Migrant wird so stark sein, diese Herausforderung zu meistern.

Diejenigen, denen es nicht gelingt, zu ihrer neuen Identität zu finden und sie in der Auseinandersetzung mit dem Wertesystem der Mehrheitsgesellschaft zu formen, laufen Gefahr, sich defensiv in die eigene ethnische Gruppe zurückzuziehen und von der Aufnahmegesellschaft innerlich zu distanzieren. Eine solche Entwicklung ist auch das Ergebnis der asymmetrischen Kommunikationssituation, in der Migranten stehen. Während die Migranten gezwungen sind, sich mit dem Gesellschaftssystem ihrer Herkunft und mit dem für sie neuen des Aufnahmelandes auseinander zu setzen, wird die Bevölkerung der Mehrheitsgesellschaft sich über die Unterschiede der zwei Kulturen, das Spannungsverhältnis und die sich daraus ergebenden Probleme der Migranten nur selten Gedanken machen. Lange hat es gedauert, bis die Anstrengungen der Migranten und ihre Leistungen für das jeweilige Aufnahme- und Herkunftsland ein öffentliches Thema wurden. Es fehlt oft an sozialer Anerkennung. Daraus vermittelt sich das Gefühl des Missachtetwerdens und der Unterlegenheit.

In der Mehrheitsgesellschaft gibt es insbesondere in Zeiten schlechter wirtschaftlicher Konjunktur zuwanderungsbedingte Ängste vor wachsender Arbeitslosigkeit und zu hohen Sozialkosten, die die wirtschaftliche und soziale Stabilität des Landes gefährden könnten.

Türkische Läden, Döner-Imbissbuden, von Türken geführte Restaurants sind in Deutschland längst selbstverständlich. Schwieriger ist die Akzeptanz von Moscheen. Sie werden als der eigenen Kultur fremd wahrgenommen. Vielerorts wird darüber gestritten, ob überhaupt eine Moschee in einer Kommune errichtet werden soll und an welchem Platz. Die kulturellen und religiösen Annäherungsprozesse brauchen Zeit, sie werden von vielen Menschen mit mehr Vorbehalten begleitet als die Einbeziehung von Migranten in den Arbeitsmarkt. Mit der Anwesenheit der Migranten im Land kommen Lebenswelten hinzu, die von der Mehrheitsgesellschaft nur zögernd oder mit viel Distanz aufgenommen werden. Viele haben noch nie eine Moschee besucht, wissen nicht, worin das Gebetsleben und die Predigten der Imame bestehen. Und umgekehrt ist es nicht anders. Es besteht Fremdheit.

Diese Position resultiert aus den schwierigen Erfahrungen, die auch Deutschland mit Migranten aus ärmsten Regionen gemacht hat, deren sozial-kulturelle Einstellungen und Verhaltensweisen zum Teil unvereinbar sind mit den hier praktizierten Geschlechterbeziehungen, mit Erziehung, Bildung und Rechtsverständnis.

Türkische Migrantinnen und Migranten aus Südostanatolien denken und verhalten sich beispielsweise anders als Türkinnen und Türken aus Istanbul oder Ankara. Letztere haben nach eigenen Berichten große Probleme mit den Bewohnern Südostanatoliens. Deutschlands türkische Gastarbeiter wurden schwerpunktmäßig aus dieser Region angeworben. Viele haben aber auch, seit sie in Deutschland leben, ihre Einstellungen geändert und sich unseren Lebensweisen geöffnet. Ihre Kinder haben es zum Teil zu einem beachtlichen sozialen Aufstieg, zu Bildung und beruflichen Positionen gebracht. In Deutschland hat sich eine türkische Mittelschicht mit starker wirtschaftlicher Leistungskraft entwickelt. Der Aufstieg schlägt sich nicht nur in den Erfolgsgeschichten der selbstständigen Unternehmer und Unternehmerinnen, in Leistungen an Hochschulen und in der Zahl der niedergelassenen Ärzte nieder. Die Eltern der Migranten oder sie selbst kommen aus unterschiedlichen Regionen der Türkei und haben zum Teil erhebliche Auseinandersetzungen in ihren Familien bei der Umsetzung ihrer Berufspläne durchgestanden.

Das gilt auch für andere Migrantengruppen. In Deutschland war die Integration von Millionen Aussiedlern und Spätaussiedlern kein reibungsloser Prozess. Sie hatten große Vorteile als deutsche Staatsbürger und Staatsbürgerinnen. Aber sie kamen mit Vorstellungen von Familie, von der Rolle von Mann und Frau wie auch von der Kindererziehung, die durch patriarchalisches Familienverständnis und autoritäre Erziehungskonzepte geprägt waren. Die innerfamiliären Konflikte zwischen Eltern und Kindern, aber auch zwischen Elternhaus und Schule waren beträchtlich. Schulische Internatserziehung zur intensiveren und besseren Integration der Kinder und Jugendlichen stieß auf Vorbehalte und Ablehnung, obwohl sie damals vom Staat finanziert wurde. Die in den Herkunftsländern erworbenen Berufs- und Studienabschlüsse wurden nur zu einem Teil oder gar nicht anerkannt, so dass auch der Einstieg in den Beruf schwierig blieb. Viele Akademikerinnen und Akademiker mit technischen, wirtschafts- und lehramtsbezogenen Hochschulabschlüssen haben in ungelernten Tätigkeiten gearbeitet, weit unter ihrem Ausbildungsniveau und ihren beruflichen Kompetenzen.

Die Integration verschlechterte sich Anfang der 90er Jahre sehr, als verstärkt Spätaussiedler mit Familien ohne Deutschkenntnisse kamen. Das hatte seinen Grund in 75 Prozent binationaler Ehen bzw. Familien, in denen Russisch und nicht Deutsch gesprochen wurde.

Sie siedelten sich in Deutschland an und versuchten dort unterzukommen, wo schon Deutsche aus Russland lebten. Es fehlte nicht nur an Sprachkenntnissen, sondern auch an Ausbildungs- und Arbeitsplätzen. Das führte zu erheblichen Konflikten, nicht nur wegen der hohen Zuwanderungszahlen, sondern vor allem auch wegen der Verweigerungshaltung eines nicht unerheblichen Teils von Jugendlichen aus den Spätaussiedlerfamilien, die ihren Eltern vorwarfen, sie gegen ihren Willen zur Auswanderung gezwungen zu haben. Eine Folge war zu einem Teil die Rückwanderung nach Russland, eine andere die Weiterwanderung in klassische Einwanderungsländer wie Kanada oder die USA. Und diejenigen, die blieben, befinden sich bis heute entweder in einem schwierigen Integrationsprozess oder gehören zu den bereits ausgegrenzten Eingewanderten ohne Zukunftsperspektiven mit sozial abweichendem und kriminellem Verhalten.

Die Einbürgerung löst diese Konflikte nicht. Sie muss einhergehen mit Integration in Bildung und Arbeit. Solche Konflikte entstehen besonders in den Familien, in denen die kulturellen und religiösen Einstellungen und Verhaltensmuster besonders deutlich im Kontrast zu denen der Aufnahmegesellschaft stehen. Der Wechsel etwa von streng religiös und kulturell gebundenen türkischen Familien aus Südostanatolien nach Deutschland verlangt den Beteiligten derart grundlegende und weit reichende Veränderungen ab, dass viele überfordert sind und diese Leistung kaum in einer Generation erbringen können.

Wie lange haben wir im eigenen Land gebraucht, um die Rechte und die Stellung der Frau in der Gesellschaft vom Patriarchat zur Partnerschaft zu führen? Seit wann verbieten wir Gewalt an Kindern durch körperliche Züchtigung? Die Spannungen und Konflikte zwischen den Konfessionen haben auch nach dem Zweiten Weltkrieg noch bestanden. Konfessionelle Mischehen führten zu Familiendramen mit Abbruch der familiären Kontakte. Arrangierte Ehen waren in Aristokratie und bäuerlichen Familien über Jahrhunderte die Regel. Der gleichberechtigte Zugang zu Bildung und

Ausbildung für Mädchen und Frauen ist mühsam erkämpft worden. Bis in die 60er Jahre des vorigen Jahrhunderts war die Erwerbstätigkeit verheirateter Frauen von der Zustimmung des Ehemanns abhängig. Viele junge Frauen können sich angesichts der heutigen Rechtslage und der erreichten Selbstständigkeit kaum vorstellen, wie beträchtlich vor 50 Jahren die Benachteiligung der Frauen noch war. Und was die Rolle des Mannes in der Familie betrifft, stehen auch wir noch mitten in einem Umlernprozess.

Migrantenkinder und Jugendliche werden in Deutschland überall in ihrem Umfeld mit den Gegensätzen zu den Lebensformen in ihren eigenen Familien konfrontiert. In Kindergärten und Schulen erleben sie die Gleichbehandlung von Mädchen und Jungen. Am Nachmittag haben die Mädchen dann ihre Brüder zu bedienen und werden als Jugendliche bei allem, was sie außer Haus tun, von ihren Brüdern streng kontrolliert und diszipliniert. Junge Mädchen werden daran gehindert, am Sexualkundeunterricht, am Sport und an Schulausflügen teilzunehmen, werden angehalten oder auch gezwungen, Kopftücher zu tragen, und noch immer werden junge Frauen in ihre Herkunftsländer gebracht und dort verheiratet. Wie konfliktreich das Alltagsleben in all den Fällen verläuft, wo Werte und Normen der Eltern und Kinder weit auseinander klaffen, wurde lange öffentlich kaum thematisiert. Erst durch spektakuläre Fälle wie den Ehrenmord an Hatun Sürücü oder neue Publikationen über die Lebensverhältnisse speziell von Mädchen in türkischen Familien hat sich dies geändert. Was diese Mädchen und Frauen leisten, wenn sie für ein selbstbestimmtes, selbstständiges Leben kämpfen und sich gegen die bestehende Familienordnung durchsetzen, ist kaum hoch genug zu bewerten. Sie brauchen dazu die Unterstützung der Mehrheitsgesellschaft durch Jugendhilfe, Sozialberatung und solche Migranten, die – wie im Berliner Projekt der Stadtteilmütter – Hausbesuche machen, als Migrantinnen mit den Türken sprechen und sie zur Mitarbeit an Integrationsprojekten in ihrem Umfeld einladen. Es ist bekannt, wie sehr gerade Frauen unter inakzeptablen sozialen Kontrollen und Gewalt leiden. Diese Konflikte sind eine Realität. Wir haben die Migrantenfamilien damit allein gelassen. Erst seit dem Verbot der Kopftücher in einzelnen Bundesländern werden die Themen Zwangsheirat und Ehrenmorde diskutiert und Maßnahmen zur Verschärfung des Strafrechts und Änderungen im Zuwanderungsrecht geplant.

Das Recht ist unverzichtbar zur Durchsetzung von Verhaltensnormen und hat bewusstseinsbildende Funktion. Aber eine Integrationspolitik, die sich überwiegend mit Forderungs- und Sanktionskatalogen, mit Geboten und Verboten an die Migranten richtet, schafft kein integrationsunterstützendes Klima. Sie fordert, ohne zu helfen, bietet Sprachkurse an, kürzt aber auf allen Ebenen die Mittel für Jugendhilfe, Sozialberatung und Integrationsprojekte. Der Umgang mit sozialen und kulturellen Konflikten zeigt dort Erfolge, wo Migranten und Einheimische die Probleme in ihren Wohngebieten und an den Orten, wo sie lernen, arbeiten und ihre Freizeit verbringen, gemeinsam anpacken. Das ist an den öffentlich geförderten Projekten und an den Stiftungsprojekten ablesbar. Abschottung und Rückzug in die ethnische Community oder religiöse Gruppierung sind überwiegend Reaktionen auf gescheiterte Integration.[139]
Es ist ein Irrtum anzunehmen, Parallelgesellschaften mit ihrer Ausrichtung auf das Herkunftsland und die Herkunftsidentität seien das Ergebnis einer gezielten Abgrenzung und Integrationsunwilligkeit. Bei einer fanatisierten, deutschfeindlichen Minderheit mag das der Fall sein, aber ansonsten weisen alle verfügbaren Erkenntnisse in eine andere Richtung. Je weniger der Integrationsprozess gelingt, je mehr Ablehnung und Diskriminierung erfahren wird, desto ausgeprägter ist die Tendenz des Rückzugs in Parallelgesellschaften. Wer das vermeiden will, muss Maßnahmen zur Förderung der Integration ausbauen und von der Konfrontation zur Kooperation übergehen.
Ein Miteinander der Kulturen bedeutet nicht ein Zusammenleben auf der Basis der Beliebigkeit. Zunächst sind das Gemeinsame und das Trennende deutlich herauszuarbeiten. Die Projekte von Hans Küng und seiner Expertengruppe zum Weltethos geben dazu eine entscheidende Orientierung. Die Religion ist nicht

nur in den arabischen und asiatischen Staaten wieder erstarkt, sie nimmt auch im säkularen Europa an individueller und gesellschaftlicher Bedeutung wieder zu. Viele religiös gebundene Muslime lehnen die im Westen übliche Trennung von Staat und Kirche und die Verdrängung der Religion aus dem öffentlichen Leben ab. Es geht aber in den meisten westlichen Ländern nicht um Ausgrenzung oder Verdrängung, wohl aber um die Begrenzung von religiös bedingten Werte- und Normansprüchen an die Politik. Diese Trennung ist die prinzipielle Absage an eine für alle verbindliche Wahrheit. Ein solcher Absolutheitsanspruch ist mit demokratischer Willensbildung nicht vereinbar. Werte und Normen werden auf der Basis der Grundrechte im Diskurs und durch Konsensfindung vereinbart. Darin gehen die religiösen Wertorientierungen ein, werden aber nicht durch eine einzelne Religion vorgegeben. Das hat Konsequenzen für das Rechtsverständnis, die Rechtsnormen und die Gestaltung des Rechts. Eine unmittelbar aus dem Koran abgeleitete Rechtsordnung wie die Scharia kann in demokratischen Rechtsstaaten nicht akzeptiert werden. Es gibt also Grenzen der Akzeptanz. Wenn aber die Menschen von Werten und Normen der Aufnahmegesellschaft überzeugt werden sollen, so kann das nur gelingen, wenn sie auch erfahren, dass diese in der Aufnahmegesellschaft angeeignet, internalisiert und gelebt werden.

4. Interkulturelles Lernen und Identitätsfindung im Globalisierungsprozess

Wir leben in einer Welt fortschreitender Globalisierung. Das wird zunehmend wahrgenommen. Immer mehr Menschen entwickeln ein gemeinsames Bewusstsein von einer interdependenten und vernetzten Welt, in der Veränderungen, die sich in einem Erdteil zutragen, Auswirkungen auf andere Erdteile haben, ungeachtet räumlicher Trennung und sprachlicher, kultureller, religiöser oder ethnischer Unterschiede. Und wir leben in Einwanderungsgesellschaften. Die fernen und für uns fremden Kulturen sind in unseren Städten und Gemeinden präsent, gehören zugleich zum Lokalen und Globalen. Einwanderer haben in unsere Sprache und Kultur hineingefunden, haben sie aber auch verändert.

Diese Prozesse sind mit grundlegend neuen Anforderungen an die Bildungssysteme verbunden. Der lokale und der nationale, selbst der europäische Kontext ist zu überschreiten. Lernen hat in globalen Bezügen zu erfolgen. Schulisches und lebenslanges Lernen ist in interkulturell vergleichender Sicht auf die Welt, ihre Geschichte und Gegenwart zu richten. Mehrsprachigkeit gehört zum Lernen für alle, ebenso wie der Umgang mit den neuesten Informations- und Kommunikationstechnologien.

Komplexität kennzeichnet nicht nur die Bereiche Wissenschaft, Technik und Wirtschaft, sondern die Gesellschaft in ihren vielfältigen Bezügen und Beziehungen. Der Begriff wissensbasierte Gesellschaft ist in aller Munde, aber die Konsequenzen für die Lernanforderungen an alle, nicht nur an die Eliten, werden den Menschen nicht bewusst gemacht. Weltweit stehen die Bildungssysteme vor grundlegenden Umstellungen, vor herausfordernden Aufgaben.

Die modernen Medien konfrontieren Jugendliche mit fremden Ländern und Kulturen, Ereignissen und Lebensstilen, die außerhalb der gewohnten Erfahrungen und bewährten Lebensumfelder liegen. Der Einzelne steht vor neuen Situationen und vergleicht die eigene Identität und Kultur, die eigenen Fähigkeiten, seine Lebensart und seine Werte mit denjenigen von Menschen aus ganz anderen Kulturen. In der heutigen Welt ist der Zugang zu den neuen Informationsmedien Voraussetzung für den Zugang zur Welt.

Durch den medialen Kontakt mit weltweiter Vielfalt hat die Jugend von heute weit mehr Informationen über Menschen aus anderen Kulturen und Ländern als frühere Generationen. Das gilt auch für Wanderungsbewegungen. Da inzwischen praktisch alle Länder der Erde zu Zielländern für Zuwanderer geworden sind, werden sich weder die heutige Jugend noch kommende Generationen international isolieren können. Wenn es so etwas gibt wie die »globale Gesellschaft«, so ist sie wohl am ehesten im zivilgesellschaftlichen Bereich zu finden. Zum Teil werden junge Menschen in ferne Länder ziehen und lernen müssen, sich veränderte kulturelle, soziale, wirtschaftliche und sprachliche Gegebenheiten anzueignen. Zum Teil stößt die Jugend auch im Heimatland auf eine Vielzahl unterschiedlicher Kulturen, Sprachen und Anschauungen. Eine »globale Gesellschaft« der Weltbürger birgt vor allem die Chance, voneinander zu lernen. Sie bietet die beste Voraussetzung, Gemeinsamkeiten und Unterschiede, gegenseitige Abhängigkeiten sowie die Notwendigkeit wechselseitiger Akzeptanz und Toleranz zu erkennen.

Zurzeit sind die nationalen Bildungssysteme den hohen Anforderungen einer Einwanderungsgesellschaft nicht gewachsen, um die Jugend auf die Herausforderung der Globalisierung vorzubereiten. Die bisherigen Lehrpläne vernachlässigen häufig, dass die heutige Jugend – einheimisch oder eingewandert – in einem Umfeld lebt, lernt und interagiert, das in unterschiedlicher Intensität mit anderen Kulturen und Bildungssystemen verbunden ist. Aus diesem Grunde müssen sich die Bildungssysteme der einzelnen Länder den neuen Veränderungen anpassen, indem sie interkulturelle Fähigkeiten vermitteln und die Schüler anleiten, global zu denken. Zu den so genannten »Soft Skills« zählen emotionale, soziale und kommunikative Kompetenzen, die über die lokale und nationale Ebene hinausgehen.

Die Welt, in der wir leben, wird zunehmend dynamischer und komplexer. Wissen, Ideen und Produkte erneuern sich in immer kürzeren zeitlichen Abständen. Allerdings bringt die Globalisierung auch neue Gefahren. Nach dem 11. September 2001 wird ihr mit noch mehr Skepsis begegnet. Im öffentlichen Bewusstsein wird Terrorismus als eine der negativsten Begleiterscheinungen von Globalisierung wahrgenommen. Andere negative Aspekte sind Umweltprobleme, die weltweite Bedrohung durch Epidemien (SARS/HIV) und ökonomische Faktoren wie Wettbewerbsverzerrungen, offene und abgeschottete Märkte.

Die globalisierte Welt verlangt jedoch, dass sich die heutige Jugend viel intensiver als vergangene Generationen mit Vielfalt und Komplexität auseinander setzt. Diese Veränderungen stellen unsere Bildungssysteme vor ganz neue Anforderungen. Um Millionen junge Menschen, die in mehr als einem kulturellen Kontext leben, zukunftsfähig zu machen, müssen wir die Qualität der Bildung verbessern, die Schulstrukturen, die Lehrpläne und das Lernen reformieren.[140]

Bildungsunterschiede auf globaler Ebene abbauen
In jüngster Zeit haben internationale Studien, die fachbezogene Lehrpläne, die Qualifikationen von Lehrkräften und die Rahmenbedingungen für Unterricht miteinander verglichen haben, viel Zustimmung erfahren. Gerade im Bereich der vergleichenden Bildungsforschung sammeln und dokumentieren das UNESCO-Institut für Statistik (UIS) und die OECD neuste Erkenntnisse. Daneben fördern Institutionen wie das Informationsnetz zum Bildungswesen in Europa, Eurydice, den Austausch und die Information über die nationalen Bildungssysteme, Bildungspolitiken und das Verhalten der Schüler.

Ohne die Lehr- und Lernbedingungen zu verbessern und das Bildungsniveau in den Entwicklungsländern erheblich anzuheben, ist es unmöglich, die jungen Menschen auf die Herausforderungen der kommenden Jahrzehnte einzustellen. Eine vierjährige Schulbildung reicht natürlich nicht aus, um den Jugendlichen zu verdeutlichen, wie gewaltfreie, friedliche Lösungen kultureller, ethnischer, religiöser oder anderer Konflikte erreicht werden können.

Bildungsdefizite auf europäischer Ebene reduzieren
Die PISA-Studie hat in Europa ein Bewusstsein für die Bedeutung individueller Bildung für die Vorbereitung junger Menschen auf die Zukunft geschaffen. An der zweiten PISA-Studie (2003) beteiligten sich über eine Viertelmillion Schüler aus 41 Ländern.[141] Im Mittelpunkt der Studie stehen Untersuchungen zur Lesekompetenz, zu Mathematik und Naturwissenschaft. Aus der PISA-Studie konnten wichtige Erkenntnisse über die Bildungssysteme in Europa gewonnen werden. Unter anderem wurde untersucht, inwieweit die soziale und kulturelle Herkunft Kompetenzunterschiede

bei den Schülern bestimmt. Die Ergebnisse der zweiten PISA-Studie zeigen, dass in den meisten OECD-Ländern die Leistungsunterschiede der Testpersonen vom sozialen Stand der Familie abhängig sind.

Darüber hinaus belegen die Ergebnisse der Studie Einflüsse der Migration und der zu Hause gesprochenen Sprache auf die schulischen Leistungen: Schüler, deren Eltern Migranten sind, weisen in einigen, aber nicht allen Ländern schwächere Leistungen auf als einheimische Schüler. Obwohl sich die Umstände der verschiedenen Migrantengruppen stark voneinander unterscheiden und einige durch sprachliche oder sozioökonomische Faktoren wie auch durch ihren Migrantenstatus als solchen benachteiligt sind, geben in einigen Ländern zwei spezielle Befunde Anlass zur Besorgnis. Einmal ist dies die relativ schwache Leistung sogar solcher Schüler, die im Erhebungsland aufgewachsen und dort zur Schule gegangen sind. Zum anderen ist es die Tatsache, dass auch nach Berücksichtigung des sozioökonomischen Hintergrunds und der zu Hause gesprochenen Sprache in vielen Ländern ein bedeutender Leistungsabstand zwischen Migrantenschülern und Schülern ohne Migrationshintergrund bestehen bleibt, der in Belgien, Deutschland, den Niederlanden, Schweden und der Schweiz mehr als eine halbe Kompetenzstufe beträgt.[142]

Auch die Ergebnisse aus anderen Bereichen der Untersuchung legen nahe, dass es in vielen europäischen Ländern bislang nicht gelungen ist, Migrantenkinder ins Bildungssystem zu integrieren. Nur in wenigen PISA-Ländern – Spitzenreiter ist Finnland – gelingt trotz Vielfalt der Bildungssysteme in Europa die schulische Integration von Kindern mit Migrationshintergrund. Alles in allem hat PISA gezeigt, dass Lernen in den lokalen und globalen Kontext einzuordnen ist. Ansonsten werden sich die Unterschiede zwischen den Bildungssystemen in Europa weiter verstärken.

Interkulturelle Kompetenzen in schulischen Lehrplänen
Gegenwärtig messen Lehrpläne den interkulturellen Kompetenzen keine hohe Priorität bei. Schulbücher und Lehrinhalte sind so zu überarbeiten, dass sie auch das Potenzial von Einwanderung

und Vielfalt vermitteln und nicht nur das Bild von Fremdheit zeichnen. Unsere Jugend muss lernen, Menschen mit anderen Werten, Religionen, mit verschiedenem kulturellen Hintergrund und mit unterschiedlicher Volkszugehörigkeit nicht als Bedrohung der eigenen Identität zu sehen. Sie brauchen die Fähigkeit, miteinander zu lernen, selbst wenn die individuellen Lernvoraussetzungen von Schülern den Einsatz von Individualförderung und Gruppendifferenzierung erfordern. Jugendliche, die in Schule und Beruf nicht zurechtkommen, sich wenig zutrauen, kein starkes Selbstwertgefühl entwickeln können, suchen Abgrenzung.

Sie schließen sich z. B. mit Rechtsradikalen zusammen, die sie darin bestärken, Vielfalt abzulehnen und sich nur mit denen zu identifizieren, die die gleiche Muttersprache und Volkszugehörigkeit besitzen. Die Gewalt rechtsextremer Gruppen richtet sich oft gegen Menschen, die anders aussehen oder leben als sie selbst. Sie können wegen fehlender interkultureller Kompetenz nicht miteinander kommunizieren und gemeinsam nach Auswegen aus Konflikten suchen. Neben der Vermittlung von Grundfertigkeiten hat Bildung Jugendliche zu befähigen, friedlich mit Menschen unterschiedlicher Herkunft, Kultur und Religion zusammenzuleben.

Lehrpläne und kompetene Lehrkräfte müssen die Schulen in aller Welt in die Lage versetzen, die Jugend über den sich rasch verändernden Kontext, in dem sie leben, zu unterrichten. Die Rede ist vom globalen Kontext. Die Vermittlung von Fähigkeiten wie Weltoffenheit und Toleranz gegenüber Personen, die anders sind als man selbst, sowie das Geschick, mit Unterschieden friedlich umzugehen, ist ein zentrales, kein nachgeordnetes Lernziel. In diesem Zusammenhang können Schüleraustausch-Programme und Schulpartnerschaften eine zentrale Rolle spielen.

Die Förderung von interkulturellen Kompetenzen in der Schule
Es ist von großer Bedeutung, dass junge Menschen nicht nur mit den Gegebenheiten in der einheimischen Gesellschaft umzugehen lernen, sondern auch begreifen, wie sie im globalen Kontext den Anschluss schaffen. Das Globale berührt heute fast alles Nationale und Lokale. Das Ausmaß, in dem der globale Kontext das Leben

von Jugendlichen durchdringt, ist allerdings recht unterschiedlich. So muss ein Jugendlicher mit Migrationshintergrund zum Beispiel täglich eine zweite Sprache sprechen, während ein Jugendlicher ohne Migrationshintergrund vor der Herausforderung steht, interkulturelle Kommunikation zu üben. Ganz gleich, wie stark die Berührung mit dem globalen Kontext ist, die Bildungssysteme haben interkulturelle Kompetenz auf kognitiver, emotionaler und sozialer Ebene in die Lehrpläne zu integrieren.[143]

In vielen Alltagssituationen sind junge Menschen aufgefordert, ihre persönliche Situation mit den Konstellationen, die sie bei anderen erleben, zu vergleichen. Dies wird umso schwieriger, wenn es um Menschen geht, die sowohl aus einer anderen Kultur und Religion kommen wie auch einer anderen Ethnie angehören und eine andere Sprache sprechen. Daraus ergibt sich notwendigerweise, dass es unabdingbar ist, einen jungen Menschen zu befähigen, auch über seinen eigenen Kontext hinaus denken und verstehen zu können. Junge Menschen können lernen, auf ihren Erfahrungen und erworbenen Kenntnissen aufbauend zu kommunizieren, zu kooperieren, Problemlösungen zu finden, Argumente anzuführen und sich in eine globalisierte Welt zu integrieren.

In Lehrplänen könnte zum Beispiel Folgendes enthalten sein:

— Rollenspiele, in denen mögliche Konfliktfelder in verschiedenen Kontexten thematisiert werden, so dass Jugendliche dazu befähigt werden, kreative Lösungsansätze zu suchen und in multikulturellen Umfeldern zu agieren.

— Die Vermittlung von Basiswissen in Kulturwissenschaften und Sozialkunde, um kulturelle Verschiedenheit wahrnehmen und analysieren zu können, damit Jugendliche aufgeschlossener gegenüber neuen Perspektiven von außen werden, sie verstehen und einordnen lernen.

— Fremdsprachenunterricht, der bereits in der Grundschule beginnt, so dass Kinder schon früh die Erfahrung machen können, in einer anderen Sprache als der Muttersprache zu kommunizieren, was ihnen wiederum in der globalisierten Geschäftswelt helfen wird.

Die Position des Harvard-Psychologen Marcelo M. Suárez-Orozco lautet: »Globalisierung macht die Fähigkeiten und Kompetenzen, die belohnt werden, ortsunabhängig. Deswegen wird es mehr und mehr zu zentralen Kernkompetenzen kommen, die alle Studierenden in der Welt brauchen.«[144] Sie werden immer bedeutsamer für zukünftige Generationen in unserer globalisierten Welt.

Technische Fähigkeiten sind existenziell wichtig für unsere Jugend. Denn genau diese Fähigkeiten machen es der Jugend möglich zu kommunizieren, sich miteinander über ihr jeweiliges Umfeld auszutauschen. Sie helfen ihnen auch, sich in globalisierte Gesellschaften zu integrieren. Technische Fähigkeiten ermöglichen es Menschen, die sich aufgrund äußerer Umstände nicht selbst ins Ausland begeben können, Zugang zu Arbeitsplätzen zu finden, die sonst für sie unerreichbar wären. So brachte der Internetboom vielen Computerexperten aus Indien ein hohes Einkommen ein. Wenn diese Menschen während ihrer schulischen Ausbildung oder ihrer privaten Weiterbildung keine technischen Fähigkeiten erworben hätten, wären sie mit großer Wahrscheinlichkeit weit weniger in den globalen Markt integriert und die globale Wirtschaft in diesem Land wäre auf einem niedrigeren Entwicklungsstand.

Technische Fähigkeiten zu lehren muss daher ganz oben auf der Prioritätenliste unserer Lehrpläne stehen. Für Jugendliche aus Nordamerika und Europa ist der Zugang zum Internet leicht erreichbar. Die Entwicklung der technischen Fähigkeiten ist eine Frage der Verbesserung und Standardisierung der Lernziele in Schulen sowie der Qualitätssicherung. In den Entwicklungsländern geht es dagegen vielmehr darum, diejenigen Institutionen und Initiativen zu fördern, die technische Bildung anbieten, und sie mit der entsprechenden technischen Ausstattung zu versorgen. Es geht auch darum, in diesem Bereich nicht nur Regierungen und NGOs in die Pflicht zu nehmen, sondern auch globale Wirtschaftsunternehmen zu ermutigen, ihr Engagement im Bereich der technischen Ausbildung zu verstärken.

Die Komplexität der globalisierten Welt verlangt von Jugendlichen, dass sie Informationen und Wissen auf vielfältige Art und Weise erlangen. Das gilt für junge Menschen, die im Heimatland aufwachsen, und für diejenigen, die ihr Heimatland verlassen und im Ausland leben, gleichermaßen: Die Globalisierung fordert sowohl die Identität der Menschen in Aufnahmeländern als auch die Identität der Neuzuwanderer und deren Kinder heraus. Um die positiven Auswirkungen der Globalisierung auf Jugendliche zu fördern, sind Schulen aktiv an der Identitätsbildung beteiligt. Von ihnen hängt es entscheidend mit ab, ob die Jugend dem Thema Vielfalt mit weniger Ängsten begegnet und mehr Zugang zum globalen Kontext ihres Alltags erhält.

Schulklassen weisen häufig eine Verdichtung von Vielfalt auf: Vielfalt der Religion, Ethnizität und Sprache. Oftmals ist es Jugendlichen nicht bewusst, wie heterogen ihre gesellschaftliche Umgebung ist. Leider sind die Folgen, die in vielen Schulen zu beobachten sind, fehlende Kommunikation untereinander und soziale Spaltung. Die Abgrenzungen unter den Schülern entstehen aufgrund sprachlicher, ethnischer, religiöser oder kultureller Unterschiede. Besonders in Fällen, wo sich die Unterschiede überlappen, kann sich soziale Segregation unter Schülern zuspitzen und in Auseinandersetzungen oder sogar Gewalt verwandeln.

Unterschiede und Vielfalt müssen aber nicht zu Ausgrenzungen oder Gewalt führen. Wenn Jugendliche erfahren, wie sie sich mit der Vielfalt auseinander setzen können, und wenn sie lernen, wie Unterschiede überbrückt werden können, wird die Vielfalt zu einer Bereicherung. Sie wird eine Chance, die eigenen Kenntnisse und Perspektiven zu erweitern. Ein gelungenes Beispiel hierfür sind die Europaschulen in Deutschland,[145] wo zwei europäische Sprachen als gleichwertige Sprachen unterrichtet werden. Auch die Kulturen der beiden Länder werden im Unterricht umfangreich und gleichwertig behandelt. In Deutschland findet sich eine Vielzahl von Europaschulen. Neben Deutsch wird z. B. Englisch, Französisch, Russisch, Italienisch, Spanisch, Portugiesisch, Türkisch, Griechisch und Polnisch unterrichtet. Die Europaschulen vermitteln ihren Schülern, dass Vielfalt keine Ausnahme ist. Diese

Einstellung baut eine Brücke zu Menschen anderer Kulturen, Religionen und ethnischer Herkunft und fördert Toleranz.

Identitätsbildung und Bildungssystem
Die Identitätsbildung von Jugendlichen mit Migrationshintergrund kann sehr vielgestaltig sein. Trotzdem gibt es gemeinsame Herausforderungen, mit denen diese Jugendlichen sich auseinander zu setzen haben. Diese Herausforderungen unterscheiden sich je nach dem, ob es sich um die erste, zweite oder dritte Zuwanderergeneration handelt.

Die Identitätsbildung der ersten Zuwanderergeneration findet meist im dualen Kontext statt. Sie hat direkte Erfahrung mit zwei Kulturen. Sie ist sowohl an ihr Herkunftsland als auch an ihre Wahlheimat im Ausland gebunden. Diese Zuwanderer haben in der Regel Familien und Freunde, die noch im Herkunftsland leben. Sie wissen, warum sie in die Wahlheimat gewandert sind. Häufig entwickelt die erste Zuwanderergeneration die Motivation und geistige Flexibilität, um die eigene Identität in der Wahlheimat weiterzuentwickeln. In vielen Ländern, in denen das *ius-soli*-Prinzip bei der Einbürgerung ausschlaggebend ist – im Staatsgebiet geborene Kinder erhalten automatisch die Staatsbürgerschaft –, ist die erste Zuwanderergeneration die einzige, die in den Statistiken als Zuwanderer geführt wird.

Die erste Zuwanderergeneration hat erhebliche Herausforderungen zu meistern. Sie erfährt viel Neues, was wiederum mit den gewohnten Umgangsweisen und Grundwerten in Widerspruch stehen kann. Diese Widersprüche können ein tief verwurzeltes Verständnis der eigenen Identität in Frage stellen. Dennoch gestaltet sich die Identitätsfindung für die erste Zuwanderergeneration weniger schwierig als für nachfolgende Generationen.

Die zweite und die dritte Zuwanderergeneration
Die zweite und folgende Zuwanderergenerationen stehen vor anderen Herausforderungen als die erste. Der Unterschied betrifft insbesondere die Fähigkeit der zweiten und dritten Generation, sich in der Wahlheimat der Eltern sozial und seelisch weiterzuent-

wickeln. Weil ein klarer kultureller Bezugspunkt und die Kenntnis über den Grund für Migration fehlen, gestaltet sich die Identitätsbildung bei der zweiten und dritten Generation oftmals sehr schwierig. Häufig besteht die Gefahr, dass solche Jugendliche eine »zugeschriebene Identität« annehmen. Die Identität wird den Jugendlichen von außen aufgedrängt. Sie basiert in vielen Fällen auf einer ethnischen oder religiösen Zugehörigkeit. Im Gegensatz zu einer zugeschriebenen Identität steht die »selbst erworbene Identität«: »Die selbst erworbene Identität beschreibt das Ausmaß, in dem eine Person sich der Gesellschaft zugehörig fühlt –›Ich gehöre dazu‹. Eine zugeschriebene Identität wird dem Menschen durch eine ethnische Gruppe – ›Du gehörst zu uns‹, oder durch einen dominanten Kulturkreis – ›Du bist Teil einer anderen Gruppe‹ aufgedrängt.«[146] Die innere Auseinandersetzung mit dem eigenen Ich, die psychischen Anstrengungen und sozialen Herausforderungen, mit denen jugendliche Zuwanderer mit Migrationshintergrund bei der Identitätsbildung konfrontiert werden, sind immens. Das gilt besonders für die Herausbildung einer »selbst erworbenen Identität«.

Die Bildungsinstitutionen tragen eine besondere Verantwortung für die Unterstützung der Jugendlichen bei der Identitätsbildung. Bei der Ausgestaltung von Lehrplänen könnten folgende Inhalte berücksichtigt werden:

– das Thema Identitätsbildung aufgreifen und sich mit Themen wie Gruppenzwang und der Freiheit zur Entfaltung individueller Identität im Unterricht befassen
– über ethnische und soziale Stereotypen sowie deren Auswirkung auf die Identitätsbildung sprechen
– berufsbildende Maßnahmen anbieten, insbesondere für Jugendliche aus Regionen mit hoher Arbeitslosigkeit und einem geringen Angebot an Wahlmöglichkeiten in einem breit gefächerten Berufespektrum

Die zweite Zuwanderergeneration braucht andere Ansätze und Unterrichtsmethoden als einheimische Schüler, um sich in das

Schulsystem erfolgreich zu integrieren. Schulen mit einem hohen Anteil von Jugendlichen mit Migrationshintergrund sollten diagnostische Methoden entwickeln, um die speziellen Bedürfnisse dieser Schüler besser feststellen zu können. Dieser Ansatz hat die besonderen Fähigkeiten der Jugendlichen mit Migrationshintergrund zu berücksichtigen, diese auszubauen und in das Lernumfeld zu integrieren. Der heutige Schulalltag ist noch zu wenig sensibilisiert und eingestellt auf kulturelle, sprachliche und ethnische Vielfalt. Aber junge Menschen haben in hohem Maße die Fähigkeit, mit Komplexität umzugehen und voneinander zu lernen. Dieses Potenzial ist in den Schulen zu fördern.

Innerhalb der Bildungssysteme in Deutschland und in anderen Industrieländern wurde die Diskussion zu diesem Thema aufgenommen. Die Entwicklung von Programmen und die Umsetzung in die Praxis liegen jedoch noch weit zurück. Das gilt für die Aus- und Fortbildung des pädagogischen Personals wie für die Lehrpläne. Hier besteht dringender Handlungsbedarf. Interkulturelle Kompetenzen sind nicht nur eine notwendige Voraussetzung für das Zusammenleben und die gesellschaftliche Entwicklung auf nationalstaatlicher Ebene. Sie sind auch unverzichtbar für die Teilhabe am Globalisierungsprozess und seiner Gestaltung und damit für die individuellen und kollektiven Perspektiven in einer globalisierten Welt.

VIII. Für eine demokratische Leitkultur des Zusammenlebens

1. Multikulturalität – eine gesellschaftliche Tatsache

Die nachfolgenden Ausführungen konzentrieren sich auf die Frage von Einheit in Vielfalt. Daher wird zu Beginn noch einmal das breite plurale Spektrum unserer Gesellschaft in Zahlen bewusst gemacht. Der Anteil der Menschen mit Migrationshintergrund ist weit größer als der Anteil der Ausländer.

In Deutschland leben laut Mikrozensus 7,3 Millionen Ausländer und weitere 8 Millionen mit Migrationshintergrund: 4,5 Millionen Spätaussiedler, über 1,6 Millionen Eingebürgerte, 1,5 Millionen Kinder aus binationalen Ehen. Das betrifft faktisch jeden Fünften in der Bundesrepublik. Hinzu kommen jährlich 300 000 bis 400 000 temporäre Arbeitskräfte. Die Bevölkerung ist ethnisch, sprachlich, kulturell und religiös vielfältiger geworden. Jeder dritte Jugendliche in Westdeutschland kommt aus einer anderen Kultur, jedes vierte Neugeborene hat mindestens einen ausländischen Elternteil und jede fünfte Eheschließung ist binational. In einigen Ballungsgebieten stammen schon heute 40 Prozent der Jugendlichen aus Migrationsfamilien. Die Einwanderung während der letzten 50 Jahre hat unsere Gesellschaft grundlegend verändert.[147]

Auch die Migrantenbevölkerung selbst ist vielfältiger geworden. Es ist längst nicht mehr die frühere Gastarbeiterbevölkerung. Migranten in Deutschland, das sind heute Einwandererkinder der zweiten und dritten Generation, alte und neue EU-Bürger, ausländische Senioren ebenso wie junge Akademiker, Selbstständige und abhängig Beschäftigte. Sie gehören unterschiedlichen Kulturen und Religionen an. Allein in Deutschland leben 3,2 Millionen Muslime, in der EU circa 15 bis 20 Millionen.

Migrationserfahrung der Bevölkerung 2005 in Prozent

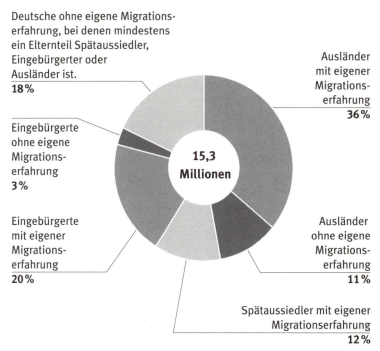

Quelle: Statistisches Bundesamt 2006a

Mit der Vielfalt und der Dauerpräsenz von eingebürgerten und nicht eingebürgerten Migranten werden verstärkt die gesellschaftlichen Veränderungen im Alltagsleben durch Zuwanderung bewusst. Migration ist ein hoch emotional besetztes Thema. Es löst Fragen nach der eigenen Identität, dem Verhältnis zur Identität des anderen, nach Vereinbarkeit und Unverträglichkeit unterschiedlicher Kulturen und Religionen aus. Vor allem seit der Debatte um ein neues Zuwanderungsgesetz im Jahr 2000 haben zwei Thesen für heftige Kontroversen gesorgt. Die eine lautet: »Deutschland ist ein Einwanderungsland«, die andere: »Wir brauchen eine deutsche Leitkultur«. Über beide wurde heftig gestritten. Akzeptiert wurde, dass Deutschland ein Einwanderungsland ist. Aber die Konsequenzen wurden bislang halbherzig und unzureichend gezogen.

2. Vielfalt – Offenheit – Zusammenhalt:
Die Forderung nach einer deutschen Leitkultur

Der Streit um eine deutsche Leitkultur (Friedrich Merz)[148] oder auch um eine europäische Leitkultur (Bassam Tibi)[149] hält an. Er schlägt sich nieder in den ständig erweiterten Integrationsanforderungen an Alt- und Neuzuwanderer. Die Frage der Vereinbarkeit westlicher und muslimischer Kultur ist seit den Terroranschlägen vom 11. September 2001 und den Folgeanschlägen inner- und außerhalb Europas zu einem der Schlüsselthemen der Integration geworden. Parallel zur Bekämpfung des Terrors und der radikalen islamischen Fundamentalisten geraten die Muslime immer häufiger unter den Generalverdacht, dass ihre Kultur und Religion mit westlichen Werten und Normen nicht vereinbar sei. Huntingtons These vom Kampf der Kulturen, die Ablösung des Ost-West-Konflikts durch den Kampf zwischen islamischen und nichtislamischen Gesellschaften bestimmt die Debatte.[150] Viele Menschen fühlen sich verunsichert und bedroht, vor allem in den westlichen Gesellschaften. Hinzu kommt die Globalisierung mit ihren tief greifenden Transformationsprozessen, die alle Lebensbereiche erfassen und bei vielen eher zu Abwehr als zu mehr Offenheit für Umbrüche und Veränderungen führen. Die Menschen erwarten von der Politik Schutz vor diesen massiven Veränderungen, möchten beim Vertrauten bleiben, am Bewährten festhalten, das Unbekannte und Fremde, die unübersehbaren Folgen der Globalisierung so weit wie möglich fern halten. Sie erleben die neuen Anforderungen, sich für Menschen unterschiedlicher Kulturen und Religionen zu öffnen, als unzumutbare Überforderung. Viele haben auf die offizielle Politik der Rotation vertraut, wonach die Zugewanderten nach einem temporären Aufenthalt in ihre Heimatländer zurückkehren. Es ist außerdem ein Unterschied, ob Zuwanderer aus vergleichbaren Kulturkreisen oder aus weit entfernten Kulturen kommen.

Richten wir den Blick wieder auf Deutschland, so wirken auch in unserem Land die verschiedenen Prozesse – Globalisierung, Migration, religiös instrumentalisierter Fundamentalismus – mit ihren bisher nicht gekannten Um- und Neuorientierungen auf die Menschen ein. Die Angst vor Verlust des Tradierten oder vor Auflösung der ihnen vertrauten Lebensformen und Lebensplanungen, die existenziellen Ängste vor Arbeitslosigkeit und Verlust der sozialen Sicherheit sind vielfach stärker als die Bereitschaft, sich auf Neues einzulassen, sich für Veränderungen zu öffnen und diese aktiv zu gestalten. Das nimmt in dem Maße zu, wie Menschen durch die Erfahrung geringer Einflussmöglichkeiten ihre eigene Ohnmacht erleben. Diese verstärkt Gefühle von Apathie oder Aggression, Abwehr gegenüber Globalisierung und damit zugleich gegenüber Fremden. Gleichzeitig sind sie aber mit der Tatsache konfrontiert, dass in ihrer Umgebung Menschen aus verschiedenen Nationen leben. Viele Deutsche erwarten, dass Migranten sich uneingeschränkt an die Kultur, die Werte und Normen der Mehrheitsgesellschaft anpassen, wie Einheimische leben, ihre Sprache beherrschen, nirgendwo auffallen, niemanden stören oder belasten. Das gilt für alle Lebensbereiche, besonders für Bildung, Arbeit, kulturelle, soziale und politische Partizipation und für Wohnen. Die Erwartung ist die der einseitigen Anpassung, der Assimilation an die Aufnahmegesellschaft. Diese Konzeption geht aus von einer dominanten *deutschen Leitkultur,* mit der sich die Migranten unter Verzicht auf ihre Herkunftskultur identifizieren sollen.

Wo bleibt die Vielfalt der Kulturen? Welche Berechtigung hat die Herkunftskultur, die Identität der Zugewanderten? Wo findet Austausch zwischen den Kulturen statt? Worin kann und soll die wechselseitige Bereicherung bestehen, die Zugewinne für die Aufnahmegesellschaft wie für die Zuwanderer bringt? Dabei geht es um mehr als ökonomische Vorteile. Integration ist ein wechselseitiger Austausch – und Lernprozess.

Der beschriebene Begriff der Leitkultur birgt die Gefahr des Ausschließlichkeitsanspruchs, der Hierarchisierung von Kulturen, d. h. der hohen Wertschätzung der eigenen Kultur bei gleichzeitiger Abwertung bzw. Geringschätzung der Kultur der Herkunftsländer. Das zeigt sich extrem deutlich am Umgang mit muslimischen Kulturen. Diese gelten als »rückständig«, »westliche Zivilisationsstandards gefährdend«, als nicht gleichwertig. In dieser Abgrenzung liegt nicht nur die Gefahr pauschaler Abwertung, sondern auch die Gefahr der Konfrontation und der Polarisierung. Es fehlt an differenzierter Erfassung der Gemeinsamkeiten und der Unterschiede zwischen den Kulturen und Religionen, auf Seiten der Zuwanderer wie der Aufnahmegesellschaft. Die Forderung nach einseitiger Dominanz einer deutschen Leitkultur verhindert Austausch und wechselseitiges Kennenlernen. Das Andersartige hat keinen Stellenwert, die Mentalitäts- und Verhaltensunterschiede kommen nicht zur Geltung.

Um einander annehmen zu können, müssen wir einander kennen und besser verstehen lernen. Wer in Gesellschaften mit unterschiedlichen Kulturen und folglich auch Religionen lebt, der steht vor der unausweichlichen Frage nach einer *Leitkultur des Zusammenlebens* mit verbindlichen und verpflichtenden Werten und Normen für alle. Ein friedliches, sich wechselseitig bereicherndes Zusammenleben ist unter bestimmten Voraussetzungen möglich. Es geht nicht um Herrschafts- und damit um Dominanzansprüche der einen Kultur über die anderen, nicht um Selbstbehauptung und Machtansprüche, sondern um ein kooperatives Miteinander.

Angesichts anhaltender weltweiter Migration ist die entscheidende Frage, ob es uns gelingen wird, friedfertig, in gegenseitiger Achtung und wechselseitiger Bereicherung kreativ mit Menschen aus verschiedenen Kulturen und Religionen zusammenzuleben. Gemeinsam miteinander leben, das ist die zentrale Herausforderung für das 21. Jahrhundert. Denn nach allem, was wir wissen, müssen wir davon ausgehen, dass die weltweite Migration anhält und dass wir zunehmend mit Menschen aus aller Welt in unseren Städten und Gemeinden zusammenleben werden. Zuwanderung lässt sich steuern und begrenzen, aber nicht vermeiden. Wir wissen, dass Deutschland, wie die meisten entwickelten Länder, auf eine begrenzte Zahl von Zuwanderern angewiesen ist. Wichtig ist für diesen Prozess, welches Leitbild wir vom Miteinander in unserer Gesellschaft haben. Insofern handelt es sich bei der Beantwortung dieser Frage zugleich um eine Selbstverständnisdebatte. Dabei ist zu klären, wie wir uns selbst verstehen, welche Werte und Normen uns wichtig sind, was wir von uns Deutschen im Umgang mit Migranten und was wir von den Zugewanderten im Zusammenleben mit den Deutschen erwarten. Es kann sich nicht um einen einseitigen Anpassungsprozess handeln, sondern um wechselseitige Annäherung, um Kennenlernen und ein Aufeinanderzugehen von beiden Seiten.

Vielfalt, die den Reichtum von Kulturen und Gesellschaften ausmacht, ist immer auch verbunden mit der Frage, was den Zusammenhalt herstellt, woran sich alle gebunden fühlen und worauf sich alle verpflichten. Bei allen Unterschieden geht es um das für den Einzelnen und die Gesellschaft zentrale Thema der universalen Werte und Normen, die, über die ethnischen, kulturellen und religiösen Unterschiede hinweg, für jeden Menschen gelten und Grundlage des Zusammenlebens bilden sollen.

Friedfertiges und kreatives, sich wechselseitig ergänzendes und bereicherndes Zusammenleben mit Menschen aus unterschiedlichen Kulturen und Religionen, das ist die entscheidende Zukunftsaufgabe in Deutschland, in Europa und weltweit. Diese Aufgabe betrifft uns alle, Deutsche wie Nichtdeutsche. An dieser Aufgabe ist jeder zu beteiligen. Dabei kommt es darauf an, Unsicherheit und Angst, Gefühle des Bedrohtseins und der Abwehr auf allen Seiten zu überwinden, Konflikte zu thematisieren und zu reduzieren. Es gilt, das oft von Unkenntnis und Indifferenz gekennzeichnete Nebeneinander, die Toleranz der Gleichgültigkeit und Interesselosigkeit gegenüber Fremden aufzubrechen und Vertrauen aufzubauen. Dass Menschen unterschiedlicher Herkunft und Kultur in unserem Land zusammenleben, wird sich nicht mehr ändern. Das war und ist kein vorübergehender Zustand. Arbeitskräfte wurden angeworben, aber Menschen sind gekommen und geblieben. Davor haben wir die Augen lange Zeit verschlossen.

Integration ist daher die zentrale Aufgabe, die wir zu lange vor uns her geschoben haben. Sie ist die Alternative zum beziehungslosen Nebeneinander vermeintlich unvereinbarer Kulturen. Multikulturalität ist eine Tatsache, aber noch kein Konzept für den Zusammenhalt unserer Gesellschaft. Die nicht endenden Attacken auf die multikulturelle Gesellschaft bringen uns nicht weiter, wenn damit die Fiktion einer kulturell homogenen Gesellschaft durchgesetzt werden soll. Es geht vielmehr darum, die Pluralität, die Verschiedenartigkeit anzuerkennen, aber sie nicht mit Beliebigkeit zu verwechseln. Erforderlich ist der Konsens in der Überzeugung, dass eine »Gesellschaft keine Addition von Minderheiten ist«.[151]

In der wegweisenden Rede des verstorbenen Bundespräsidenten Johannes Rau vom 12. Mai 2000 heißt es: »Wer zu uns nach Deutschland kommt, der muss die demokratisch festgelegten Regeln akzeptieren. Sie sind Grundlage unseres Zusammenlebens. Diese Regeln sind auf Integration ausgelegt und nicht auf Ausgrenzung. Sie bieten genügend Raum für kulturelle Vielfalt. Sie sichern die Freiheit des Glaubens und die Rechte von Minderheiten. Diese Regeln setzen aber auch Grenzen, die niemand unter Hinweis auf seine Herkunft oder seine religiöse Überzeugung außer Kraft setzen darf. Alle müssen sich an die Regeln halten, die sich unsere Gesellschaft gegeben hat: Zugewanderte und Einheimische.«[152]

Unser Land – und wir nicht allein – steht vor der großen Herausforderung, mit gewachsener gesellschaftlicher, d.h. kultureller und religiöser Vielfalt umzugehen, uns für sie zu öffnen und mitgestaltend an der Aufgabe des friedlichen Zusammenlebens zu beteiligen. Das erweitert und bereichert, vollzieht sich aber nicht ohne Konflikte. Wachsende Pluralität erfordert Verständigung über gemeinsame Werte und Regeln, denn ohne sie fällt eine demokratische Gesellschaft auseinander. Dazu sind Menschen erforderlich, die sich über unverzichtbare und verbindende Grundwerte einig werden, sich mit ihnen identifizieren und diese auch verteidigen. Wir können nur dann eine offene Gesellschaft bleiben, wenn sich keine Gruppen bilden, die außerhalb des gesellschaftlichen Grundkonsenses stehen. Das *demokratische* und das daraus abgeleitete *integrationspolitische Leitbild* umfasst entsprechend den Werten unseres Grundgesetzes und der darauf beruhenden Rechtsordnung die Würde der Person, die Gleichheit von Mann und Frau, die Religionsfreiheit und die Meinungsfreiheit, Demokratie sowie Rechtsstaatlichkeit.

3. Vielfalt in Einheit: Wertekonsens und Pluralität

Unser gemeinsames *demokratisches Leitbild* muss bestimmt sein vom Kampf gegen Menschenrechtsverletzungen, gegen Ausgrenzung und Diskriminierung, gegen Verletzungen der Menschenwürde durch Zwangsheirat, so genannte Ehrenmorde oder Genitalverstümmelung. Schwieriger wird die Verständigung bei einer aus der Religion abgeleiteten Argumentation zur gesellschaftlichen Rolle und zum emanzipatorischen Wert der Gleichheit von Mann und Frau sowie zum Verhältnis von Staat und Kirche. Aber gerade darüber müssen wir uns verständigen und gemeinsam nach Lösungen suchen.

Ausgerichtet an den Werten unseres Grundgesetzes sind wir verpflichtet, für gemeinsame Überzeugungen einzutreten, Werte wie Würde der Person und Gleichberechtigung der Migranten im Alltag umzusetzen und der Benachteiligung in Bildung, Arbeit und Teilhabe am gesellschaftlichen und politischen Leben entgegenzuwirken. Denn Ungleichheit sowie Ausgrenzung von Bildung und Arbeit bewirken Ghettoisierung, Rückzug in die eigene ethnische Gemeinschaft oder Verführbarkeit durch eine Minderheit radikalisierter fundamentalistischer Gruppen, die sich strikt von der Mehrheitsgesellschaft abgrenzen, Integration ablehnen und die Aufnahmegesellschaft, in der sie leben, bekämpfen.

Wollen unterschiedliche Kulturen friedlich und zum Vorteil aller Beteiligten zusammenleben, geht es um mehr als ein voneinander getrenntes, gleichgültiges Nebeneinander der Kulturen oder ein Zusammenleben auf der Grundlage der Beliebigkeit. Es geht um die verbindlichen Werte und Normen, um die Regeln des Zusammenlebens, um eine Selbstverständnisdebatte, die vom Miteinander, nicht von Abgrenzung und Ausgrenzung bestimmt ist. Darin haben Überheblichkeit, Selbstüberschätzung, Absolutheitsanspruch und Feindbilder keinen Platz. Für eine Neuausrichtung der Migration und Integration kommt es entscheidend auf einen gemeinsamen Werte- und Normenkonsens an, auf handlungsleitende Prinzipien, die für das Zusammenleben grundlegend sind.

Keine Gesellschaft kommt ohne verbindliche Regeln im Zusammenleben aus. Sie können für Zugewanderte keine anderen sein als die, die von den Bürgern und Bürgerinnen unseres Landes erwartet und eingefordert werden. Ob sie entsprechend der verfassungsmäßigen Vereinbarung auch immer von den Einheimischen gelebt werden, das ist eine andere Frage. Je weniger sie allerdings vorgelebt werden, desto weniger wichtig und einhaltenswert erscheinen sie dann auch den Migranten.

Keine Gesellschaft kommt ohne Erziehung aus, in der die Grundregeln unseres Umgangs miteinander eingeübt und die Einhaltung dieser Regeln konsequent beachtet und durchgesetzt werden. Gewiss gehören auch Regeln auf den Prüfstand. Werden sie in Frage gestellt oder häufig verletzt, so haben sie nur in dem Maße Bestand, wie sie erneut begründet, vereinbart und im Alltag umgesetzt werden.

Die Grundlage des Zusammenlebens bildet das Grundgesetz, das Veränderungen und Ergänzungen nur mit einer parlamentarischen Zweidrittelmehrheit zulässt. Der Kernbestand, die Artikel 1 bis 19, ist in seiner Substanz nicht veränderbar. Dieses Grundgesetz ist unser Gesellschaftsvertrag, der für jeden Bürger und jede Bürgerin unseres Landes die Werte und Normen unseres Zusammenlebens verankert. Er umfasst nach der Menschenrechtscharta von 1948 die unveräußerlichen Menschenrechte, die grundlegenden Werte und Normen, aber auch die Pluralität von Lebensformen, die Meinungs- und Religionsfreiheit, das Recht auf unterschiedliche weltanschauliche und politische Positionen. Der Artikel 1 setzt den Maßstab und gibt die Richtung für die weiteren Grundwerte an, über die Konsens bestehen muss. Das gilt für:

- die Würde des Menschen und die sich daraus ergebenden Grundrechte, insbesondere die Gleichheit aller Menschen und die Gleichberechtigung von Mann und Frau
- die Lösung von Konflikten ohne Gewalt
- die Geltung der Freiheitsrechte für sich und andere
- die freiheitlich demokratische Grundordnung als einer wertegebundenen Ordnung

Die Übernahme und Identifikation mit dieser Werteordnung ist konstitutiv für Integration. Die Integration aller Mitglieder einer Gesellschaft wird stets durch einen kooperativen und kommunikativen Prozess erreicht. Ausgehend von pluralen Positionen erfolgt Integration auf der Basis eines *unverzichtbaren Grundkonsenses*. Es genügt nicht die Kenntnis dieser Anforderungen, sondern die aktive Zustimmung, Einhaltung und Verteidigung dieser Grundwerte sind notwendig.

Das setzt Sprachkenntnisse voraus, um an Bildung, Arbeit, sozialen Kontakten und politischer Gestaltung mitwirken zu können. Für das Verstehen dieses Grundgesetzes bzw. dieser Verfassung, aber auch für das Zusammenleben mit den Menschen unseres Landes sind geschichtliche und politische Grundkenntnisse erforderlich. Das gilt nicht nur für die Einstellung zu Menschenrechten, zu Krieg und Frieden, sondern auch zur Vergangenheit. Um die Demokratie in Deutschland zu verstehen, muss man sich mit der Vergangenheit dieses Landes, ihren Höhen und absoluten Tiefen wie den beiden Weltkriegen und dem mörderischen Hitlerregime, aber auch mit dem demokratischen Neuanfang nach 1945 auseinander setzen.

Unser Staats- und Verfassungsverständnis ist pluralistisch. »Die freie Bildung von Konsens ist substantiell nur ein Thema der pluralistischen Demokratie«.[153]

Ist das zugleich das Dilemma der modernen Demokratie? Nein, es ist zugleich Chance und Herausforderung. Ernst Fraenkel hat es auf den Begriff gebracht, als er den Gesamtbereich der sozialen Ordnung in einen »streitigen und unstreitigen Sektor« aufteilte und dem »unstreitigen Sektor« *jenes Minimum von Gemeinsamkeiten im sozialen Leben* des Volkes zuwies.[154] Konsens und Konflikt begründen keinen Gegensatz: Konsens betrifft das Fundament, Konflikt und Dissens gehören zum demokratischen Prozess der Konsensfindung.

Beides kennzeichnet den modernen Staat, nämlich die Möglichkeit, um Interessen und Meinungen zu kämpfen und Konflikte auszutragen, ohne die Grundlagen selbst in Frage zu stellen.

Die Balance zwischen beiden ist nicht mehr gegeben, sobald die Fundamente selbst in Streit geraten. Dann verlieren Staat und Verfassung ihre Integrationskraft. Der Konsensbedarf erstreckt sich auf die grundlegenden Verfassungsfragen, nicht auf streitige Materien der politischen Willensbildung, seien es nun die gesetzlichen Regelungen zum Erwerb der Staatsbürgerschaft, die Sozialgesetze oder der Kopftuchstreit. Betreffen sie aber die Grundrechte eines Individuums, so kann der Streit sehr wohl Verfassungsrang erhalten.

Der Grundkonsens muss im Alltag immer wieder neu als Ergebnis von Diskussions- und Willensbildungsprozessen gefunden werden, indem unterschiedliche Positionen zum Kompromiss geführt werden. Zur Demokratie gehört es eben auch, Konflikte friedlich auszutragen. Kontroversen sind zulässig und zu akzeptieren, solange sie sich im Rahmen der wertegebundenen Grundordnung bewegen.

Unser Grundgesetz, unser demokratischer Gesellschaftsvertrag, ist die Antwort auf bitterste Erfahrungen mit uns selbst im Umgang mit den Menschenrechten. Es schützt den Einzelnen, stärkt die Freiheits- und Gleichheitsrechte, steht für eine freiheitlich-demokratische Grundordnung. Unser Zusammenleben mit Menschen aus anderen Wertewelten kann nur gelingen, wenn sich alle auf den von der Verfassung geforderten Grundkonsens verständigen und verpflichten. Die Tatsache, dass Menschen, Einheimische wie Zugewanderte, auch gegen Grundwerte und Gesetzesnormen verstoßen, ist kein Argument gegen ihre Geltung. Ohne eine verbindliche Ordnung, ohne einen Gesellschaftsvertrag herrschen Beliebigkeit und Willkür, fehlt es an Regeln, auf die wir uns wechselseitig verlassen können. Dies wissen diejenigen am meisten zu schätzen, die in totalitären Systemen ohne persönliche Freiheits- und Schutzrechte, ohne Meinungsfreiheit und freie politische Willensbildung gelitten haben. Respekt vor dem anderen in seiner Gleichheit und Andersartigkeit ist die Voraussetzung für ein tolerantes Zusammenleben auf der Grundlage gemeinsamer Werteüberzeugungen und Handlungsprinzipien.

Die Frage, welche Ziele und Kriterien unser Zusammenleben *leiten* müssen, begann mit einer polarisierenden, höchst kontroversen Debatte für und gegen eine Leitkultur, insbesondere eine *deutsche* Leitkultur. Vergleichen wir die Einwände und Argumentationsstränge zwischen 2000 und heute, so hat eine deutliche Akzentverschiebung und eine Versachlichung der Diskussion stattgefunden.[155] Es geht um die unverzichtbaren Werte und Normen für alle in Deutschland lebenden Menschen. Aber diese Werte und Normen sind zuallererst demokratische. Sie stehen im Einklang mit den universelle Geltung beanspruchenden Menschenrechten in der UN-Charta von 1948. Bei aller Verschiedenheit haben sich auch die in der Europäischen Union auf freiwilliger Basis zusammengeschlossenen Staaten bestimmten Werten und Normen verpflichtet und diese in der Europäischen Charta der Grundrechte verankert.[156]

Gewiss haben Länder wie beispielsweise Frankreich, Spanien, Großbritannien, die Niederlande, Polen, Tschechien, Slowakei, Ungarn oder die baltischen Staaten eine je eigene Geschichte, die sich in jeweils nationalen Eigenarten und Besonderheiten niederschlägt. Bestimmte politische, wirtschaftliche, soziale und kulturelle Verhaltensweisen lassen sich daher ohne geschichtliche Kenntnisse nicht verstehen. Auch Migranten und Migrantinnen, die dauerhaft in Deutschland leben wollen, haben eine individuelle Geschichte und sind Teil einer kollektiven Geschichte. Beides bringen sie mit in das Aufnahmeland. Sollten sie diese verdrängen oder verleugnen müssen, besteht die Gefahr einer gebrochenen Identität. Die große Mehrheit der Migranten will sich nicht abgrenzen, sondern einbezogen sein, will in einem kürzeren, oftmals auch längeren Prozess Akzeptanz und Zugehörigkeit entwickeln. Gleichzeitig hoffen sie, dass sich auch die Aufnahmegesellschaft um soziale Kontakte bemüht, dass ein Austausch zwischen Einheimischen und Migranten in Gang kommt und sich beide für die Herkunft und Zukunft der jeweils anderen interessieren. Wir brauchen bei aller Unterschiedlichkeit die Erfahrung dessen, was uns verbindet. Aber dieses Ziel unverzichtbarer und verbindlicher Gemeinsamkeiten kann nur erreicht werden, wenn zugleich Offenheit füreinander, wechselseitiger Respekt und die Bereitschaft zu einer integrativen demokratischen Leitkultur bestehen.[157]

In nahezu allen menschlichen Gesellschaften findet sich kulturelle Vielfalt. Zum republikanischen Verfassungsstaat gehört der kulturelle Pluralismus.[158] In Art. 4, Abs. 1 und 2 des Grundgesetzes heißt es entsprechend:

»Die Freiheit des Glaubens, des Gewissens und die Freiheit des religiösen und weltanschaulichen Bekenntnisses sind unverletzlich.« Friedliches und wechselseitiges bereicherndes Zusammenleben braucht beides: Verbindlichkeit und Offenheit! Das kann ohne demokratische Leitkultur nicht geleistet werden.

Ausblick: Eine neue Epoche der Migrationspolitik

»Wir leben in einer neuen Epoche der Migration und haben es mit einem globalen Phänomen zu tun.« Das erklärte Kofi Annan in seiner Rede am 6. Juni 2006 anlässlich der Präsentation des Berichtes zu Migration und Entwicklung.[159]

Was ist das Neue, worin bestehen Veränderung und politischer Handlungsbedarf? Mit der neuen Epoche ist nicht die Entwicklung einer einheitlichen internationalen Migrationspolitik gemeint. Zu groß sind die Unterschiede von Kontinent zu Kontinent und auch innerhalb der Kontinente. Diese Thematik ist von so zentraler Bedeutung, dass die Mitgliedstaaten der UN auf ihre nationale Zuständigkeit größten Wert legen. Sie entscheiden darüber, wen und wie viele Migranten ihr Land aufnehmen und integrieren kann.

Die jüngsten Berichte der OECD zeigen die unterschiedlichen Größenordnungen der Zuwanderung je nach Wirtschaftslage. In der EU weisen Länder wie Irland, Spanien und das Vereinigte Königreich gegenwärtig die höchsten jährlichen Zuwanderungsraten aus.[160] Kanada nimmt seit langem jährlich zwischen 200 000 und 262 000 Menschen auf. Und selbst in den USA, wo seit Monaten im Kongress und im Senat über die zukünftige Zuwanderungspolitik gestritten wird, sind im Jahr 2005 im Vergleich zum Vorjahr 16 Prozent mehr Menschen eingewandert.[161]

Kofi Annan weist zu Recht darauf hin, dass Migration kein neues Phänomen ist. Neu ist die rasche weltweite Zunahme der Migranten innerhalb der letzten Jahrzehnte. Verändert haben sich auch die Migrationsformen. Bisher wurde unterschieden zwischen Ein- und Auswanderungsländern sowie Zuwanderungsländern mit temporären Aufenthalten von Migranten.

Die neuen Formen der zirkulären wie auch der Pendelmigra-

215

tion wurden bisher nicht auf ihre Bedeutung für die Identität der Migranten und die Beziehungen zwischen den Herkunftsländern und den Aufnahmeländern untersucht. Inder, die über viele Jahre in den USA lebten und arbeiteten, dann aber zurückgingen, werden eine stärkere Beziehung zu den USA haben als zu anderen Ländern. Die engen politischen Beziehungen zwischen Polen und den USA haben entscheidend damit zu tun, dass während der Zeit der kommunistischen Herrschaft 12 Millionen Polen in den USA lebten, die ihre alte Heimat mit Hilfe der Amerikaner unterstützten. Vietnamesen, die viele Jahre in der Bundesrepublik und insbesondere in der DDR lebten, bevor sie nach Vietnam zurückkehrten, sind bis heute stark an Deutschland interessiert. Migrationspolitik ist daher nicht nur ein Teil der Entwicklungspolitik, sondern ebenso der Außen- und der Außenwirtschaftspolitik.

Das politisch Neue liegt vor allem in der Perspektiverweiterung, in der Verknüpfung von Migrations- und Entwicklungspolitik. Die Perspektiverweiterung ist innovativ. Sie betrifft den politischen Kern einer entwicklungsorientierten Migrationspolitik. Die entscheidende Frage lautet nicht mehr einseitig, wie erzwungene Migration durch Abbau des Auswanderungsdrucks verhindert werden kann. Das neue, erweiterte Konzept fragt, wie Migration so gestaltet werden kann, dass die Vorteile für alle Beteiligten überwiegen. Es geht darum, eine Win-Win-Situation für die Aufnahmeländer und für die Herkunftsländer sowie für die Migranten zu schaffen. In den Mittelpunkt des Interesses ist dabei die Leistung der Migranten für ihre Herkunftsländer gerückt. OECD und Weltbank haben hierzu durch den Nachweis der hohen Rücküberweisungen ein neues Denken über den Zusammenhang von Migration und Entwicklung eingeleitet.[162]

Die privaten Rücküberweisungen ersetzen nicht die offiziellen Entwicklungshilfeprogramme. Beides ist notwendig. IOM, OECD und Weltbank fordern nachdrücklich, die Bankgebühren für diese Art Rückzahlungen zu senken. Sie empfehlen außerdem, Anreize zu entwickeln, wie diese Gelder nicht nur für eine kurzfristige Verbesserung der Lebensverhältnisse, sondern auch für eine nachhaltig entwicklungsfördernde Politik eingesetzt werden können. Ein

Beispiel sind Motivationsprogramme, bei denen ein privater Dollar durch drei Dollar staatliche Förderung für unterschiedliche Infrastrukturprogramme aufgestockt wird.

Der Beitrag der Frauen zur Unterstützung für ihre Heimatfamilien war immer schon sehr hoch, blieb aber unbeachtet. Was sie für die bessere Versorgung ihrer Familien leisten, für Ernährung, Kleidung, Bildung und Gesundheit, kommt erst seit den letzten 10 Jahren verstärkt zur Sprache und geht heute vermehrt in die Recherchen und Berichte der Experten und Regierungen ein. Jüngste Maßnahmen der UNO konzentrieren sich auf Armutsbekämpfung und auf die Gleichberechtigung der Frauen, die zum Teil noch immer in unerträglicher Weise von ausbeuterischen Arbeitsverhältnissen, sexuellem Missbrauch und Menschenhandel betroffen sind. Die Politik nimmt sich erst jetzt national wie international dieses Themas an. Wo eine entsprechende Gesetzgebung auf den Weg gebracht worden ist, fehlt es oft an der Umsetzung. Die Anerkennung und Durchsetzung der international verankerten Rechte von Migrantinnen und Migranten spielen in vielen Staaten noch immer keine wichtige Rolle.[164]

Alle entwickelten Länder betonen, dass die Zuwanderung die wirtschaftlichen und arbeitsmarktpolitischen Interessen des Einwanderungslandes berücksichtigen muss. Hinzu kommen gesellschaftspolitische, das heißt sozialkulturelle und demografische Belange. In vielen Entwicklungsregionen der Welt, vor allem in Afrika, fehlt es allerdings an den politischen und administrativen Voraussetzungen, um die notwendigen Managementaufgaben der Steuerung und Kontrolle der Migration erfüllen zu können. Dazu sind entsprechende Unterstützungsprogramme international und vor Ort zu entwickeln.

Eine Migrationspolitik, die dem Anspruch nachhaltig positiver Entwicklung gerecht werden will, kommt ohne eine enge Zusammenarbeit zwischen Aufnahme- und Herkunftsländern nicht aus. Das gilt für Erleichterungen der befristeten Rückkehr von Ausgewanderten in ihre Heimatländer, um dort Aufbau- und Entwicklungsarbeit zu leisten, als Investoren tätig zu werden oder Programme gegen unerwünschte Abwanderung einzuführen.

Neu ist, dass wir es politisch und gesellschaftlich mit einer größeren ethnischen und kulturellen Vielfalt zu tun haben. Der Anteil der Menschen aus weit entfernten Ländern und Kulturen hat sich in den klassischen Einwanderungsländern wie auch in Europa erhöht. Das ist verbunden mit interkulturellen Lernprozessen und Anforderungen an gesellschaftlichen Zusammenhalt, die noch nicht geleistet sind. Länder wie Kanada und USA verfügen hier über längere Erfahrungen als Europa. Diese Erfahrungen sind nicht im Verhältnis eins zu eins übertragbar. Wir können jedoch wechselseitig voneinander lernen. Europa muss seine eigenen Traditionen und Identifikationen verbinden mit der Integration neu hinzukommender Kulturen und Religionen.

Es gibt keine international einheitliche Migrationspolitik, aber es gibt Leitvorstellungen und Prinzipien, die sich an unverzichtbaren Menschenrechten, an Recht und Gerechtigkeit, am Wohlergehen aller, am gewaltfreien, sich wechselseitig respektierenden Zusammenleben ausrichten. Ohne eine Übereinkunft über diese Ziele werden wir auch die pragmatisch formulierte Leitvorstellung einer Win-Win-Situation für alle an der Migration Beteiligten nicht erreichen. Allerdings sind den Gestaltungsmöglichkeiten auch Grenzen gesetzt. Das zeigen die irregulären Zuwanderungen weltweit wie auch die Integrationsprozesse. Eigendynamik wie auch unerwünschte Auswirkungen von Steuerungsprozessen sind nicht zu unterschätzen.

Solche negativen Ursache-Wirkungszusammenhänge können reduziert werden. So haben zum Beispiel Länder mit einer breiteren Öffnung für legale Zuwanderung weniger Irreguläre. Aber je strikter die Begrenzung – die als solche in allen Staaten der Welt erforderlich ist –, desto höher ist die Zahl der Irregulären. Stark rückläufige Zuwanderung, wie sie Deutschland gegenwärtig erlebt, hat nicht nur wirtschaftliche und arbeitsmarktpolitische Ursachen. Sie ist Ergebnis gezielter Steuerung.

Hohe Zuwanderungszahlen müssen nicht zwangsläufig mit sozialer Instabilität verbunden sein. Das hängt entscheidend von der Aufnahmekapazität des Arbeitsmarktes, des Anteils der Migranten aus vergleichbaren oder stark gegensätzlichen Kulturen und den Einstellungen zu Einwanderern ab. In klassischen Einwanderungsländern wie Kanada und den USA haben Migranten seit ihren Anfängen Kultur und Gesellschaft geprägt.

In Europa ist Spanien heute ein Beispiel hoher Zuwanderung. Nach Spanien sind in den letzten zwei Jahren eine Million Migranten gekommen, so viele wie noch nie zuvor in der Geschichte des Landes, und haben Arbeit in Baugewerbe, Tourismus, Pflege- und Betreuungsdiensten gefunden. Die vielen Einwanderer aus Ecuador, Bolivien und Peru arbeiten vorwiegend in der Altenbetreuung. Die große Zahl der Marokkaner ist in unterschiedlichen Arbeitsbereichen tätig. Darüber hinaus hat Spanien eine sehr hohe Belastung durch irreguläre Zuwanderer aus Afrika. Mit seiner pragmatischen Legalisierungspolitik hat es die Probleme der irregulären Zuwanderung nicht gelöst, aber reduziert. Spanien hat 750 000 legalisierte Zuwanderer und noch immer eine Million geschätzte Irreguläre.

Die verschiedenen Politiken in Spanien entsprechen der neuen Migrationskonzeption. Sie ist mehrdimensional angelegt mit legaler Zuwanderung, Reduktion der Irregulären durch Legalisierung, bilateralen Abkommen mit Marokko, was die Regelungen über Grenzkontrollen und die Rücknahme von Irregulären betrifft, darüber hinaus einem »Afrika-Plan« zur Schaffung von Arbeitsplätzen in Westafrika. Irreguläre haben Zugang zur Gesundheitsversorgung und deren Kinder Zugang zur Bildung. Die Legalisierungen ermöglichen reguläre Arbeitsverträge und schützen vor Ausbeutung. Spanien tabuisiert seine Integrationsprobleme nicht, aber Regierung und Wirtschaft erklären, dass die Zuwanderung nach Spanien mehr Vor- als Nachteile bringt. Dazu gehört auch der positive demografische Einfluss.

Das Beispiel Spanien ist kein Modell für Deutschland, zumal unsere Arbeitsmarktlage nicht mit der Spaniens vergleichbar ist. Aber es zeigt, dass Probleme reduziert und positive Perspektiven gesetzt werden können.

Vor einer besonderen Herausforderung stehen Zuwanderungsländer mit einer Minderheit eingebürgerter und nicht eingebürgerter Migranten, die sich zunehmend radikalisieren und an Terroranschlägen beteiligen. Diese Minderheit rekrutiert sich nicht aus der Schicht der ungebildeten Migranten in Europa. Sie ist untereinander vernetzt und schwer identifizierbar. Sie missbraucht Integrationsprobleme in Aufnahmeländern für ihre ideologischen Ziele und den Kampf gegen die vermeintlichen Feinde des Islam. Diese Fanatiker wollen nicht Integration, sondern Konfrontation und sind eine Bedrohung für Einheimische und Migranten. Hier gibt es neben den Sicherheitsvorkehrungen nur die gemeinsame Integrationsoffensive gegen Gewalt und Terror, Feindschaft und Hass durch überzeugende Konzepte und Maßnahmen zum friedlichen Miteinander.

Die Überlegung, keine Zuwanderung von Muslimen mehr zuzulassen oder sie in unseren Gesellschaften weitgehend zu marginalisieren, ist keine Lösung des Problems. Das würde die militanten Fundamentalisten in ihren antiwestlichen Kampagnen stärken und die terroristischen Angriffe nicht verhindern. Wir müssen die Mehrheit der Friedfertigen überzeugen durch gelingendes Miteinander, durch Taten, die die Feindbilder vom Westen widerlegen. Diese Gruppen werden ihre Sympathisanten nur in dem Maße verlieren, wie die internationale Gemeinschaft daran arbeitet, die Teilhabe der bisher von Entwicklung und Wohlstand Ausgegrenzten zu erweitern und nicht länger auf Privilegien und Besitzständen der reichen Länder zu bestehen. Das heißt, Anstrengungen von allen zu verlangen, von den entwickelten und den sich entwickelnden Ländern.

Fortschreitende Globalisierung und weltweite Migration haben unsere Gesellschaften tiefgreifend verändert. Deutschland ist eine Einwanderungsgesellschaft und umgeben von Einwanderungsgesellschaften. Dabei handelt es sich nicht um einen Ausnahme-, sondern allen Prognosen zufolge um einen anhaltenden Zustand. Ferne Kulturen sind in unseren Städten sichtbar, werden unter uns gelebt. Migranten haben sich auf unsere Gesellschaft eingestellt, aber sie auch durch ihre Wirtschafts- und Kulturtätigkeit verändert.

Dieser Prozess stellt große Anforderungen an Politik und Gesellschaft. Wir alle sind beteiligt und gefordert. Gestaltung von Migration und Integration ist ein Testfall für friedliches Zusammenleben in Gesellschaften mit kultureller Vielfalt, aber auch ein Testfall für Veränderungs- und Zukunftsfähigkeit in einem umfassenden Verständnis.

Die deutsche Politik hat zu lange gebraucht, diese Herausforderung anzunehmen und sie ihren Bürgerinnen und Bürgern bewusst zu machen. Die Fehler und Versäumnisse sind inzwischen erkannt und die Neuausrichtung ist eingeleitet. Gearbeitet wird an den Spätfolgen falscher Anwerbepolitik und unterlassener Integration. Doch die Politik in Deutschland ist lernfähig. Und sie lernt und kann aufbauen auf die von der Zivilgesellschaft geleistete Integrationsarbeit. Diese hat Maßstäbe gesetzt für erfolgreiche Integration in Bildung und Arbeit, für gesellschaftliche Teilhabe und für die Wertschätzung von Migranten und deren Leistungen. Deutschland stellt sich auf ein dauerhaftes Zusammenleben mit Migranten ein und nimmt die Herausforderung an.

Zum ersten Mal in der Geschichte der Vereinten Nationen befassen sich die Regierungen der 192 Mitgliedsstaaten in der Generalversammlung im September 2006 mit dem Thema Migration. Das geschieht in Form eines Spitzendialogs (High-Level-Dialogue) über internationale Migration und Entwicklung.[165] Er soll ein neues Forum schaffen, das zu einem ständigen Austausch und Beratungen darüber führt, mit welchen Maßnahmen und in welchen Schritten Migration zu der angestrebten Win-Win-Situation für alle Beteiligten geführt werden kann.

Abkürzungsverzeichnis

ASAV	Anwerbestoppausnahmeverordnung
AZR	Ausländerzentralregister
BAMF	Bundesamt für Migration und Flüchtlinge
BLK	Bund-Länder-Kommission für Bildungsplanung und Forschungs-förderung
BMBF	Bundesministerium für Bildung und Forschung
BMI	Bundesministerium des Innern
BPB	Bundeszentrale für Politische Bildung
CEC	Commission of the European Communities
DIHK	Deutscher Industrie- und Handelskammertag
EU	Europäische Union
EU-15	Europäische Union vor Beitritt der mittel- und osteuropäischen Staaten
EU-25	Europäische Union nach Beitritt der mittel- und osteuropäischen Staaten
GFK	Genfer Flüchtlingskonvention
HWWI	Hamburgisches Weltwirtschafts-Institut
IAB	Institut für Arbeitsmarkt- und Berufsforschung
IGMG	Islamische Gemeinschaft Milli Görüş
ILO	International Labour Organisation
IMIS	Institut für Migrationsforschung und Interkulturelle Studien
IOM	International Organization for Migration
MGFFI	Ministerium für Generationen, Familie, Frauen und Integration des Landes Nordrhein-Westfalen
MZ	Mikrozensus
NGO	Non-Governmental Organisation
OECD	Organisation for Economic Co-operation and Development
OSZE	Organisation für Sicherheit und Zusammenarbeit in Europa
PISA	Program for International Student Assessment
SID	Society for International Development. Netherlands Chapter
StBA	Statistisches Bundesamt
UKZu	Unabhängige Kommission »Zuwanderung«
UN	United Nations
UNDESA	United Nations Department of Economic and Social Affairs
UNHCR	United Nations High Commissioner for Refugees

Literatur

Aleinikoff, T. Alexander und Vincent Chetail (Hrsg.): *Migration and International Legal Norms*. Den Haag 2003.

Alt, Jörg: *Leben in der Schattenwelt. Problemkomplex »illegale Migration«. Neue Erkenntnisse zur Lebenssituation »illegaler« Migranten aus München und anderen Orten Deutschlands*. Karlsruhe 2003.

Auernheimer, Georg (Hrsg.): *Migration als Herausforderung für pädagogische Institutionen. Forschungsstelle für Interkulturelle Studien*. Opladen 2001.

Averesch, Silke und Matthias Loke: »Koalition will Zuwanderung erleichtern«, *Berliner Zeitung* (4. August 2006).

Bade, Klaus J. (Hrsg.): *Deutsche im Ausland – Fremde in Deutschland. Migration in Geschichte und Gegenwart*. München 1992.

ders.: *Das Manifest der 60. Deutschland und die Einwanderung*. München 1994.

ders.: *Die multikulturelle Herausforderung. Menschen über Grenzen – Grenzen über Menschen*. München 1996.

Bade, Klaus J. und Jochen Oltmer (Hrsg.): *Aussiedler: Deutsche Einwanderer aus Osteuropa*. Osnabrück 1999.

Bade, Klaus J. (Hrsg.): *Migrationsreport 2000. Fakten, Analysen, Perspektiven*. Frankfurt am Main 2000.

ders.: *Einwanderungskontinent Europa*. Osnabrück 2001.

ders.: *Migration in der europäischen Geschichte seit dem späten Mittelalter*. Osnabrück 2002.

ders.: *Legal and Illegal Immigration into Europe*. Wassenaar 2003.

Bade, Klaus J. und Jochen Oltmer: *Normalfall Migration: Deutschland im 20. und frühen 21. Jahrhundert*. Bonn 2004.

Bade, Klaus J., Michael Bommes und Rainer Münz: *Migrationsreport 2004. Fakten, Analysen, Perspektiven*. Frankfurt am Main 2004.

(Die) Beauftragte der Bundesregierung für Ausländerfragen (Hrsg.): *4. Bericht zur Lage der Ausländer in der Bundesrepublik Deutschland*. Berlin 2000.

dies.: *5. Bericht zur Lage der Ausländer in der Bundesrepublik Deutschland*. Berlin 2002.

(Die) Beauftragte der Bundesregierung für Migration, Flüchtlinge und Integration (Hrsg.): *Bericht der Beauftragten der Bundesregierung für Migration, Flüchtlinge und Integration über die Lage der Ausländerinnen und Ausländer in Deutschland*. Berlin 2005.

Beck, Ulrich: *Was ist Globalisierung? Irrtümer des Globalismus – Antworten auf Globalisierung*. Frankfurt am Main 1997.

ders. (Hrsg.): *Politik der Globalisierung*. Frankfurt am Main 1998.

Bellmann, Lutz, Harald Bielenski, Frauke Bilger, Vera Dahms, Gabriele Fischer, Marek Frei, Jürgen Wahse: »Personalbewegungen und Fachkräfterekrutierung. Ergebnisse des IAB-Betriebspanels 2005«, *IABForschungsbericht* 11 (2006).

Bergler, Reinhold: *Psychologie stereotyper Systeme. Ein Beitrag zur Sozial- und Entwicklungspsychologie.* Bern 1996.

Bericht der Unabhängigen Kommission »Zuwanderung«. *Zuwanderung gestalten – Integration fördern.* Berlin 2001.

Bertelsmann Stiftung (Hrsg.): *Auf Worte folgen Taten. Gesellschaftliche Initiativen zur Integration von Zuwanderern.* Gütersloh 2003.

Bertelsmann Stiftung und Bundesministerium des Innern (Hrsg.): *Erfolgreiche Integration ist kein Zufall – Strategien kommunaler Integrationspolitik.* Gütersloh 2005.

Bertelsmann Stiftung (Hrsg.): *Integration braucht Bildung!* Gütersloh 2006a.

dies.: *Integration, Identität und Interkulturelle Kompetenz – Neue Wege aufzeigen.* Gütersloh 2006b.

dies.: *Wegweiser Demographischer Wandel 2020. Analysen und Handlungskonzepte für Städte und Gemeinden.* Gütersloh 2006c.

dies.: *Zuwanderung steuern, Ausländer integrieren, Zusammenleben gestalten. Thesen zu Einwanderung und Integration in Europa.* Gütersloh 2006d.

Beyersdörfer, Frank: *Multikulturelle Gesellschaft. Begriffe, Phänomene, Verhaltensregeln.* Münster 2004.

Birg, Herwig: *Die demographische Zeitenwende. Der Bevölkerungsrückgang in Deutschland und Europa.* München 2001.

ders.: *Die Weltbevölkerung. Dynamik und Gefahren.* München 2004.

ders.: (Hrsg.): *Auswirkungen der demographischen Alterung und der Bevölkerungsschrumpfung auf Wirtschaft, Staat und Gesellschaft.* Münster 2005.

Böcker, Anita und Dietrich Thränhardt: »Erfolge und Misserfolge der Integration – Deutschland und die Niederlande im Vergleich«, *Aus Politik und Zeitgeschichte* 26 (2003), 3–11.

Boos-Nünning, Ursula und Yasmin Karakasoglu: *Viele Welten leben. Eine Untersuchung zu Mädchen und jungen Frauen mit Migrationshintergrund. Studie im Auftrag des Bundesministeriums für Familie, Senioren, Frauen und Jugend.* Berlin 2004.

Boswell, Christina und T. Straubhaar: »Braucht Deutschland die Zuwanderung von Arbeitskräften aus dem Ausland?«, *focus Migration* Kurzdossier 2 (2005).

Boulding, Kenneth: *The Image. Knowledge in Life and Society.* Ann Arbor 1944.

Brinkbäumer, Klaus: »Welt der Wandernden«, *Der Spiegel* 26 (2006a), 66–70.

ders.: »Die afrikanische Odyssee«, *Der Spiegel* 26 (2006b), 72–91.

Bucher, Hansjörg: *Die aktuelle Bevölkerungsprognose des Bundesamtes für Bauwesen und Raumordnung (BBR) – unter besonderer Berücksichtigung des Freistaates Sachsen.* Dresden 2006.

Buchstab, Günter und Jörg-Dieter Gauger: *Was die Gesellschaft zusammenhält. Plädoyer für einen modernen Patriotismus.* Sankt Augustin 2004.

Bundesamt für Migration und Flüchtlinge: *Die Datenlage im Bereich der Migrations- und Integrationsforschung. Ein Überblick über wesentliche Migrations- und Integrationsindikatoren und die Datenquellen.* Nürnberg 2005.

dass.: *Illegal aufhältige Drittstaatsangehörige in Deutschland. Staatliche Ansätze, Profil und soziale Situation.* Nürnberg 2006a.

dass.: *Integrationskurse – Jahresbilanz 2005*. Nürnberg 2006b.

dass.: *Migrationsbericht des Bundesamtes für Migration und Flüchtlinge im Auftrag der Bundesregierung. Migrationsbericht 2005*. Nürnberg 2006c.

Bundesministerium des Innern (Hrsg.): *Islamismus*. Berlin [3]2004.

Bundesministerium des Innern: *Bericht zur Evaluierung des Gesetzes zur Steuerung und Begrenzung der Zuwanderung und zur Regelung des Aufenthalts und der Integration von Unionsbürgern und Ausländern (Zuwanderungsgesetz)*. Berlin 2006.

Bundesministerium für Bildung und Forschung: *Bildung in Deutschland. Ein indikatorengestützter Bericht mit einer Analyse zu Bildung und Migration*. Berlin 2006.

Bundeszentrale für Politische Bildung (Hrsg.): *Aus Politik und Zeitgeschichte. Parallelgesellschaften?* (2006a), Beilage 1–2.

dies.: *Aus Politik und Zeitgeschichte. Bürgerschaftliches Engagement* (2006b), Beilage 12.

dies.: *Aus Politik und Zeitgeschichte. Dialog der Kulturen* (2006c), Beilage 28–29.

Bund-Länder-Kommission für Bildungsplanung und Forschungsförderung (Hrsg.): *Zukunft von Bildung und Arbeit. Perspektiven von Arbeitskräftebedarf und -angebot bis 2015*. Berlin 2001.

Burkert, Carola, Karl-Heinz P. Kohn und Rüdiger Wapler: »Integration – Fremd ist der Fremde nur in der Fremde«, *IAB Forum* 2 (2005), 71–78.

Canadian Council on Social Development: *Immigrant Youth in Canada*. 2000.

Celman, Herbert C. (Hrsg.): *International Behavior. A Social Psychological Analysis*. New York 1965.

Commission of the European Communities: *On the Future of the European Migration Network*. Brüssel 2005a.

dies.: *Policy Plan on Legal Migration*. Brüssel 2005b.

dies.: »Green Paper on an EU Approach to Managing Economic Migration«, *COM* (2004). Brüssel 11. Januar 2005c.

dies.: »Green Paper Confronting Demographic Change: a New Solidarity between the Generations«, *COM* (2005) 94 final. Brüssel 16. März 2005d.

dies.: »A Common Agenda for Integration: Framework for the Integration of Third-Country Nationals in the Europen Union«, *COM* (2005) 389 final. Brüssel 2005e.

Council of the European Union: *Common Basic Principles for Immigrant Integration Policy in the European Union*. Brüssel 2004.

dass.: *Draft Council Conclusions on Migration and External Relations*. Brüssel 2005.

dass.: *Preparation of the UN High Level Dialogue on International Migration and Development – Draft EU position*. Brüssel 2006.

Deutscher Bundestag (Referat Öffentlichkeitsarbeit) (Hrsg.): *Die Charta der Grundrechte der EU. Berichte und Dokumentation mit einer Einleitung von Jürgen Meyer und Markus K. Engels*. Berlin 2001.

Deutscher Industrie- und Handelskammertag: *Ruhe vor dem Sturm. Arbeitskräftemangel in der Wirtschaft*. Berlin 2005.

Die deutschen Bischöfe – Kommission für Migrationsfragen: *Leben in der Illegalität in Deutschland – eine humanitäre und pastorale Herausforderung.* Bonn 2001.

Diekmann, Kai, Ulrich Reitz und Wolfgang Stock: *Rita Süssmuth im Gespräch.* Bergisch Gladbach 1994.

Dorbritz, Jürgen, Andrea Lengerer und Kerstin Ruckdeschel: »Einstellungen zu demographischen Trends und zu bevölkerungsrelevanten Politiken. Ergebnisse der Population Policy Acceptance Study in Deutschland«, *Schriftenreihe des Bundesinstituts für Bevölkerungsforschung* (Sonderheft, 2005).

Ende, Werner und Udo Steinbach: *Der Islam in der Gegenwart.* München 2005.

Enquete-Kommission »Zukunft des bürgerlichen Engagements« Deutscher Bundestag (Hrsg.): *Bericht – Bürgerschaftliches Engagement: Auf dem Weg in eine zukunftsfähige Bürgergesellschaft.* Bd. 4. Opladen 2002a.

Enquete-Kommission »Demografischer Wandel« Deutscher Bundestag (Hrsg.): *Herausforderungen unserer älter werdenden Gesellschaft an den einzelnen und die Politik.* Bd. 5. Berlin 2002b.

Entzinger, Han: *Integration and Orientation Courses in a European Perspective. Expert Report written for the Sachverständigenrat für Zuwanderung und Integration.* Rotterdam 2004.

Esser, Helmut: *Migration, Sprache und Integration. Arbeitsstelle Interkulturelle Konflikte und Gesellschaftliche Integration.* Berlin 2006.

Etzioni, Amitai: »Das Prinzip des Mosaiks: Für eine gerechte und praktikable Einwanderungspolitik«, *Süddeutsche Zeitung* 83 (8./9. April 2006).

European Commission: Directorate-General Justice, Freedom and Security: *Handbook on Integration for Policy-Makers and Practitioners.* 2004.

Fix, Michael, Demetrios G. Papademetriou und Betsy Cooper: *Leaving too much to Chance: A Roundtable on Immigrant Integration Policy.* Washington, D. C., 2005.

Foroutan, Naika: »Kulturdialoge in der politischen Anwendung«, *Aus Politik und Zeitgeschichte* 28–29 (2006), 17–25.

Fraenkel, Ernst: *Staat und Politik.* Frankfurt am Main 1976.

Gaitanides, Stefan: »Die Legende der Bildung von Parallelgesellschaften. Einwanderer zwischen Individualisierung, subkultureller Vergemeinschaftung und liberal-demokratischer Leitkultur«, *Migration und soziale Arbeit* (2001).

Geissler, Rainer: »Multikulturalismus in Kanada – Modell für Deutschland?«, *Aus Politik und Zeitgeschichte* 26 (2003), 19–25.

Gerhard, Wilfried: »Wie belastbar sind pluralistische Gesellschaften? 7 Thesen zur Sinn- und Identitätskrise der Gegenwart«, in: Gotthard Breit und Siegfried Schiele (Hrsg.). *Werte in der politischen Bildung.* 2000.

Gesetz zur Steuerung und Begrenzung der Zuwanderung und zur Regelung des Aufenthalts und der Integration von Unionsbürgern und Ausländern (Zuwanderungsgesetz). 30. Juli 2004.

Ghadban, Ralph: »Reaktionen auf muslimische Zuwanderung in Europa«, *Aus Politik und Zeitgeschichte* 26 (2003), 26–32.

Global Commission on International Migration: *Migration in an Interconnected World: New Directions for Action. Report of the Global Commission on International Migration.* Genf 2005.

dies.: *Migration in einer interdependenten Welt: Neue Handlungsprinzipien. Bericht der Weltkommission für Internationale Migration.* Berlin 2006.

Gottschlich, Jürgen und Dilek Zaptçıoğlu: *Das Kreuz mit den Werten. Über deutsche und türkische Leitkulturen.* Hamburg 2005.

De Haas, Hein: *Engaging Diasporas. How Governments and Development Agencies can support Diasporas Involvement in the Development of Origin Countries.* Oxford 2006.

Hamburgisches WeltWirtschafts-Institut und Migration Research Group: *What are the Migrants' Contributions to Employment and Growth? An European Approach.* Hamburg 2006.

Hartmann, Anne und Frank Hoffmann (Hrsg.): *Kultur – Macht – Gesellschaft. Beiträge des Promotionskollegs Ost-West.* Münster 2003.

Heilemann, Ullrich, Hans D. Loeffelholz und Klaus Sieveking: »Arbeitsmarktgesteuerte Zuwanderung: Szenarien der Zuwanderung sowie rechtliche und institutionelle Aspekte ihrer Steuerung«, in: Enquete-Kommission demografischer Wandel Deutscher Bundestag (Hrsg.): *Herausforderungen unserer älter werdenden Gesellschaft an den einzelnen und die Politik.* Bd. 5. Berlin 2002, I-III, 1–119.

Hernold, Peter und Hans Dietrich von Loeffelholz (Hrsg.): *Berufliche Integration von Zuwanderern.* Essen 2002.

Hundt, Dieter: »Großer Irrglaube«, *Wirtschaftswoche* (3. Juli 2006).

Hunger, Uwe: »Wie können Migrantenselbstorganisationen den Integrationsprozess betreuen?« Münster und Osnabrück 2004.

Huntington, Samuel P.: *Kampf der Kulturen. Die Neugestaltung der Weltpolitik im 21. Jahrhundert.* München 2002.

Institut für Demoskopie Allensbach: *Deutsch-türkische Stimmungsbilder. Repräsentativbefragungen in Deutschland und in der Türkei im Auftrag der Körber-Stiftung.* Allensbach 2006.

Institut für Migrationsforschung und Interkulturelle Studien der Universität Osnabrück (Hrsg.): *Migration – Integration – Bildung. Grundfragen und Problembereiche, IMIS-Beiträge* 23 (2004).

(The) International Bank for Reconstruction and Development/The World Bank. *Global Economic Prospects. Economic Implications of Remittances and Migration.* Washington, DC, 2006.

International Labour Organization (Hrsg.): *The Report of the World Commission on the Social Dimension of Globalization.* Genf 2004.

International Organization for Migration: *In-Depth Focus on Migrant Remittances. IOM News* (2004), 3–7.

dies.: *World Migration 2005. Costs and Benefits of International Migration.* Saint-Amand Montrond 2005.

dies.: *Migrants' Remittances and Development. Myths, Rhetoric and Realities.* Den Haag 2006. [IOM 2006a] dies.: *Migration and Development: Opportunities and Challenges for Policymakers.* Genf 2006. [IOM 2006b]

Jeschek, Wolfgang: »Die Integration junger Ausländer in das deutsche Bildungssystem kommt kaum noch voran«, *Deutsches Institut für Wirtschaftsforschung* (2000), 466–476.

Keil, Lars-Broder: »Bedarf an hochqualifizierten Zuwanderern wird geprüft, *Die Welt* (9. August 2006).

Kerkhoff, Gerd: *Zukunftschance Global Sourcing. China, Indien, Osteuropa – Ertragspotenziale der internationalen Beschaffung nutzen.* Weinheim 2005.

Köcher, Renate: »Ein neuer deutscher Patriotismus«, *FAZ.NET* (16. August 2006).

Kolb, Holger: »Die Green Card: Inszenierung eines Politikwechsels«, *Aus Politik und Zeitgeschichte* 27 (2005), 18–24.

Krause, Jon C.: »A Change of Arab Hearts and Minds« (Kommentar), *The Christian Science Monitor* (4. Februar 2004).

Kultusminister der Länder in der Bundesrepublik Deutschland und Bundesministerium für Bildung und Forschung: Bildung in Deutschland. *Ein indikatorengestützter Bericht mit einer Analyse zu Bildung und Migration.* Bielefeld 2006.

Küng, Hans: *Projekt Weltethos.* München und Zürich 1990.

ders.: *Der Islam.* München 2004.

Lammert, Norbert: »Leitkultur – eine deutsche Diskussion«, *Die politische Meinung* 374 (2001), 13–18.

Lawton, Stephen (Hrsg.): *Restructuring Public Schooling. Europe, Canada, America.* Münster 1997.

Leiprecht, Rudolf (Hrsg.): *Schule in der Einwanderungsgesellschaft. Ein Handbuch.* Schwalbach im Taunus 2005.

Lerch, Wolfgang Günter: »Der Islam in der Moderne«, *Aus Politik und Zeitgeschichte* 28–29 (2006), 11–17.

Lippmann, Walter: *Public Opinion.* New York 1922.

Von Loeffelholz, Hans Dietrich, Ullrich Heilemann: »Möglichkeiten und Grenzen einer Arbeitsmarktsteuerung der Zuwanderung nach Deutschland«, *RWI-Mitteilungen. Zeitschrift für Wirtschaftsforschung* 3 (2001), 191–209.

Maier-Braun, Karl-Heinz: *Deutschland Einwanderungsland.* Frankfurt am Main 2002.

Martin, Hans-Peter und Harald Schumann: *Die Globalisierungsfalle. Der Angriff auf Demokratie und Wohlstand.* Hamburg [12]2006.

Merkel, Wolfgang und Hans-Joachim Lauth: »Systemwechsel und Zivilgesellschaft. Welche Zivilgesellschaft braucht die Demokratie?«, *Aus Politik und Zeitgeschichte* 6–7 (1998), 3–12.

Merz, Friedrich: »Einwanderung und Identität«, *Die Welt* (25. Oktober 2000).

Michalski, Krzystof (Hrsg.): *Europa und Civil Society.* Stuttgart 1989.

Ministerium für Generationen, Familie, Frauen und Integration des Landes Nordrhein-Westfalen: »Nordrhein-Westfalen: Land der neuen Integrationschancen – Aktionsplan Integration«. 2006.

Möbius, Ben: *Die liberale Nation. Deutschland zwischen nationaler Identität und multikultureller Gesellschaft.* Opladen 2003.

Mundt, Hans-Werner: »Migration in Zeiten der Globalisierung«, *Internationale Politik* 1 (2005), 32–37.

Münz, Rainer: *Employment in Europe 2004.* Brüssel 2004.

(The) Netherlands' Ministry of Justice: *Future European Union Co-Operation in the Field of Asylum, Migration and Frontiers.* Amsterdam 2004.

Neue Zürcher Zeitung (Hrsg.): *Lebensform Migration. Zukunftschancen – Überlebensstrategien – Kulturkonflikte.* Zürich 2003.

Nischik, Reinhard: »Multiculturalism in Canadian Culture. A Didactic Approach«, *Zeitschrift für Kanada-Studien* (2000).

Oberndörfer, Dieter: »Leitkultur und Berliner Republik. Die Hausordnung der multikulturellen Gesellschaft Deutschlands ist das Grundgesetz«, *Aus Politik und Zeitgeschichte* 1–2 (2001), 27–30.

ders.: *Deutschland in der Abseitsfalle. Politische Kultur in Zeiten der Globalisierung.* Freiburg im Breisgau, Basel und Wien 2005.

Oberreuter, Heinrich: *Bewährung und Herausforderung. Zum Verfassungsverständnis der Bundesrepublik Deutschland.* München 1989.

Oltmer, Jochen: »Deutsche Migrationsgeschichte seit 1871«. 2005.

Özdemir, Cem: »Fremd ist der Fremde nur in der Fremde. Kulturelle Integration durch Bildung«, in: Alfred Herrhausen Gesellschaft für Internationalen Dialog (Hrsg.): *Orientierung für die Zukunft. Bildung im Wettbewerb.* München 2001.

Organisation for Economic Co-Operation and Development: *The Labour Market Integration of Immigrants in Germany.* Paris 2005a.

dies.: *First Results from PISA 2003 – Executive Summary.* Paris 2005b.

dies.: *International Migration Outlook. Annual Report – 2006 Edition.* Paris 2006. [OECD 2006a]

dies.: *Recent Trends in International Migration. International Migration Outlook: SOPEMI.* Paris 2006. [OECD 2006b]

dies.: *Where Immigrant Students Succeed – A Comparative Review of Performance and Engagement in PISA 2003.* Paris 2006. [OECD 2006c]

Organisation for Security and Co-Operation in Europe (Hrsg.): *Handbook on Establishing Effective Labour Migration Policies in Countries of Origin and Destination.* 2006.

Organisation für Wirtschaftliche Zusammenarbeit und Entwicklung: *Lernen für das Leben. Erste Ergebnisse der internationalen Schulleistungsstudie PISA 2000.* Paris 2001.

dies.: *Lernen für die Welt von morgen. Erste Ergebnisse von PISA 2003.* Paris 2004.

Ostertag, Margit: *Kommunikative Pädagogik und multikulturelle Gesellschaft. Eine Studie zur systematischen Begründung Interkultureller Pädagogik durch eine kommunikative Bildungstheorie.* Opladen 2001.

Papademetriou, Demetrios G. und Kevin O'Neil: *Efficient Practices for the Selection of Economic Migrants.* Washington, D.C., 2004.

Papademetriou, Demetrios G.: *Europe and Its Immigrants in the 21st Century: A New Deal or a Continuing Dialogue of the Deaf?* Washington, D.C., 2006.

Pew Research Center (Hrsg.): *Muslims in Europe: Economic Worries Top Concerns About Religious and Cultural Identity.* 2006.

(Die) Politische Meinung. Monatsschrift zu Fragen der Zeit. Leitkultur – eine notwendige Debatte (Themenheft) 374 (2001).

Prantl, Heribert: »Deutschland und seine Zuwanderer – Die zweite Deutsche Einheit«, *Süddeutsche Zeitung* (5. April 2006).

PROGNOS. *Demographie als Chance: Demografische Entwicklung und Bildungssystem – finanzielle Spielräume und Reformbedarf.* Stuttgart 2006.

Rau, Johannes: »Ohne Angst und ohne Träumereien: Gemeinsam in Deutschland leben«. Berliner Rede im Haus der Kulturen der Welt am 12. Mai 2000.

Rindoks, Aimee, Rinus Penninx und Jan Rath: »Gaining from Migration: What Works in Networks? Examining economically related Benefits Accrued from Greater Economic Linkages, Migration Processes, and Diasporas« (IMISCOE Working Paper). 2006.

Rommelspacher, Birgit: *Anerkennung und Ausgrenzung, Deutschland als multikulturelle Gesellschaft.* Frankfurt am Main 2002.

Sachverständigenrat für Zuwanderung und Integration (Hrsg.): *Migration und Integration – Erfahrungen nutzen, Neues wagen. Jahresgutachten des Sachverständigenrates für Zuwanderung und Integration.* Nürnberg 2004.

Sassen, Saskia: *Migranten, Siedler, Flüchtlinge. Von der Massenauswanderung zur Festung Europa.* Frankfurt am Main 1996.

Schavan, Annette: *Welche Schule wollen wir? PISA und die Konsequenzen.* Freiburg im Breisgau 2002.

Schiff, Maurice und Caglar Özden (Hrsg.): *International Migration. Remittances and the Brain Drain.* Washington 2006.

Schlögel, Klaus: *Planet der Nomaden.* Berlin 2006.

Schulz, Tanjev und Rosemarie Sackmann: »»Wir Türken …‹. Zur kollektiven Identität türkischer Migranten in Deutschland«, *Aus Politik und Zeitgeschichte* 43 (2001), 40–46.

Schweitzer, Eva: »Angst vor den Latinos«, *Die Zeit* (13. Juli 2006).

Sekretariat der Ständigen Konferenz der Kultusminister der Länder in der Bundesrepublik Deutschland: *Vorausberechnung der Schüler- und Absolventenzahlen 2003 bis 2020.* Bonn 2005.

Sinn, Annette, Axel Kreienbrink, Hans D. von Loeffelholz und Michael Wolf: *Illegal aufhältige Drittstaatsangehörige in Deutschland. Staatliche Ansätze, Profil und soziale Situation. Forschungsstudie im Rahmen des Europäischen Migrationsnetzwerks.* Nürnberg 2005.

Sinn, Hans-Werner: »Einwanderung in die Sozialsysteme«, *Wirtschaftswoche* 27 (2006a).

ders.: *The Welfare State and the Forces of Globalization.* Wassenaar 2006b.

Society for International Development. Netherlands Chapter (Hrsg.): *Declaration of The Hague on the Future of Refugee and Migration Policy.* Den Haag 2002.

Spuler-Stegemann, Ursula: *Muslime in Deutschland. Informationen und Klärungen.* Freiburg im Breisgau 2002.

Stanké, Alain: »Lettre à un jeune immigrant«, in: Michel Venne (Hrsg.): *L'annuaire du Québec 2005.* Montreal 2005, 55–65.

Statistics Canada. *Children of Immigrants: How Well Do They Do in School?* 2004.

Statistisches Bundesamt: *Leben in Deutschland. Haushalte, Familien und Gesundheit – Ergebnisse des Mikrozensus 2005.* Wiesbaden 2006a.

dass.: *Bildung in Deutschland – Bildungsbericht der KMK.* Wiesbaden 2006b.

Stötzel, Georg und Thorsten Eitz (Hrsg.): *Zeitgeschichtliches Wörterbuch der deutschen Gegenwartssprache.* Hildesheim 2002.

Straubhaar, Thomas: »New Migration needs a NEMP (a New European Migration Policy) and not (only) a german Einwanderungsgesetz«, *Zeitschrift für Wirtschaftspolitik* 3 (2000), 344–364.

ders.: »Internationale Migration: Wieso gehen wenige und bleiben die meisten?«, in: Wolfgang Franz (Hrsg.): *Wirtschaftspolitische Herausforderungen an der Jahrhundertwende.* Tübingen 2001.

ders.: *Migration im 21. Jahrhundert. Von der Bedrohung zur Rettung sozialer Marktwirtschaften?* Tübingen 2002.

ders.: »Labour Marker Relevant Migration Policy«, *Zeitschrift für Arbeitsmarktforschung* 39 (2006a), 149–157.

ders.: »Zuwanderung nach Deutschland – Wie zuverlässig ist die Statistik?«, *ifo-Schnelldienst* 14 (2006b), 3–5.

Suárez-Orozco, Carola: »Formulating Identity in a Globalized World«, in: Marcelo Suárez-Orozco und Desiree Boalian Quin-Hillard (Hrsg.): *Globalization, Culture and Education in the New Millenium.* Los Angeles 2004.

Süssmuth, Rita: *Wer nicht kämpft, hat schon verloren. Meine Erfahrungen in der Politik.* München 2002a.

dies.: »Zuwanderung – Paradigmenwechsel?«, *IMIS-Beiträge* 19 (2002b), 111–127.

dies. (Hrsg.): *Streetsoccer & Co. Wie Integration gelingen kann.* Hamburg 2005a.

Süssmuth, Rita und Werner Weidenfeld (Hrsg.): *Managing Integration. The European Union's Responsibility towards Immigrants.* Gütersloh 2005b.

Thränhardt, Dietrich: »Die Reform der Einbürgerung in Deutschland«, in: Forschungsinstitut der Friedrich-Ebert Stiftung (Hrsg.): *Einwanderungskonzeption für die Bundesrepublik Deutschland.* Bonn 1995.

ders.: »Entwicklung durch Migration: ein neuer Forschungsansatz«, *Aus Politik und Zeitgeschichte* 27 (2005), 3–11.

Tibi, Bassam: *Europa ohne Identität? Die Krise der multikulturellen Gesellschaft.* München 2000.

ders.: »Leitkultur als Wertekonsens. Bilanz einer missglückten deutschen Debatte«, *Aus Politik und Zeitgeschichte* 1–2 (2001), 23–26.

(Arbeitsgemeinschaft) türkischer Unternehmer und Existenzgründer e. V.: *Ausbildung Existenzgründung Weiterbildung für Migranten.* Hamburg 2005.

United Nations: *World Population Monitoring, Focusing on International Migration and Development: Report of the Secretary-General.* New York 2006a.

United Nations General Assembly: *International Migration and Development. Report of the Secretary-General.* New York 2006. UN-Dok. A 60/871 (18. Mai 2006b).

United Nations Population Fund: *The State of World Population 2006. A Passage to Hope. Women and International Migration.* New York 2006. [UN 2006c]

Weidenfeld, Werner: *Das europäische Einwanderungskonzept. Strategien und Optionen für Europa.* Gütersloh 1994.

Winkler, Beate: *Zukunftsangst Einwanderung.* München 1992.

(Arbeitsgemeinschaft der freien) Wohlfahrtsverbände im Rhein-Kreis Neuss. *Integration von Zuwanderern im Rhein-Kreis Neuss.* Neuss 2006.

Zacharasiewicz, Waldemar und Fritz Peter Kirsch (Hrsg.): *Kanada und Europa. Chancen und Probleme der Interkulturalität.* Hagen 2000.

Zlotnik, Hania: »The Global Dimension of Female Migration«, *Migration Information Source* (2003).

Anmerkungen

1 Vgl. Global Commission (2006: 83). Die Bezeichnung »Migrant« ist im Verständnis des Berichtes der UN wie auch der Global Commission der Oberbegriff für alle, die länger als ein Jahr außerhalb ihres Landes leben. Er schließt die 9,2 Millionen Flüchtlinge ein. Es fehlt in der EU, aber auch international an vergleichbaren Statistiken. Die Erhebungen werden nach sehr unterschiedlichen Kriterien durchgeführt. In Deutschland wird lediglich unterschieden zwischen Deutschen (Inländern) und Ausländern. In den USA wird nach Herkunft unterschieden, das heißt danach, ob die Person im Land geboren ist oder nicht.

2 Vgl. Oltmer (2005).

3 Vgl. Interview mit NRW-Migrationsminister Armin Laschet vom 8. Juli 2006: »Lasst uns Integration zur Erfolgsgeschichte machen«, erschienen in KNA, abrufbar unter http://www.islamische-zeitung.de/?id=7438 (24. August 2006). Bundesinnenminister Wolfgang Schäuble sagte in der *Deutschen Welle*, dass Zuwanderung für Deutschland Bereicherung und Gewinn sei; vgl. http://www.dw-world.de/dw/article/0,2144,1936001,00. html (24. August 2006).

4 Vgl. ILO (2004: 96) und Sinn et al. (Nürnberg 2005: 15–30)

5 Vgl. UN (2006a).

6 Vgl. CEC (2005d: 2).

7 Vgl. Geißler (2003); Nischik (2000); Canadian Council on Social Development (2000).

8 Vgl. Global Commission (2006: 83) und UN (2006b: 6).

9 Vgl. ILO (2004).

10 Vgl. Sachverständigenrat (2004: 35–36).

11 Vgl. IOM (2006a: 12–13).

12 Vgl. UN (2006c: 6).

13 Vgl. BAMF (2005: 9). Nach den Berechnungen des BAMF sind es 6,7 Millionen Ausländer.

14 Vgl. Statistisches Bundesamt (2006. 75).

15 Vgl. Statistisches Bundesamt (2006: 75–79) und BAMF (2006c: 72–77).

16 Vgl. OECD (2001).

17 Vgl. BAMF (2005).

18 Vgl. Oberndörfer (2005: 91).

19 Vgl. Brinkbäumer (2006a) und Brinkbäumer (2006b).

20 Stanké (2005: 55–65)

21 Anmerkung der Übersetzerin: Vertreter bzw. Anhänger politischer Parteien in Québec.

22 Anmerkung der Übersetzerin: In der Originalfassung enthält der Text hier einen Fehler (»plus mieux«), den der Autor als kleiner Junge gemacht hat. Das ist in diesem Zusammenhang auch logisch, da er sein falsches Französisch hier ankündigt; daher habe ich das übernommen.

23 Anmerkung der Übersetzerin: Bezeichnung für die Teile der Bevölkerung in Québec, deren Muttersprache keine der beiden Amtssprachen Englisch und Französisch ist.

24 Vgl. zu den Spannungsfeldern des Zusammenlebens: Winkler (1992: 34–45, 61–90), Bade (2001), Bade (2002) und Özdemir (2001).

25 Vgl. Bergler (1996).

26 Lippmann (1922: 63).

27 Vgl. Bergler (1996: 100).

28 Vgl. Bade und Oltmer (2004) sowie Bade (1992).

29 Vgl. BAMF (2006c: 174).

30 Vgl. Gottschlich und Zaptçıoğlu (2005) sowie Körber-Stiftung (2006).

31 Vgl. Neue Zürcher Zeitung (2003) und Schlögel (2006).

32 Vgl. UN (2006b: 14).

33 Vgl. Kerkhoff (2005: 22–23).

34 Vgl. Kerkhoff (2005: 27–29).

35 Vgl. BAMF (2006c: 17). Die Fortzüge der deutschen Staatsangehörigen machen die größte Gruppe bei den Fortzügen 2004 mit 22 Prozent beziehungsweise 150 667 Personen aus. Das Statistische Bundesamt gibt für 2005 144 514 Fortzüge von Deutschen bei 128 000 Zuzügen an. Das ist ein Negativsaldo von 16 762.

36 Vgl. Brinkbäumer (2006b), Bade (2003) und Die Deutschen Bischöfe (2001).

37 Vgl. UN (2006c: 2).

38 Vgl. Global Commission (2006: 71).

39 Vgl. Gaitanides (2001) und BPB (2006a).

40 Vgl. Necla Kelek: »Heimat, ja bitte! Wie Integration gelingen kann: Ein Plädoyer für klare Regeln – und für eine gemeinsame Zukunft von Deutschen und Einwanderern«, *Die Zeit* 11 (2006); Jörg Lau: »Auch wir sind Deutschland«, *Die Zeit* 19 (2006); Martin Spiewak: »›Sprache ist wie ein Muskel‹. Deutsch lernen im ›Klub Geselligkeit‹: Die Integration funktioniert besser, als viele wahrhaben wollen«, *Die Zeit* 17 (2006) und Martin Spiewak: »Mama muss jetzt lernen. Integration fängt nicht erst in der Schule an. Darum gehen Stadtteilmütter in türkische Familien und unterrichten die Eltern«, *Die Zeit* 28 (2006).

41 Vgl. Fußnote 35 und BAMF (2006c). Vgl. ferner für die Zu- und Fortzüge: BAMF (2006c: 125 ff.). Für 2004 werden vom BAMF 780 175 Zuzüge und 697 632 Fortzüge angegeben. Vgl. für 2005: BAMF (2006c: 123–124). Vgl. Statistisches Bundesamt (2006) zu den Wanderungen zwischen Deutschland und dem Ausland in 2005. Es werden hier insgesamt 707 357 Zuzüge und 628 399 Fortzüge genannt. Der positive Saldo beträgt 78 958.

42 Vgl. Mundt (2005) und Oltmer (2005).

43 Vgl. Sassen (1996).

44 Vgl. UN (2006b). Der Bericht behandelt den Einfluss der Migranten auf Aufnahme- und Herkunftsländer, die Bedeutung der Rücküberweisungen, die wichtige Rolle der Menschenrechte, insbesondere die Rechte von

Frauen, und die Konsequenzen für die Politik. Diese Bereiche sind von der Global Commission intensiv bearbeitet und mit politischen Empfehlungen verbunden worden.

45 Vgl. Beck (1997) und Beck (1998).

46 Vgl. Martin und Schumann ([12]2006: 253 ff.).

47 Vgl. Global Commission (2006: 83) und IOM (2005: 380).

48 Zu den Rücküberweisungen liegen unterschiedliche Angaben vor. Die Weltbank setzt die Beträge für 2005 mit 232 Milliarden Dollar an; vgl. UN (2006c); ebenso UN (2006b); ferner IOM (2006b).

49 Vgl. UN (2006c). Dieser UN-Bericht behandelt den Schwerpunkt Migrantinnen in einer breit angelegten, differenzierten Form. Vgl. auch Sachverständigenrat (2004: 36 ff.).

50 Vgl. Zlotnik (2003).

51 Vgl. Sachverständigenrat (2004: 34–35).

52 Vgl. Global Commission (2006: 83–85).

53 Vgl. Aleinikoff und Chetail (2003) sowie SID (2002)

54 Vgl. Weidenfeld (1994: 9–47, 125–161).

55 Vgl. Fußnote 48; ferner: de Haas (2006), Schiff (2006), World Bank (2006).

56 Vgl. Global Commission (2006: 30).

57 Vgl. Global Commission (2006: 24).

58 Vgl. Global Commission (2006: 79–82).

59 Vgl. Straubhaar (2006b), Süssmuth (2002b) und BAMF (2005).

60 Vgl. Bade (1994).

60a Diekmann et al. (1994: 79-91)

61 Vgl. Unabhängige Kommission Zuwanderung (2001).

62 Vgl. Sachverständigenrat (2004: 131–137); ferner Kolb (2005: 18–24).

63 Vgl. Unabhängige Kommission Zuwanderung (2001: 23–56, 64).

64 Vgl. Änderungsanträge zum Zuwanderungsgesetz für den Bundesrat-Innenausschuss vom 5. Dezember 2001.

65 Vgl. Gesetz zur Steuerung und Begrenzung der Zuwanderung und zur Regelung des Aufenthalts und der Integration von Unionsbürgern und Ausländern (Zuwanderungsgesetz), 5. August 2004.

66 Vgl. die Übersicht zu den zeitlich befristeten Arbeitskräften auf Seite 102.

67 Vgl. http://euractiv.com/de/erweiterung/freizuegigkeit-arbeitnehmer-eu-25/article-129 654 (25. August 2006).

68 Vgl. Unabhängige Kommission Zuwanderung (2001: 199 ff.).

69 Vgl. Kapitel VIII Für eine demokratische Leitkultur des Zusammenlebens.

70 Vgl. Birg (2004) und Sinn (2006b).

71 Vgl. Statistisches Bundesamt (2003: 38) und BAMF (2006c: 53–57). Der höchste Anteil entfiel 2005 mit 5822 Asylanträgen auf Serbien und Montenegro. Es folgte die Türkei mit 2958 Asylanträgen. Auch der Anteil der jüdischen Kontingentflüchtlinge halbierte sich von 11 208 in 2004 auf 5968 in 2005. Während im Jahr 2000 104 916 Spätaussiedler kamen, reduzierte sich die Zahl in 2005 auf 35 522. Das war insbesondere auf die neuen Sprachanforderungen zurückzuführen.

72 Vgl. Sachverständigenrat (2004: 125–180).

73 Vgl. BMI (2006: 58); ferner: EPD. »Regierung plant Punktesystem für jüdische Zuwanderer« (22. Juli 2006) und AFP. »Regierung will offenbar Punktesystem für jüdische Zuwanderer einführen – NS-Opfer von Regelung ausgenommen« (22. Juli 2006).

74 Vgl. Sinn (2006a) und Hundt (2006); vgl. auch *Wirtschaftswoche* (7. Juli 2006).

75 Vgl. Beauftragte Migration (2005: 85–88).

76 Vgl. BMI (2006: 27–29).

77 Vgl. BMI (2006: 29–32).

78 Vgl BAMF (2006c: 39, 49).

79 Vgl. DIHK (2005: 2–14).

80 Vgl. Sachverständigenrat (2004: 223–231).

81 Vgl. http://www.gesamtmetall.de/gesamtmetall/meonline.nsf/id/ dd850838e4e604f0c1256bba002d5694!OpenDocument (28. August 2006).

82 Vgl. die vom IAB in Auftrag gegebene Studie von Bellmann *et al.* (2006) sowie von Löffelholz und Heilemann (2001).

83 Vgl. BLK (2001); vgl. ferner: Boswell und Straubhaar (2005) sowie Münz (2004).

84 Vgl. EU (2002), Straubhaar (2000), Straubhaar (2002) und Straubhaar (2006a).

85 Vgl. Fußnote 82.

86 Vgl. OECD (2005a).

87 Vgl. OECD (2005a: 19).

88 Vgl. OECD (2006b: 30–41); vgl. ferner Münz (2004) und EU (2005: 3).

89 Vgl. EU (2005b) und HWWI (2006).

90 Vgl. EU (2004b), Rindoks *et al.* (2006) sowie OSZE (2006).

91 Vgl. BMI (2006: 3).

92 Vgl. BMI (2006: 17–18).

93 Vgl. Averesch und Loke (2006), Keil (2006) sowie Papademetriou und O'Neil (2004).

94 Vgl. *Die Zeit* (23. März 2006, 8. Juni 2006 und 24. August 2006) und Enquete-Kommission (2002b).

95 Vgl. Bertelsmann (2006c), Bucher (2006) und Prantl (2006).

96 Vgl. Oberndörfer (2005: 97–102), Birg (2001) und Birg (2005).

97 Vgl. Sachverständigenrat (2004: 21).

98 Vgl. Sachverständigenrat (2004: 244–249).

99 Vgl. Thränhardt (1995: 101–120).

100 Vgl. Maier-Braun (2002) und Oberndörfer (2005: 129).

101 Vgl. dpa (11. April 2006): »Stuttgart als Vorbild für Integration«, http:// www.media-bw.de/de/news/news_de_84552.html (28. August 2006).

102 Vgl. Etzioni (2006).

103 Vgl. KMK und BMBF (2006: 144) u. Statistisches Bundesamt (2005: 73, 74).

104 Vgl. Gottschlich (2005: 29–44, 189–204).

105 Vgl. OECD (2001), OECD (2005b) und IMIS (2004).

106 Vgl. Boos-Nünning und Karakasoglu (2004); vgl. ferner: Beauftragte Migration (2005: 48–57, 67–70, 574), Esser (2006), Burkert *et al.* (2005: 71–78) und Auernheimer (2001).

107 Vgl. OECD (2005b: 32, 42–44, 60) sowie KMK und BMBF (2006: 139, 178).

108 Vgl. BAMF (2006b).

109 Vgl. *Süddeutsche Zeitung* (8. August 2006: 5).

110 Vgl. KMK (2005: 29), vgl. ferner PROGNOS (2006).

111 Vgl. MGFFI (2006).

112 Vgl. Michalski (1989), Merkel (1998: 3–12), Enquete-Kommission (2002a: 104) und BPB (2006c).

113 Vgl. Wohlfahrtsverbände (2006).

114 Vgl. START-Projekt: http://www.start.ghst.de/index.php?c=4 (28. August 2006).

115 Vgl. Hunger (2004).

116 Vgl. Bertelsmann (2003).

117 Vgl. Bertelsmann (2005).

118 Vgl. »Jugendliche engagieren sich im Wohnumfeld«: http://www.parea.de/presse/310505.php (28. August 2006).

119 Vgl. Bertelsmann (2006a) und Weidenfeld (1994).

120 Vgl. Süssmuth (2005a: 185–189).

121 Vgl. Enquete-Kommission (2002a: 104).

122 Vgl. Bertelsmann (2003) und Beauftragte Ausländerfragen (2002).

123 Vgl. Entzinger (2004) und Fix *et al.* (2005); ferner: Böcker und Thränhardt (2003) sowie Süssmuth und Weidenfeld (2005 b).

124 Vgl. European Commission (2004) und Fix *et al.* (2005).

125 Vgl. *Spiegel-Online* (29. November 2005). http://service.spiegel.de/digas/servlet/find/ON=spiegel-387 607 (1. September 2006).

126 Vgl. CEC (2005e).

127 Vgl. Global Commission (2006: 84).

128 Vgl. Schweitzer (2006).

129 Vgl. Global Commission (2006: 45–52, 66–71).

130 Vgl. Global Commission (2006: 84) und IOM (2005).

131 Vgl. Ghadban (2003: 26–32).

132 Vgl. Foroutan (2006); ferner: Spuler-Stegemann (2002) und BMI (2004).

133 Vgl. Beyersdörfer (2004) und Bade (1996).

134 Vgl. Küng (1999), Küng (2004), Lerch (2006: 11–17) und BMI (2004) sowie Ende und Steinbach (2005).

135 Vgl. Krause (2004).

136 Vgl. Pew Research Center (2006).

137 Vgl. UN (2006c).

138 Vgl. UN (2006c).

139 Zum Rückzug in die ethnische Bezugsgruppe vgl. Gaitanides (2001) und zur Problematik der Sprachdefizite in ihrem Auswirkungen auf Integration Esser (2006).

140 Vgl. Suárez-Orozco (2004).

141 Vgl. OECD (2005b).

142 Vgl. OECD (2005b); ferner: Schavan (2002) sowie KMK und BMBF (2006: 137–178).

143 Vgl. Auernheimer (2001), Leiprecht (2005) und Bertelsmann (2006b).

144 Vgl. Suárez-Orozco (2004: 6).

145 Vgl. Sachverständigenrat (2004: 271).

146 Vgl. Suárez-Orozco (2004: 173).

147 Vgl. Statistisches Bundesamt (2006: 74–79). Das Ausländerzentralregister errechnet hingegen 2005: 6,7 Millionen Ausländer.

148 Vgl. Merz (2000); ferner: Die Politische Meinung (2001) sowie Stötzel und Eitz (2002: 247–251).

149 Vgl. Tibi (2000) und Tibi (2001: 23–26).

150 Vgl. Huntington (2002).

151 Rau (2000).

152 Rau (2000).

153 Vgl. Oberreuter (1989: 78, 79).

154 Vgl. Fraenkel (1976: 150–156).

155 Vgl. Lammert (2001); ferner: »Lammert plädiert für eine neue Leitkultur-Debatte«, Deutschlandfunk (20. Oktober 2005); vgl. auch: »Das Parlament hat kein Diskussionsmonopol«. Interview mit Bundestagspräsident Norbert Lammert, *Die Zeit* (20. Oktober2005). http://zeus.zeit.de/text/2005/43/InterviewLammert (1. September 2006); ferner: Buchstab und Gauger (2004), Gerhard (2000), Rommelspacher (2002) und Möbius (2003).

156 Vgl. Deutscher Bundestag (2001).

157 Vgl. Oberndörfer (2005: 43–60); ferner: Oberndörfer (2001: 27–30).

158 Vgl. Oberndörfer (2005: 43); ferner: Köcher (2006).

159 Vgl. UN (2006b: 4).

160 Vgl. OECD (2006b: 30–37), vgl. *Frankfurter Allgemeine Zeitung*, Serie »Migration nach Maß« (10 Folgen, 5. bis 16. August 2006). Die Artikel der Serie sind abrufbar unter: http://www.faz.net/Migration (1. September 2006).

161 Vgl. US Census Bureau News. »Census Bureau Data Show Key Population Changes Across Nation« (Pressemitteilung, 15. August 2006). http://www.census.gov/Press-Release/www/releases/archives/american_community_survey_acs/007287.html (28. August 2006).

162 Vgl. OECD (2006a) und UN (2006c).

163 Vgl. IOM (2005: 173).

164 Vgl. UN (2006c: 43–46 und 67–76).

165 Vgl. UN (2006b: 5), Papademetriou und O'Neil (2004) und Papademetriou (2006).